城市运营服务与管理系列教材

城市轨道交通系统

主　编　彭　燕

副主编　招晓菊　鹿国庆

中国物资出版社

图书在版编目（CIP）数据
城市轨道交通系统/彭燕主编．—北京：中国物资出版社，2012.2
（城市运营服务与管理系列教材）
ISBN 978-7-5047-4106-6

Ⅰ.①城…　Ⅱ.①彭…　Ⅲ.①城市铁路—高等职业教育—教材　Ⅳ.①U239.5

中国版本图书馆 CIP 数据核字（2011）第 266627 号

策划编辑	寇俊玲	**责任印制**	何崇杭
责任编辑	王　可	**责任校对**	孙会香　饶莉莉

出版发行	中国物资出版社		
社　　址	北京市丰台区南四环西路 188 号 5 区 20 楼	**邮政编码**	100070
电　　话	010-52227568（发行部）		010-52227588 转 307（总编室）
	010-68589540（读者服务部）		010-52227588 转 305（质检部）
网　　址	http://www.clph.cn		
经　　销	新华书店		
印　　刷	中国农业出版社印刷厂		
书　　号	ISBN 978-7-5047-4106-6/U·0078		
开　　本	787mm×1092mm　1/16	**版　　次**	2012 年 2 月第 1 版
印　　张	13.5	**印　　次**	2012 年 2 月第 1 次印刷
字　　数	320 千字	**定　　价**	28.00 元

前　言

目前，我国的城市轨道交通事业正处于井喷式发展时期，城市轨道交通专业人才需求缺口巨大，学校、企业和社会面临着大量的城市轨道交通专业从业人员的培养和教育。一套好的适用教材无疑是给专业培养锦上添花，城市运营服务与管理系列教材就是在此契机下组织编写的，《城市轨道交通系统》是其中之一。

本书在理论的基础上，建立了以实践为主、理论与实践相统一的教材体系，根据轨道交通系统流程安排教学内容，打破了原来以面带点的模式，改用轨道交通系统流程一条主线将内容连贯起来。本书在内容选取上，加深了对轨道交通系统流程改造、轨道交通系统运营事故处理等重点内容，以培养学生理论联系实践和解决生产实际问题的能力。

本书用相对独立又相互联系的五章组成了从理论到实践的城市轨道交通系统教学体系，第一章要求学生了解我国和世界城市轨道交通系统的发展历史和现状，熟知城市轨道交通系统的含义及不同的分类标准，能够初步为城市轨道交通系统的选型及合理发展提供理念分析依据；第二章要求学生能熟记线路的正线、辅助线、车场线等知识，熟知单开道岔的构造、轨道结构的组成及特点，了解城市轨道交通线路规划设计的基本内容，对城市轨道交通线路平纵断面设计的基本内容有较明确的认识；第三章要求学生掌握轨道交通车站的分类、布局及特点，了解城市轨道交通车辆的分类及其基本组成，对城市轨道交通车站组成设计的基本内容有较明确的认识；第四章要求学生理解轨道交通电力索引的优缺点，了解电流制与电压制的分类，掌握供电系统的组成及集中供电工作原理、变电所的种类及特点；第五章要求学生了解城市轨道交通运营组织的特点和管理模式，理解城市轨道交通运营的客流组织，掌握城市轨道交通运营票务管理和站务管理的相关作业内容，掌握城市轨道交通突发事件的处理与预防办法。

本课程建议总学时为64学时，其中课堂教学48学时，实训教学16学时。

本书由彭燕担任主编，招晓菊和鹿国庆担任副主编，由正、副主编负责本书的结构设计、统筹和审稿。具体编写分工如下：深圳信息职业技术学院招晓菊编写第一章和第二章，深圳信息职业技术学院鹿国庆编写第三章，广西交通职业技术学院李冰编写第四章，广西交通职业技术学院彭燕编写第五章。

本书在编写过程中，参考了大量的书籍、文献及论文等，编者已尽可能在参考文献中详细列出。在此，对这些专家和学者表示深深的谢意。如有引证材料因疏漏而没有列出，在这里深表歉意。本书在编写过程中得到各方的大力支持，在此对参与和支持本书出版的所有同志表示诚挚的谢意。

由于编者水平有限，加之时间仓促，书中难免有纰漏和不足之处，敬请广大读者批评指正。

编　者

2011年9月

目　录

第一章　走进城市轨道交通系统 …… (1)
　第一节　世界城市轨道交通的发展简史 …… (1)
　第二节　我国城市轨道交通的现状及发展 …… (3)
　第三节　城市轨道交通系统的概念、类型及选型 …… (6)

第二章　城市轨道交通线路 …… (29)
　第一节　城市轨道交通线路的类型 …… (30)
　第二节　城市轨道交通线路的组成 …… (39)
　第三节　城市轨道交通线路设计 …… (55)

第三章　城市轨道交通车站与车辆 …… (66)
　第一节　城市轨道交通车站 …… (66)
　第二节　城市轨道交通车辆 …… (89)

第四章　城市轨道交通供电、信号、通信和环控 …… (107)
　第一节　城市轨道交通供电系统 …… (107)
　第二节　城市轨道交通信号系统 …… (120)
　第三节　城市轨道交通通信系统 …… (125)
　第四节　城市轨道交通环控系统 …… (130)

第五章　城市轨道交通运营组织 …… (156)
　第一节　城市轨道交通运营组织概述 …… (156)
　第二节　城市轨道交通票务管理系统 …… (159)
　第三节　城市轨道交通站务管理 …… (177)
　第四节　城市轨道交通安全管理 …… (191)

练习题答案 …… (201)

参考文献 …… (206)

第一章　走进城市轨道交通系统

学习目标

1. 了解世界城市轨道交通系统的发展历史和现状。
2. 了解我国城市轨道交通系统的发展历程、现状和趋势。
3. 熟知城市轨道交通系统的含义及不同的分类标准，对城市轨道交通系统有一个清晰的认识。
4. 能够初步根据不同城市轨道交通系统的特点以及城市的实际情况，为城市轨道交通系统的选型及其合理发展提供理论分析依据。

案例导入

亚特兰大的教训

1996年，美国亚特兰大举办奥运会。对于拥有280万人口的亚特兰大来说，原有约80km长的城市轨道交通线路在平时绰绰有余，但在奥运会期间，当排山倒海的人群涌入时，如果维持原有的轨道交通状况，则将不堪重负。为成功举办奥运会，亚特兰大市政府动用巨资为巴士系统增辟道路，新建车站，购买新车，努力建设和完善巴士运输系统，认为采取这些措施足够胜任奥运的运输任务。但是没想到，经过加强的巴士运输系统，废气污染严重，运量小，速度慢，经不起密集人群的轮番冲击，拥挤和混乱现象不断发生，由交通不畅所引起的种种问题成为那届奥运会的败笔之一。

请你想一想，如果当初亚特兰大市政府重视城市轨道交通的建设和完善，充分发挥其交通优势，1996年亚特兰大奥运会的交通情况将会是怎样的呢？

第一节　世界城市轨道交通的发展简史

一、世界城市轨道交通的产生和发展

自1863年世界上第一条地铁线路在英国伦敦建成投入运营以来，城市轨道交通的诞生和发展已有100多年的历史，但重视和大规模修建城市轨道交通系统则是在第二次世界

大战结束以后。回顾城市轨道交通的历史发展过程，大致可以分为以下 4 个阶段。

（一）初步发展阶段（1863—1924 年）

在这一阶段，欧美的城市轨道交通发展较快，其间 13 个城市建成了地铁，还有许多城市建设了有轨电车。20 世纪 20 年代，美国、日本、印度和中国的有轨电车有了很大的发展。这种旧式的有轨电车行驶在城市的道路中间，运行速度慢，正点率很低，而且噪声大，加速性能低，乘客舒适度差，但在当时仍然是公共交通的骨干。

（二）停滞萎缩阶段（1925—1949 年）

一方面，第二次世界大战的爆发和汽车工业的发展，导致了城市轨道交通的停滞和萎缩。汽车成为城市交通的宠儿，得到飞速的发展。另一方面，因投资大，建设周期长，城市轨道交通的发展出现停滞和萎缩。这一阶段只有 5 个城市发展了城市地铁，有轨电车则停滞不前，有些线路被拆除。1912 年，美国已有 370 个城市建有有轨电车。到了 1970 年，只剩下 8 个城市保留了有轨电车。

（三）再发展阶段（1950—1969 年）

汽车过度增加使城市道路异常堵塞，行车速度下降，严重时还会导致交通瘫痪，加之空气污染，噪声严重，大量耗费石油资源，市区汽车有时甚至难以找到停车的地方，于是人们又开始重新认识到，解决城市客运交通必须依靠占地少、污染小、运力大的城市轨道交通。轨道交通因此又重新得到了重视。

（四）高速发展阶段（1970 年至今）

世界各国政府纷纷确立了优先发展轨道交通的方针，同时通过立法解决城市轨道交通的资金来源。世界各国城市化的趋势导致人口高度集中，要求轨道交通高速发展，以适应日益增加的客流运输，各种技术的发展也为轨道交通奠定了良好的基础。

二、世界主要城市的轨道交通现状

地铁运营线路较长的城市为纽约、伦敦、巴黎、莫斯科、东京、芝加哥、墨西哥城、柏林、波士顿、圣彼得堡。截至 2009 年年底，上述城市地铁线路总长超过 2300km，占世界轨道交通的 43%。

（一）伦敦地铁

伦敦地铁是世界上历史最悠久的地铁，目前拥有线路 12 条，加上高峰时间和星期日增开的 3 条线路一共 15 条线路，总长度约达 490km，其中 160km 在地下，而其余部分都在地面上。从地铁可换乘开往英国各地的火车和飞机，而且全在建筑物内换乘，不怕刮风下雨。2004—2005 年，伦敦地铁年运送量为 9.76 亿人次。伦敦地铁被认为是最具电影缘的地铁之一，曾经有 100 多部电影和电视剧在这里取景。

（二）纽约地铁

纽约地铁创建于 1868 年，是美国的第一条地铁线，比伦敦地铁晚 5 年建成，纽约是世界上第二座最早建成地铁的城市。目前有 30 条地铁线路，总长 432.4km，车站 504 座，走完纽约地铁全程需乘行 20 多个小时，年客流量超过 15 亿人次，占市公共交通系统运量

的70%以上。

(三) 巴黎地铁

巴黎地铁1号线于1900年建成，比英国要晚37年，现有线路14条，总长度为212.1km，共有297座车站，年客运量12亿人次。巴黎另有轻轨线路1条，长9.1km，设有21座车站，于1992年开通。巴黎地铁覆盖率高，非常便利，每天发出4960趟列车。在主要车站的出入口均设有电脑，显示应乘的线路和换乘的地点等，一目了然。巴黎地铁也是世界上层次最多的地铁，包括地面大厅共有6层（一般为2～3层）。

(四) 莫斯科地铁

莫斯科地铁从20世纪30年代就被公认为是世界上最漂亮的地铁。莫斯科地铁是一个不曾停过工的工程，是一个不断进行的市政建设。截至2009年，莫斯科共拥有地铁线路11条，200多个站，总长度为300多km。莫斯科地铁的客运量居世界首位，达每年26亿人次。

(五) 东京地铁

1925年，东京开始动工兴建第一条地铁线路，长2.2km，于1927年建成通车，是亚洲第一条地铁线路。目前，东京地铁有13条，总运营里程达286.2km，每天平均运载旅客700多万人次，其客流量仅次于莫斯科地铁。

(六) 首尔地铁

韩国首尔地铁于1971年开始建设，到2000年建成8条线路，总长285km，是世界上地铁发展较快的城市。首都圈电气化铁道以首尔的9条地下铁路为主，并辅以国铁的盆唐线、仁川地铁1号线、中央线及机场地铁共13条路线形成。韩国首都圈电铁是世界前五大载客量最高的铁路系统之一，一天载客量可达800万人次。

第二节　我国城市轨道交通的现状及发展

一、我国城市轨道交通的发展历程

目前，作为解决城市交通拥挤问题的首选措施，我国正在加大发展城市轨道交通建设。就我国城市轨道交通的发展而言，也可以分为以下几个阶段。

(一) 起步阶段

20世纪50年代至70年代初期，我国轨道交通的发展战略是以防战兼顾交通，其指导思想是“平战结合，即平时用于交通，战时用于战争”，属于“绝密工程”。根据当时的发展战略和指导思想，以修建人防设施为主的地铁应运而生。此阶段以1965年开始兴建、1969年10月1日建成通车的北京地铁（北京站—苹果园站）（全长23.6km）和1970年开始兴建、1976年建成通车的天津地铁（新华路站—西南角站）（全长5.2km）为代表。

北京地铁始建于 1965 年 7 月 1 日。1969 年 10 月 1 日，北京地铁 1 号线建成，北京成为中国第一个拥有地铁的城市。由于最初北京地铁的建造目的是战备工程，所以北京地铁在通车后很长时间内不对公众开放，需凭介绍信参观及乘坐。直至 1981 年 9 月 15 日，北京地铁才正式对外运营。

（二）开始建设阶段

20 世纪 80 年代末至 90 年代初期，以上海地铁 1 号线、北京地铁复八线和一线改造、广州地铁 1 号线建设为标志，我国真正以交通为目的的地铁项目开始建设。在这一阶段，随着改革开放和经济体制改革的逐步深入，城市交通需求剧增，导致道路交通供给能力严重不足，交通供需矛盾突出，成为城市社会经济发展的一个重要制约因素。为适应城市发展的需要、缓解城市交通的紧张状况，我国政府加大了对城市交通基础设施的投入，强调轨道对解决城市交通问题和引导城市发展的作用。从此，发展大容量轨道交通方式的理念开始显现，我国开始了城市轨道交通的建设阶段。

上海地铁建设始于 1990 年年初，地铁 1 号线徐家汇—锦江乐园区间于 1993 年 5 月 28 日开通试运营。上海是继北京、天津后中国内地第三个有城市轨道的城市。1995 年 4 月 10 日上海地铁 1 号线火车站—徐家汇正式运营。到 2000 年，上海建成通车的 3 条线路总长 65km。到 2007 年年底，上海市已通车的共有 8 条轨道交通线，日均客运量 380 万人次，线路总长突破 230km，位居全国首位。

（三）建设高潮开始阶段

随着我国经济的发展和城市化进程的加快，城市的规模和人口在不断扩大，城市交通问题更加突出。城市交通问题的解决必须依赖公共交通的发展，大城市及特大城市还必须建设一个以轨道交通系统为骨干，以公共交通为主体，多种交通方式相互协调的综合交通系统，这已成为共识。同时，经济的快速发展也为发展城市轨道交通奠定了雄厚的物质基础。自 20 世纪末至 21 世纪初，我国城市轨道交通进入快速发展的建设高潮阶段。在此阶段，兴建城市轨道交通的城市迅速增多，部分城市的轨道交通建设呈现网络化，并且城市轨道交通的类型朝着多元化、现代化的方向发展。

（四）调整阶段

由于地铁建设发展迅猛，部分城市不顾地方经济实力，盲目上马建设轨道交通项目，速度过快、过猛；还有的城市盲目追求高标准，忽视了是否适合本城市的实际情况等问题，使城市轨道交通建设带有很大的盲目性。针对工程造价高（每公里地铁造价接近 7 亿

元人民币）、车辆全部引进、大部分设备大量引进等问题，1995 年，国务院办公厅 60 号文件通知，除上海地铁 2 号线项目外，所有地铁项目一律暂停审批，并要求做好发展规划和国产化工作。1995—1998 年的近 3 年时间，国家没有审批城市轨道项目，轨道交通的建设与发展经历了一段曲折的历程。1997 年年底，国家计委开始研究城市轨道交通设备国产化实施问题，并于 1998 年把深圳地铁 1 号线、上海轨道交通 3 号线、广州地铁 2 号线作为国产化依托项目进行了立项，轨道交通建设项目又开始启动。

加油站

深圳地铁一期工程于 2004 年 12 月 28 日通车试运营，2006 年 7 月 1 日正式运营，深圳市成为中国内地第 5 个有地铁的城市。深圳地铁一期工程线路总长 21.866km，投资 115.53 亿元，分别是地铁 1 号线，全长（17.387km），罗湖站—世界之窗共 15 个车站；地铁 4 号线南段，全长 4.479km，福田口岸站—少年宫站，其中，会展中心站是 1、4 号线换乘站。深圳轨道二期工程包括 1 号线续建工程、2 号线、3 号线、4 号线续建工程和 5 号线，共 5 条线路，建成后深圳地铁总长度为 178km，于 2011 年 6 月全部建成通车，迎接 2011 年 8 月 12 日—8 月 23 日的第 26 届大学生运动会。2011—2020 年，深圳市规划建设 8 条轨道线路，分别为 4 号线北延段，6、7、8、9、10、11、12 号线，计划总长 215km，车站 144 座。

（五）建设高潮阶段

随着实施积极的财政政策以及进一步扩大内需，国家于 1999 年开始陆续批准一批城市轨道交通项目开工建设。1999 年以后，国家先后审批了深圳、上海、广州、重庆、武汉等 10 个城市的轨道交通项目开工建设，并投入 40 亿元国债资金予以支持。目前，我国大城市、特大城市已把建设大容量的快速轨道交通作为解决城市交通问题最主要的技术政策。包括北京、上海、广州在内，全国有已建和在建轨道交通项目的城市共 10 个，建设速度大大超过前 30 年。毋庸置疑，21 世纪，我国的城市轨道交通系统将会有一个较快的发展。

加油站

2005 年 5 月 15 日，南京地铁 1 号线试运行，全长 21.72km、总投资 85 亿元，9 月 3 日正式投入运营。根据规划，2006 年年底，地铁 1 号线南延线将开工建设，计划于 2009 年 12 月建成通车试运营。南京成为继北京、天津、上海、广州、深圳之后，中国内地第 6 个拥有地铁的城市。

二、我国城市轨道交通规划与建设现状

我国城市轨道交通建设速度迅猛，1995—2008 年，我国建有轨道交通的城市从 2 个增

加到10个，投资以每年100多亿元的速度推进。迄今为止，中国已经开通运行轨道交通的城市有12个（含香港和台湾地区），其中内地已有10个城市开通了31条城市轨道交通线，运营里程达到835.5km。据悉，目前国务院已经批复了22个城市的地铁建设规划，总投资8820.03亿元。中国各城市轨道交通发展规划图显示，到2016年，我国将新建轨道交通线路89条，总建设里程为2500km，投资规模达9937.3亿元，中国已成为世界上最大的城市轨道交通建设市场。

2009年，中国地铁建设规划获批及开工的城市有22个，分别是北京、天津、上海、广州、深圳、南京、重庆、武汉、沈阳、长春、成都、哈尔滨、杭州、青岛、福州、昆明、西安、宁波、郑州、长沙、无锡、苏州。

当前，中国城市圈交通建设已进入城际轨道交通时代。2005年3月，国家已经批复《环渤海京津冀地区城际轨道交通网规划（2005—2020年）》、《长江三角洲地区城际轨道交通网规划（2005—2020年）》、《珠江三角洲地区城际轨道交通网规划（2005—2020年）》；2008年6月3日，铁道部会同国家发改委评审通过了《成渝经济区城际铁路网规划》；2009年9月，国家又批复了《武汉城市圈城际轨道交通网规划（2009—2020年）》、《长株潭城市群城际轨道交通网规划（2009—2020年）》。截至2009年11月，我国规划了全国11个区域的城际铁路，主要包括环渤海地区、长三角地区、珠三角地区、江汉平原（武汉）城镇群、湘东（长株潭）城镇群、成渝城镇群、中原地区（郑州）城镇群、关中（西安）城镇群、辽中南城镇群、鲁中北（济南）城镇群—山东半岛城镇群、海峡西岸（闽东南）城镇群。

第三节　城市轨道交通系统的概念、类型及选型

一、城市轨道交通系统的概念和分类标准

（一）城市轨道交通系统的概念

城市轨道交通系统（urban mass transit system），简称城轨系统（urban rail system），是指主要服务于城市客运交通，通常以电力为动力，以轮轨运行方式为特征的车辆与轨道（导轨）等各种相关设施的总和。一般来说，城市轨道交通系统的定义包括以下几层含义：一是大众运输系统；二是位于城市之内；三是以电力驱动；四是行驶于轨道之上；五是班次必须密集。如图1-1所示为上海的城市轨道交通系统。

图 1-1　上海的城市轨道交通系统

作为城市公共交通网络的重要组成部分，在中国国家标准《城市公共交通常用名词术语》(GB 5655—1999) 中，城市轨道交通的定义为“通常以电能为动力，采取轮轨运转方式的快速大运量公共交通之总称”。

“城市轨道交通”是一个包含范围较大的概念，在国际上没有统一的定义。一般来说，广义的“城市轨道交通”是指以轨道运输方式为主要技术特征，在城市公共客运交通系统中具有中等以上运量的轨道交通系统（有别于道路交通），它主要为城市内（有别于城际铁路，但可涵盖郊区及城市圈范围）的公共客运服务，是一种在城市公共客运交通中起骨干作用的现代化立体交通系统。

随着磁悬浮等技术的发展，城市轨道交通的定义发生了变化。在中国国家标准《城市轨道交通技术规范》(GB 50490—2009) 中，“城市轨道交通”的定义是指采用轨道导向运行的城市公共客运交通系统，包括地铁系统、轻轨系统、单轨系统、有轨电车、磁浮系统、自动导向轨道系统、市域快速轨道系统。如图 1-2 所示为北京八达岭磁悬浮观光车。

图 1-2　北京八达岭磁悬浮观光车

有轨电车由于与其他交通工具共同使用道路路面，因此，通常不被算在城市轨道交通系统的范围之内。但是，随着现代公共交通技术的发展，也有越来越多的城市采用有轨电车和轻轨混合的方式，在腹地宽广的地方单独架轨，在腹地狭窄的地方则采公用道路路面，根据具体情况灵活设站，两者的分界也越来越模糊。

（二）城市轨道交通的基本技术经济指标

城市轨道交通的基本技术经济指标主要有以下几个。

（1）最小运行时间间隔：前一列车发车时刻与后一列车发车时刻之间的时间间隔（单位：min）。

（2）每节车厢的容量：每节车厢能够容纳的设计人数。

（3）每列车编组车厢节数：列车的每个编组中的车厢数量。

（4）每小时单向最大运送能力：每小时通过单个方向横截面的最大人数（单位：人/h）。

（5）设计时速：列车的设计速度（单位：km/h）。

（6）建设投资（含车辆）：轨道交通建设所涉及的所有投资费用，包括工程前期准备费、土建工程、设备购置及安装等费用。

（7）每年运营费：轨道交通每年平均每公里的运营费用。

（8）最低经济运输量：轨道交通每天每公里运输旅客的最少人数［单位：人/（km·日）］。

（三）城市轨道交通系统的分类标准

目前，世界上有 48 个国家共 140 多个城市拥有城市轨道交通系统，形式多样。我国对于城市轨道交通形式的分类方法和标准还没统一，总体上可以依据以下不同的标准对城市轨道交通的基本类型进行分类。

1. 按系统容量分类

系统容量即系统运送能力，也即线路一定时间内的单向输送能力，一般指单方向每小时的断面乘客通过量。按照不同的系统容量范围，轨道交通系统可分为特大、大、中、小容量等 4 种系统，如表 1-1 所示。其中，特大容量系统一般指市郊铁路，其单向小时断面流量可达到 6 万～8 万人；大容量轨道交通通常指常规地铁；中容量轨道交通包括轻轨、单轨、线性电机车系统、新交通系统和磁浮系统；小容量轨道交通则多指有轨电车系统。

表 1-1　按系统容量划分的城市轨道交通类型

系统容量（万人/h）	>5	3～5	1～3	<1
类别	特大	大	中	小
交通形式	市郊铁路	地铁	轻轨、单轨、线性电机车系统、新交通系统和磁浮系统	有轨电车

2. 按敷设方式分类

根据不同的敷设方式，城市轨道交通系统可分为地下（包括水下）、地面和高架三种形式。

（1）地下形式。高线路置于地下隧道中，其优点是与地面交通完全分离，并且不占城市地面与空间，基本不受气候影响。其不足之处在于需要较大的投资，较高的施工技术，较先进的管理，完善的环控、防灾措施与设备。建设过程仍会影响地面交通，运营成本较高，改造调整与线路维护均较困难。

（2）地面形式。线路布设于地面，其优点是造价最低，施工简便，运营成本低，线路调整与维护较易。其不足之处是运营速度难以提高（有部分信号控制的平面交叉点），占地面积较多，破坏城市道路路面，使城市道路交叉口复杂化，容易受气候影响（如雨水、雾、台风等），乘车环境难改善，有一定的污染负效应（如噪声、景观等）。

（3）高架形式。线路设在高架工程结构物上，其优点是与地面交通无干扰，造价介于地下与地面之间，施工、维护、管理、环控及防灾诸方面都较地下线路方便。其不足之处是要占用一定的城市用地，并且有光照、景观、噪声等负效应，也受气候变化的影响。

在同一条轨道交通路线上，可根据客运量及地理等条件采用上述三种不同的空间布置方式。特大、大容量轨道交通在交通较为繁忙的地区多采用地下和高架形式，在市郊则可采用全封闭的地面形式；中容量也可兼有三种敷设形式，并且通常不与机动车混行；小容量轨道交通系统一般采用地面形式，可与机动车混行，运输效率较低，相对于普通公交车的优势并不明显。如图 1－3 所示为深圳地铁 3 号线部分线位图，包括地下、地面、高架线路。

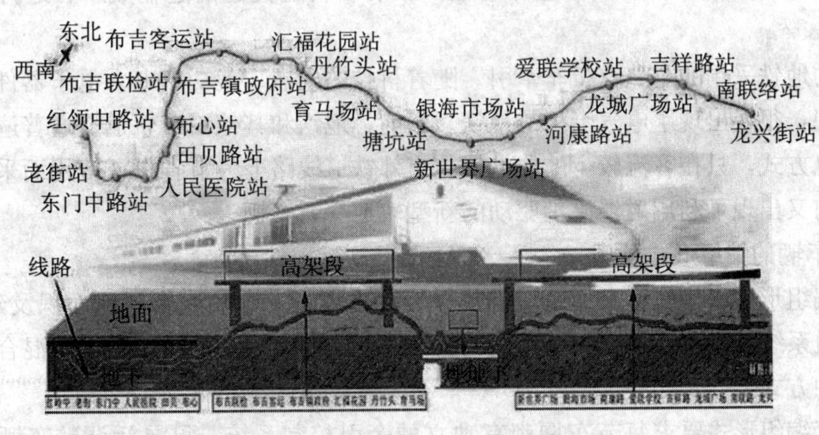

图 1－3　深圳地铁 3 号线部分线位图

3. 按路权分类

路权是指轨道交通系统运行线路与其他交通的隔离程度，即运行线路的专用程度。以此为依据，轨道交通系统可分为全隔离、半隔离和无隔离三种基本类型。

（1）全隔离类，即全封闭系统，与其他交通完全隔离，不受平交道和人车的干扰，因此，这种系统的车辆具有较高的运行速度，可以保持较高的准时性和安全性。

(2) 半隔离类，即半封闭系统，沿行车方向采用缘石、隔离栅、高差等措施与其他交通实体隔离，但在交叉路口仍与横向的人车平交混行，受信号系统控制。

(3) 无隔离类，即开放式系统，代表地面混合交通，不具有实体分隔，轨道交通或与其他交通混合出行，在路口按照信号规定驶停，也可享有一定的优先权，如用道路标线或特殊信号等保留车道。

4. 按导向方式分类

导向方式是轨道交通的重要特性之一，影响着系统的结构、运行和建设费用。根据不同的导向方式，轨道交通系统可分为轮轨导向和导向轮导向。

市郊快速铁道、地铁、轻轨、线性电机车系统和有轨电车等均属于轮轨导向方式；单轨及新交通系统等采用胶轮车辆属后一类型。

5. 按轮轨支撑形式分类

轮轨支撑形式，即车辆与转移车重的行驶表面之间的垂直接触与运行方式。从这一标准出发，轨道交通系统可分为钢轮钢轨系统、胶轮混凝土轨系统以及特殊系统。

钢轮钢轨系统包括市郊铁路、地铁、轻轨、有轨电车等；胶轮混凝土轨系统主要指单轨及新交通系统；特殊系统则包括支撑面置于车辆之上的悬挂式单轨系统、磁浮式轨道系统等。

6. 按牵引方式分类

牵引动力是城市轨道交通完成运输的基本原动力，其技术水平的高低、能耗和运价的大小一直在轨道交通的发展中占主导地位，影响着轨道交通的运输成本、运行安全和其发展。

最早的地铁采用的是蒸汽机车牵引。随着科技的发展、大功率电力电子器件和电子计算机的出现，很快出现了电气牵引的地铁。当前，地铁和其他城市轨道交通普遍采用直流牵引的馈电方式，只在客流较少的非电气化市郊铁道线路上为节省投资费用而采用内燃动车组，目前又出现了利用磁浮原理驱动的新型轨道交通车辆。

7. 按车辆的编组形式分类

车辆编组形式影响轨道交通系统的规模、设备容量、车辆检修用地面积及建设费用，是轨道交通系统的重要特性之一。车辆编组形式通常有全动车编组、动拖车混合编组和单元车组三种方式。

全动车编组形式要求每节车厢都有独立的牵引控制系统，可灵活调整车辆的编组辆数，轴重分布均匀；动拖车混合编组由动车和拖车组成，可以根据具体情况，适当地增加动车和拖车，但由于车辆种类增加，全列车重量分配不均匀；单元车组是将几辆动车和拖车通过半永久式车钩固定连接成为一个车组，根据客流量确定列车单元个数的多少。

8. 按运营范围分类

(1) 市区轨道交通，即服务范围以中心城区为主的城市轨道交通系统。城市市区的地铁、轻轨属于此类。

（2）市域轨道交通，即服务范围覆盖城市市域的轨道交通系统。

（3）地区铁路交通，即服务范围覆盖城市市域及其临近地区的轨道交通系统。

二、城市轨道交通系统的类型

在纵览世界各国现有的城市轨道交通形式的基础上，基于运能范围、车辆类型及其各自不同的基本技术特征，城市轨道交通系统可分为地铁、轻轨、单轨、有轨电车、城市铁路、磁浮系统、线性电机车系统和新交通系统8种类型。

（一）地铁

地下铁道，简称地铁（metro，或 underground railway，或 subway，或 tube），是由电气牵引、轮轨导向、车辆编组运行在全封闭的地下隧道内，或根据城市的具体条件，运行在地面或高架线路上的大容量快速轨道交通系统。因为地铁在城市中心的线路通常被敷设在地下隧道里，因此，称为地下铁道。

地铁系统都是封闭运行的（完全专用车道），其单向运输能力在3万人次/h左右，最高可达6万～8万人次/h，平均运行速度为30～40km/h，最高速度可达90km/h。大多数地铁系统都采用自动控制模式，发车间隔为2～5min，最小间隔可低于1.5min，站间距在市中心区为1km左右，在郊区为2km左右。地铁系统高运量车与低运量车的不同在于车辆的尺寸不同。典型的低运量车为2.3～2.9m宽，列车长度小于100m（6车编组）；高运量车宽为3.2m，车长最长为180m（8车编组）。地铁系统驱动方式有直流电机、交流电机、直线电机等。地铁系统造价昂贵，每公里投资在5亿元左右。

通常根据城市环境条件的情况，地铁列车主要在城市地下空间修筑的隧道中运行。由于在地面以下修建铁道线路与地下建筑造价非常昂贵，所以当条件允许时，地铁列车也可以穿出地面，在地面或者高架桥上铺轨运行。为了降低工程费用，目前地铁系统中地面和高架线路所占的比重越来越大。从早期单一的地下隧道发展为地下线路、高架线路、地面线路相结合的网络系统也是当前世界地铁的发展趋势。地铁系统一方面有建设成本高、建设周期长的弊端；另一方面又具有运量大、建设快、安全、准时、节省能源、不污染环境、节省城市用地的优点，主要适用于出行距离较长、客运量需求大的城市中心区域。

大多数的城市轨道交通系统都建造于地底之下，故多称为“地下铁路”，或简称为地铁、地下铁。地铁在新加坡与中国台湾地区称为“捷运”，而由于发展起源与使用习惯的不同，英语用 metro，underground railway，subway 等不同的词语表示地铁。

（二）轻轨

轻轨运输系统（light rail transit，LRT）是指以有轨电车为基础发展起来的电气牵引、轮轨导向、车辆编组运行在专用行车道上的中等运量城市轨道交通系统。轻轨的高峰小时单向客运量一般为1万～3万人次，介于标准有轨电车和快运交通系统（包括地铁和城市铁路）之间，用于城市旅客运输。

轻轨原来是指采用轻型轨道的城市交通系统，甚至在一些地方把修建于地上或高架桥上的城市轨道交通系统称为“轻轨”（中国台湾称为高架捷运）。但现在轻轨已采用与地铁相同质量的钢轨，所以“轻轨”与“地铁”的区分主要是客运量或车辆轴重的不同。

轻轨是从新式有轨电车逐步发展到路权专用、自动化程度较高及车辆在地下或高架轨道上运行的城市轨道交通形式。低技术标准的轻轨接近于现代有轨电车，而高技术标准的轻轨则接近于轻型地铁，因此，轻轨是一种技术标准涵盖范围较宽的城市轨道交通形式。20世纪70年代后期，一些国家开始修建全新的现代轻轨系统。现代轻轨系统由于采用了线路隔离、自动化信号、调度指挥系统和高新技术车辆等措施，与旧式有轨电车系统相比，具有行车速度快、乘坐舒适、噪声较低等优点。

轻轨系统较具灵活性，一般采用地面和高架相结合的方法建设，路线可以从市区通往近郊，可与任何类型的城市及郊区交通网络相联结。与有轨电车不同的是，轻轨系统的运行与其他交通方式是分开的，有自己的专用轨道。但当需要时，也可与路面交通混合运行。在独立的轨道上，它能以25～30 km/h的速度运行，最高速度可达60km/h，因而能够保证按运行时刻表运行。轻轨列车编组一般采用3～6辆，典型的轻轨车宽2.65m，长75m，每节车厢通常为铰接式连接。具备保护模块的轻轨车辆可以达到2.5min的发车间隔。

轻轨系统具有投资少（每公里造价为0.6亿～1.8亿元）、建设周期短、运能高、灵活等优点，因此发展很快，大致有以下三类发展模式：一是改造旧式有轨电车为现代化的轻轨；二是利用废弃铁路线路改建成轻轨路线；三是建设轻轨新线路的方式。目前，各国纷纷根据自己的国情，制定相应的轻轨发展战略和模式。

由于轨道交通在技术上比较成熟，各种形式轨道交通彼此借鉴，因而地铁和轻轨的技术特征不是特别明显，不能单纯按照轨重、站距、车型等指标来划分地铁与轻轨，但在我国《城市轨道交通工程项目建设标准》（试行本）中对地铁和轻轨作出了具体的定义，把每小时单向客流量为3万～8万人次的轨道交通定义为大运量轨道交通系统，即地铁；把每小时单向客流量为0.6万～3万人次的轨道交通定义为中运量轨道交通，即轻轨。这样就有可能出现同一条线路上不同的线段划分为不同类型的情况。

（三）单轨

单轨系统（monorail），又称独轨系统，是指通过单一轨道梁支撑车厢并提供导引作用而运行的轨道交通系统，其最大的特点是车体宽度比承载轨道宽。单轨的线路多采用高架结构，车辆则大多采用橡胶轮胎，电气牵引，最高速度可达80km/h，旅行速度为

30～35km/h,列车可 4～6 辆编组，单向运送能力为 1 万～2.5 万人次/h。根据支撑方式的不同，单轨一般包括跨座式和悬挂式两种类型。跨座式单轨是列车跨坐在轨道梁上运行的形式，如图 1-4 和图 1-5 所示；悬挂式单轨则是列车悬挂在轨道梁下运行的形式，如图 1-6 和图 1-7 所示。

图 1-4 跨座式单轨系统

图 1-5 日本单轨系统

图 1-6 悬挂式单轨系统

图 1-7 德国单轨系统

由于单轨系统的单方向小时运量为 1 万～2.5 万人次，故单轨常常被认为是轻轨系统的一种。但实际上，单轨车辆的轮轨支撑形式以及走行方式与轻轨列车有很大的不同。从严格意义上来说，单轨应该独立列为一种城市轨道交通形式。单轨因使用橡胶轮胎，容易在陡坡、小半径曲线上运行，在地形起伏变化比较大的城市特别实用，并且单轨系统大多数情况下采用高架方式，其景观性较好。

单轨系统有较明显的优点。单轨列车的走行轮采用特制的橡胶车轮，震动和噪声大为减少；车辆两侧装有导向轮和稳定轮，控制列车转弯，运行稳定可靠；高架单轨因轨道梁仅宽 85cm，不需要很大空间，所以可适应复杂地形的要求，同时对日照和城市景观影响小；单轨系统占地少、造价低、建设工期短，它的工程建筑费用仅为地铁的 1/3。但是，单轨也存在一些突出的不足，如橡胶轮与轨道梁摩擦产生橡胶粉尘的现象，对环境有轻度污染，列车运行在此区间发生事故时救援比较困难。

加油站

我国首条跨座式单轨线路是在有“山城”之称的重庆修建的，如图 1-8 所示，分两期建设实施，一期工程于 2004 年建成，全线于 2006 年开通。跨座式单轨交通系统噪声低、爬坡能力强、转弯半径小，十分适合重庆市道路坡陡、弯急、路窄的地形特点，同时由于结构轻巧、简洁，易融于山城景色，取得了较好的景观效果。重庆轻轨交通线是我国自行设计、施工的第一条跨座式单轨交通线，分左、右线双向行驶。

图 1-8　重庆单轨系统

（四）有轨电车

有轨电车（tram 或 street car）是使用电力牵引、轮轨导向、1～3 辆编组运行在城市路面线路上的低运量轨道交通系统。

有轨电车的历史比较久远，其前身是 19 世纪初期的有轨马车。世界上第一条有轨电车线于 1888 年 5 月在美国弗吉尼亚州里士满市开通。到 20 世纪 30 年代，欧洲、日本、印度和我国的有轨电车有了很大发展。1906 年，我国第一条有轨电车线在天津北大关—老龙头火车站（今天津站）建成通车。随后，上海、北京、抚顺、大连、长春、鞍山等城市也相继修建了有轨电车或电铁客车，在当时的城市公共交通中发挥了重要作用。

有轨电车适用于乘客较少的地区，其单向运输能力一般在 1 万人次/h 以下，行车间隔为 5min，可与其他交通方式（如个人小汽车）混合运行。由于有轨电车运量小，所以通常采用地面路线，并且在街道路面上与其他交通混合行驶，运行速度一般为 10～20km/h，其安全性和准时性较差，如图 1-9 所示的中国香港元朗有轨电车。在 20 世纪五六十年代，世界上各大城市纷纷拆除有轨电车线路，改建运量大的地铁或轻轨交通。我国的有轨电车在 20 世纪 50 年代末已拆得所剩无几，如图 1-10 所示，1963 年 8 月 15 日，上海第一条有轨电车轨道被拆除，仅大连、长春两城市保留。如图 1-11 所示。

图 1－9　香港元朗有轨电车

图 1－10　1963 年 8 月 15 日上海第一条有轨电车轨道被拆除

图 1－11　大连有轨电车

加油站

1906年，在天津，也是在中国的第一路有轨电车首先沿着这4条马路开始运行。经历了独轮车、人力车、摆渡等交通工具的天津市民对电车感到既疑惑又新奇。通车典礼非常热闹，轨道两旁观者众多。天津第一路有轨电车为“白牌”，市民俗称“白牌电车围城转”。到了1918年左右，又有5条电车线路通车，分别为“红牌”“蓝牌”“绿牌”“黄牌”和“花牌”。

（五）城市铁路

城市铁路（urban railway）是由电气或内燃牵引，轮轨导向，车辆编组运行在市区、市郊以及卫星城之间，以地面专用线路为主的大运量快速轨道交通系统。

城市铁路实际是从干线铁路发展而来，只是城市铁路更多地具有通勤和公交性质的运营特征。按照城市铁路运行区域的不同，可以分为市区铁路、市郊铁路和机场联络铁路等，分别如图1-12～图1-14所示。

图1-12　中国香港市区铁路线

图1-13　中国台湾市郊铁路线

图 1-14　中国香港机场快线

市郊铁路是连接城市市区与郊区、城市核心区与周围几十公里，甚至更大范围的卫星城镇的铁路。市郊铁路一般建在城市内部或内外接合处，线路设施与干线铁路基本相同，因此，具有干线铁路的技术特征，通常使用电力牵引和内燃牵引，列车编组多为 4～10 辆，最高速度可达 100～120km/h。市郊铁路运能与地铁相同，但由于站距较地铁长，运行速度超过地铁，可达 80km/h 以上。与其他城市轨道交通类型不同，在市郊铁路线路上，虽然服务对象以城市公共交通客流，即短途、通勤旅客为主，但通常也是市郊旅客列车、干线旅客列车、货物列车混跑。如图 1-15 和图 1-16 所示分别为广深铁路货运机车和广深铁路客运机车。

图 1-15　广深铁路货运机车

图 1-16　广深铁路客运机车

（六）磁浮系统

磁浮系统（maglev system）是一种运用“同性相斥、异性相吸”的电磁原理，依靠电磁力来使列车悬浮并运行的轨道运输方式。它是一种新型的、没有车轮、采用无接触行进的轨道交通系统。

磁悬浮列车从悬浮机理上可分为常导电磁悬浮（EMS）、超导电动悬浮（EDS）及永磁补偿悬浮三种。常导电磁悬浮就是对于车载的、置于导轨下方的悬浮电磁铁通电励磁而产生磁场，悬浮电磁铁与轨道上的铁磁性构件相互吸引，将列车向上吸起悬浮于轨道上，悬浮间隙一般为 8～10mm，通过控制悬浮电磁铁的励磁电流来保证稳定的悬浮间隙。导向原理与悬浮原理相同，是通过车辆下部侧面的导向电磁铁与轨道侧面的导向轨道磁铁相互作用，实现水平方向的无接触导向。列车的驱动是通过直线电机来实现的。由于电磁式悬浮是采用普通导体通电励磁的，故又称为常导磁悬浮。因为常导电磁式悬浮技术的悬浮高度较低，因此，对线路的平整度、路基下沉量及道岔结构方面的要求较高。

磁浮系统是 20 世纪一项伟大的技术发明，时速可达到 500km 以上，是当今世界最快的地面客运交通方式，有爬坡能力强、能耗低、运行噪声小、安全舒适、没燃油、污染少等优点，并且由于采用高架方式，故占用的土地资源也较少。相对于其他形式的轨道交通来说，磁浮系统投入实际使用的历史并不长。上海磁浮试运营线是目前唯一投入商业运营的线路。目前世界上许多国家都在对磁浮技术进行积极的研究，其中主要以德国和日本的技术较为成熟。

加油站

上海浦东机场与上海地铁 2 号线的龙阳路站之间的磁悬浮列车是引进德国技术建造的世界上第一条商业运营线路，全长 31km，单向运行时间 8min，设计最大时速 430km。如图 1－17 所示为上海的磁悬浮系统。

图 1－17　上海的磁悬浮系统

(七) 线性电机车系统

线性电机车系统（linear motor car system）是由线性电机牵引，轮轨导向，车辆编组运行在小断面隧道、地面和高架专用线路上的中运量轨道交通系统。

将线性电机牵引的轨道交通系统列为独立的系统，是因为该系统与地下铁道、城市铁路、轻轨等有明显的区别。它是利用线性电机在磁场的相互作用下，直接产生牵引力，属于非粘着驱动，车轮只起到支撑和导向作用。其使用在地铁中可称为小断面地铁，也可用在高架线路上。目前投入运营的线性电机车系统主要集中在加拿大、日本和美国等国家。线性电机列车在我国的广州和北京也有应用。如图 1－18 所示的广州地铁 4 号线新车是我国首列直线电动机车。由于线性电机列车具有车身矮、重量轻、噪声低、通过小半径曲线和爬坡能力强等优点，所以可以轻便地钻入地下，爬上高架，是地下与高架接轨的理想车型。

图 1－18　广州地铁 4 号线新车是我国首列直线电机列车

(八) 新交通系统

对于新交通系统（automated guideway transit，AGT），目前还没有统一和严格的定义，从广义上来讲，是那些与现有运输模式不同的各种短距离新交通方式的总称。狭义的"新交通系统"则定义如下：由电气牵引，具有特殊导向、操纵和转折方式的胶轮车辆，单车或数辆编组运行在专用轨道梁上的中小运量轨道运输系统。

在新交通系统中，车辆在线路上可无人驾驶自动运行，车站无人管理，完全由中央控制室的计算机集中控制，自动化水平高。新交通系统与单轨系统有许多相同之处，最大的区别在于该系统除有走行轨外，还设有导向轨，故从系统运行特征上来分析，新交通系统也可以称为导轨式交通系统。新交通系统的导向系统可分为中央导向方式和侧面导向方式，每种方式又可分为单用型和两用型。所谓单用型是指车辆只能在导轨上运行，两用型则指车辆既可在导轨上运行，又可以在一般道路上行驶。

不同国家对新交通系统有不同的称呼：日本称为新交通系统，意指含有高度自动化新技术的交通系统，以区别于其他各种交通运输工具，英文为 new transportation systern；法国称为 VAL 系统（light automated transit system），是自动驾驶的轻型交通系统；新交通系统最早出现在美国，称为 people mover system，是指大众运输系统，曾被称为“水平电梯”式“空中巴士”“快速交通”。

目前，我国内地的新交通系统正处在起步阶段，天津市于 2006 年在滨海新区开通了全长 7.6km 的亚洲首条胶轮导轨线路，北京市于 2008 年奥运会前开通了服务于首都机场 T3 航站楼的新交通系统，上海市也于 2009 年开通了胶轮导轨电车。我国台湾地区的台北市于 1994 年建成、1996 年 3 月投入运营的木栅线采用 VAL 制式，属中运量新交通系统。我国香港 20 世纪 90 年代后期建设的新机场从登机厅到机场主楼，为接运旅客也建成了一条长约 1km、采用 VAL 制式的新交通系统。

三、城市轨道交通系统的选型

（一）城市轨道交通系统在公共交通中的作用

无论是发达国家，还是发展中国家，改善城市交通状况已成为当前十分重要和迫切需要解决的大事，许多国家不断推出改善城市交通状况的对策，其中大力发展公共交通是切实改善城市交通状况的上策，而筹建大容量的快速轨道交通系统已成为发展功能完备的公共交通系统的重要举措。我们可以明显地感受到，城市轨道交通系统在公共交通中将发挥越来越重要的作用。与地面公共汽车相比，城市轨道交通拥有很多优势。

1. 能源消耗少

城市轨道交通是世界公认的低能耗、少污染的绿色交通，对于实现城市的可持续发展具有非常重要的意义。与其他交通方式相比，城市轨道交通的人均能源消耗最低。城市轨道交通由于主要采用电气牵引，而且轮轨摩擦阻力较小，所以与公共电车、公共汽车相比，节省能源，运营费用较低。根据统计资料，在同样的人公里的运输周转量下，小汽车的能耗是城市轨道交通的 6～13 倍，公共汽车是城市轨道交通的 1.8 倍。

2. 道路面积占用省

城市轨道交通的人均占有交通用地在所有交通方式中最低，按每小时输送 5 万人计算所需道路宽度如下：小汽车 180m，公共汽车 9m，而城市轨道交通综合占地仅为道路交通方式的 1/3 左右。城市轨道交通由于充分利用了地下和地上空间的开发，将大量的人流引入地下或空中，由平面交通发展为立体交通，因而能够利用有限的城市空间，节省城市宝贵的土地资源，减轻地面交通的压力和紧张状况，特别有利于缓解大城市中心区过于拥挤的状态，提高土地的利用价值，并能改善城市景观。

3. 准时性高

城市轨道交通由于在专用行车道上运行，不受其他交通工具干扰，不会产生线路堵塞

现象，并且不受气候影响，因此，运输效率高，定时、准时且全天候，出行的时耗、费用等指标最佳。

4. 安全性高

城市轨道交通由于运行在专用轨道上，没有平交道口，不受其他交通工具干扰，并且有先进的通信信号设备，故交通事故率最低，安全可靠性强。

5. 污染轻

轨道交通以电力作为动力驱动，是清洁、绿色的交通方式。城市轨道交通的发展还能减少公共汽车的数量，进一步减少汽车的废气污染。由于在线路和车辆上采用了各种降噪措施，故城市轨道交通的交通行为对环境的污染最低，产生噪声小。

6. 速度快

在一般情况下，公共汽车运送时速为15～25km，轻轨运送时速为20～35km，地铁运送时速为30～40km。与常规公共交通相比，由于城市轨道交通运行在专用行车道上，不受其他交通工具干扰，故车辆有较高的运行速度，有较高的启、制动加速度，列车停站时间短，上下车迅速方便，换乘较协调方便，从而有较高的速达性。

7. 运能大

与常规公交相比，城市轨道交通多数具有专用路权，高密度运转，行车速度高，列车行车时间间隔短，列车编组辆数多而具有较大的运输能力，因此具有明显运能优势。城市轨道交通单向高峰每小时的运输能力最大可达到6万～8万人次（市郊铁道）；地铁达到3万～6万人次，甚至达到8万人次；轻轨达到1万～3万人次，有轨电车能达到1万人次，城市轨道交通的运输能力远远超过公共汽车。

我国国标《城市道路交通规划设计规范》（GB 50220－95）中明确给出了公共交通各种方式下的运能指标，如表1-2所示。

表1-2　轨道交通与常规公交运能的比较

公共交通方式	发车频率（车次/h）	单向客运能力（千人/h）
公共汽车	60～90	8～12
中运量快速轨道交通	40～60	15～30
大运量快速轨道交通	20～30	30～60

由表1-2可以看出，城市轨道交通客运能力是公共汽车的3～6倍。据文献统计，地铁每公里线路年客运量可达100万人次以上，最高达到1200万人次，如莫斯科地铁、东京地铁（图1-19）、北京地铁等。这有助于减少道路上的车流量和抑制私家车数量，从而也减少了交通堵塞和环境污染。

图 1-19　东京地铁满载的列车

8. 舒适度高

出行舒适度通常是居民选择交通方式时所要考虑的重要因素之一，城市轨道交通与地面公共汽车在旅行舒适度方面也有很大的差异，如表 1-3 所示。

表 1-3　城市轨道交通与常规公交舒适度的比较

公共交通方式	拥挤度（人/m²）	运行状况
地面公共汽车	7～11	列队运行，车速低，准点率差，车内环境差，安全性差
城市轨道交通	4～7	安全，可靠，准点，乘车环境好

与常规公共交通相比，由于运行在不受其他交通工具干扰的线路上，城市轨道交通系统设备先进，具有较好的候车和乘车条件。从表 1-3 中可以看出，轨道交通比常规公交车的乘车环境要好得多，这大大增强了轨道交通对客流的吸引力。如图 1-20 所示为深圳地铁运行中的列车。

图 1-20　深圳地铁运行中的列车

9. 服务范围广

城市轨道交通服务范围广，适应城市比较集中的出行活动，可使城市中心区密集的人口得到疏解缓和，也使城市边缘区、郊区的发展得到了交通的强有力支持。城市轨道交通与地面公共汽车的服务范围如表 1-4 所示。

表 1-4　城市轨道交通与地面常规公交的服务范围

公共交通方式	平均旅行速度（km/h）	合理运距（km）	交通可达城市面积（km^2）
地面公共汽车	15	10～15	314～706.5
城市轨道交通	35	25～35	1962.5～3846.5

城市轨道交通利用其速度优势扩大了服务范围，从交通可达的城市面积来衡量，城市轨道交通的服务范围通常是常规公交的 6 倍左右。如图 1-21 所示为某轨道交通车站建筑内的公交枢纽，为不同公交方式协调换乘提供了良好的环境。

图 1-21　某轨道交通车站建筑内的公交枢纽

正是由于城市轨道交通具有这么多优点，因此，世界各大城市无不重视大力发展城市轨道交通系统，以完善公共交通系统的功能，解决城市的交通问题。

（二）不同城市轨道交通系统的适用范围

众多的大城市都普遍存在交通拥挤问题，交通拥挤和堵塞不仅影响城市居民的生活，而且制约经济的发展。城市轨道交通运量大、环境污染低、人均占用道路空间少等优点，有利于缓解城市交通需求和基础设施供给之间的矛盾。目前，我国正大力发展城市轨道交通，作为解决城市交通拥挤问题的首选措施。因此，如果一个城市决定修建城市轨道交通系统，应综合考虑以下因素：①预期运送客流能力；②线路走向及线路布置；③系统选择；④融资和系统投资成本；⑤项目管理类型；⑥其他。其中投资成本是一个主要因素。通过上面的分析可以知道，城市轨道交通系统种类繁多，特点各不相同，所以在系统选择时，必须考虑每种城市轨道交通形式的适用范围。如表 1-5 所示的几个指标的量化可以作为城市轨道交通选型的参考。

表 1-5　各种城市轨道交通系统的适用范围

类型	城市人口规模（万人）	单向最大客流量（万人/h）	GDP（亿元）
地铁	＞200	3.0～8.0	400～600
轻轨	＞100	1.0～3.0	300
单轨（跨座/悬挂）	＞100	0.5～2.0	600
有轨电车	＞50	0.8～1.5	200
城市铁路	＞200	4～10	600
磁浮系统（高速/常速）	＞200	0.6～1.5	1000
线性电机车系统	＞200	2～3	1000
新交通系统	＞100	1～1.8	600
类型	最小曲线半径（m）	最大限制坡度（‰）	线路形式
地铁	300	35	地下、高架与局部地面，专用线路
轻轨	50	60	高架、地面，必要时局部地下，专用线或部分混合道
单轨（跨座/悬挂）	60/100	（50～120）/50	高架，专用线
有轨电车	25～50	60	全地面，混合道或部分专用道
城市铁路	同铁路标准	30	以地面为主，常利用既有线路开行
磁浮系统（高速/常速）	1590/100	100/70	高架，专用线路
线性电机车系统	50	60	高架，必要时局部地下，专用线路
新交通系统	25	60	高架与地下隧道，专用线路

从表 1-5 可以看出，对于不同的系统，其投资成本的差异是很大的，并且不难判断，

有轨电车对于日间客流量相对小且基本稳定的状况是一个比较经济的选择；中容量城市轨道交通系统中的轻轨系统对于运量为每小时单方向1万～3万人次的交通流量状况是一个好的选择；地铁对于大运量的系统是最佳的选择，客流量可达每小时单方向客流量3万人次。

一个城市是否需要建设轨道交通，应从城市自身发展的需求、经济技术能力和社会经济效益等三个方面来综合考虑。在城市轨道交通系统的造型中，不能只依赖某种单一形式的轨道交通，而应该因地制宜，根据各种城市轨道交通系统类型的特点以及城市各自的实际情况和需求，有针对性地选型，采取大、中、低运量多种轨道交通形式相结合，合理协调地发展城市交通，尽可能地避免盲目投资。

四、城市轨道交通系统的构成

城市轨道交通系统是属于集多专业、多工种于一身的复杂系统，由一系列相关设施组成，这些设施包括车站、线路、车辆、轨道、供电、给排水、通风系统以及通信、信号系统等，它们的协同工作是为用户提供满意服务的保证。城市轨道交通的运输组织、功能实现、安全保证均应遵循有轨交通的客观规律。在运输组织上要实行集中调度、统一指挥、按运行图组织行车。在功能实现方面，各有关专业，如线路、车站、隧道、车辆、供电、通信、信号、机电设备及消防系统，均应保证状态良好，运行正常；在安全保证方面，主要依靠行车组织和设备正常运行来保证必要的行车间隔和正确的行车线路。

城市轨道交通系统是一个多专业、多工种相互配合、有序联动、时效性极强的系统，其主要采用了以电子计算机处理技术为核心的各种自动化设备。例如，ATC（列车自动控制）系统可以实现列车自动驾驶、自动跟踪、自动调度；SCADA（供电系统管理自动化）系统可以实现主变电所，牵引变电所，降压变电所设备系统的遥控、遥信、遥测和遥调；BAS（环境监控系统）和FAS（火灾报警系统）可以实现车站环境控制的自动化和消防、报警系统的自动化；AFC（自动售检票系统）可以实现自动售票、检票、分类等功能。这些系统全线各自形成网络，均在OCC（控制中心）设中心计算机，实现统一指挥，分级控制。

城市轨道交通系统的各种功能和结构将在后面有关章节中详细叙述。

目前，我国城市轨道交通发展较快。在公共交通系统中，城市轨道交通的骨干作用及其整体效应愈加凸显。本章介绍了城市轨道交通发展的几个阶段及各个阶段发展的原因和特点；国内外主要城市轨道交通的概况；轨道交通的地位与作用等，要求重点掌握城市轨道交通系统的含义及不同的分类标准，对城市轨道交通系统有一个清晰的认识。

案例分享

中国香港地铁价值分析之一二

港铁（前称地铁）自1979年起，一直致力于为乘客提供既安全又快捷可靠的市区列车服务。2007年12月，地铁公司与九广铁路公司的车务运作正式合并，并成立为港铁公司。其整个综合铁路系统全长168.1km，由观塘线、荃湾线、港岛线、将军澳线（组合为市区线）、东涌线、东铁线、西铁线、马鞍山线及迪士尼线共84个车站组成。此外，港铁也营运直达香港国际机场、全长35.2km的机场快线，以及在新界西北行走、全长36.2km并设有68个车站的轻铁网络。港铁周日平均载客量为340万人次，被公认为全球首屈一指的铁路系统，以其安全、可靠、卓越的顾客服务及成本效率见称。世界各国地铁均靠政府补贴，唯独香港地铁既解决了市区出行，同时又可创利。

经验总结：中国香港地铁的发展与城市规划密切融合，地下交通与地面公共交通充分接驳，地铁车站与周边物业无缝衔接。由此可见，香港地铁的建设与运营节省了土地利用，减少了不必要的道路交通，提高了地铁线路周边物业的价值，实现了城市功能的集聚和转移，并提升了城市的多元化功能。

中国香港政府实施以轨道交通为公共交通主干的政策，协调及取消重复的公交服务，鼓励公交出行并与轨道交通换乘。地铁站500m范围内集中了香港41%的人口、41%的就业人口、43%的住宅单位。香港第一条地铁线开通时客流量为4万人次/天，目前其平均客流量已经达到340万人次/天。可见，香港地铁缓解了城市核心区的交通压力，同时疏散了核心区人口并建立了的新市镇，为香港居民创造了舒适、安全的生活环境。

换乘便利的香港地铁网络将香港与周边次级商业中心、新市镇、工业区、迪士尼、机场等区域连接起来，形成以香港核心商业区为中心的半小时生活圈。可见，香港地铁为居民提供了方便、快捷的出行环境，营造了现代化、高效率的生活方式。

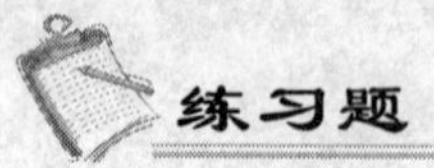

练习题

一、填空题

1. 1863年，世界第一条地铁线在英国的________市建成通车。

2. 世界城市轨道交通的发展大致分为初步发展阶段、________、________和高速发展阶段4个阶段。

3. 我国第一条地铁线路北京地铁1号线始建于________年。

4. ________是一种运用“同性相斥、异性相吸”的电磁原理，依靠电磁力来使列车悬浮并走行的轨道运输方式。

5. 根据不同的敷设方式，城市轨道交通系统可分为________、________和________三种形式。

6. 最早的地铁采用的是________机车牵引。

7. 跨座式单轨是列车跨坐在轨道梁上运行的形式，而________单轨则是列车悬挂在轨道梁下运行的形式。

8. 轨道交通的基本技术经济指标中，前一列车发车时刻与后一列车发车时刻之间的时间间隔称为________。

9. ________是使用电力牵引、轮轨导向、单辆或两辆编组运行在城市路面线路上的低运量轨道交通系统。

10. 按路权，轨道交通系统可分为________、半隔离、无隔离三种基本类型。

二、选择题

1. （　　）年 1 月 10 日，世界上第一条地铁线路在英国伦敦建成通车，线路全长 6.4km。

A. 1863　　B. 1868　　C. 1873　　D. 1865

2. 上海是中国第（　　）个拥有地铁的城市。

A. 一　　B. 三　　C. 四　　D. 二

3. 下面（　　）是根据轨道交通系统基本技术特征的不同而划分的城市轨道交通系统。

A. 钢轮钢轨系统　　B. 轻轨系统

C. 大容量轨道交通系统　　D. 地面轨道交通系统

4. （　　）交通因多数使用橡胶轮胎，容易在陡坡、小半径曲线上运行，在地形起伏变化比较大的城市很实用。

A. 地铁　　B. 轻轨　　C. 单轨　　D. 磁浮

5. 根据支撑方式的不同，单轨一般包括（　　）和悬挂式两种类型。

A. 跨座式　　B. 高架式　　C. 地下式　　D. 地面式

6. 一般采用高架形式，车辆在一条轨道上行驶的轨道交通系统称为（　　）。

A. 轻轨运输系统　　B. 橡胶轮胎铁路

C. 单轨铁路　　D. 自动导向系统

7. 我国 20 世纪 60 年代在（　　）建成第一条城市地下轨道线路。

A. 上海　　B. 深圳　　C. 北京　　D. 广州

8. 天津是中国第（　　）个拥有地铁的城市。

A. 一　　B. 三　　C. 四　　D. 二

9. 深圳是中国第（　　）个拥有地铁的城市。

A. 三　　B. 五　　C. 四　　D. 二

10. 广州是中国第（　　）个拥有地铁的城市。

A. 六　　B. 三　　C. 四　　D. 二

三、简答题

1. 简述我国城市轨道交通发展的历程及其特点。

2. 城市轨道交通系统的概念是什么？按照与其他交通方式的关系它可以分为哪几种类型？

3. 一个城市是否应该修建城市轨道交通系统，应该综合考虑哪些因素？

4. 与地面公共汽车相比，城市轨道交通具有哪些优势？

第二章　城市轨道交通线路

学习目标

1. 熟记线路的正线、辅助线、车场线等知识。

2. 熟知单开道岔的构造、轨道结构的组成及特点。

3. 了解城市轨道交通线路规划设计的基本内容，对城市轨道交通线路平纵断面设计的基本内容有较明确的认识。

案例导入

如何杜绝悲剧不再重演——华盛顿地铁列车相撞事故

2009年6月22日下午，美国华盛顿哥伦比亚特区发生一起地铁相撞事故。事故发生在华盛顿地铁托腾堡站附近的高架轨道上。一列地铁列车出站后脱轨，撞到另一列处于静止等候状态的列车尾部，一些座椅被甩出车外。两车相撞后，部分车厢已经严重变形，其中一列车的部分受损车厢架在另一列车上方。两辆列车均挂有6节车厢，共能装载乘客2400人。据媒体报道，事故造成9人死亡，70多人受伤。这是华盛顿33年来发生的最严重的一起地铁事故。如图2-1所示。

图2-1　事故现场

暂且不论事故发生的原因，请你想一想，在现今铁路技术和施工质量已经相当安全的情况下，地铁线路设计中还应融入哪些安全设计因素？美国早期修建的地铁一般采用双向对开方式，而目前国内的线路设计多采用双向平行开车的方式，这有没有可能杜绝地铁线路行走的缺陷，避免相撞事故呢？而平行开出的地铁列车是否存在追尾或者出轨的可能呢？

第一节　城市轨道交通线路的类型

线路是城市轨道交通的基础组成部分，由区间结构、车站和轨道等组成。轨道交通线路按其在运营中的地位和作用划分为正线、辅助线和车场线。

一、正线

正线是指贯穿车站、区间，供载客运营的线路，可分为区间正线和车站正线，分别如图 2-2 和图 2-3 所示。

图 2-2　正线（地面）

图 2-3　正线（地下）

车站两端间内方的线路为站内线路，简称站线。两相邻车站相邻端墙间的线路范围称为区间。城市轨道交通正线的行车速度高、密度大，要求行车安全、舒适，故线路标准要求高。城市轨道交通系统的正线均采用上、下行分行，采用右侧行车制，一般为全封闭线路。与其他交通线路相交时，一般采用立体交叉。

二、辅助线

辅助线是为了保证正线运营而配置的线路，它包括渡线、折返线、联络线、车辆段出入线、停车线等，如图 2-4 所示为辅助线图。辅助线设计速度低、线路标准低，一般不行使载客车辆。

图 2-4　辅助线

1. 渡线

渡线是指在上、下行正线之间（或其他平行线路之间）设置的连接线，通过一组联动道岔达到转线的目的。渡线有单渡线和交叉渡线，示意图如图 2-5 所示。当渡线单独设置时，用来临时折返列车，增加运营列车调度的灵活性；当与其他辅助线合用时，能完成或增强其他辅助线的功能。渡线布置的实图如图 2-6 所示。

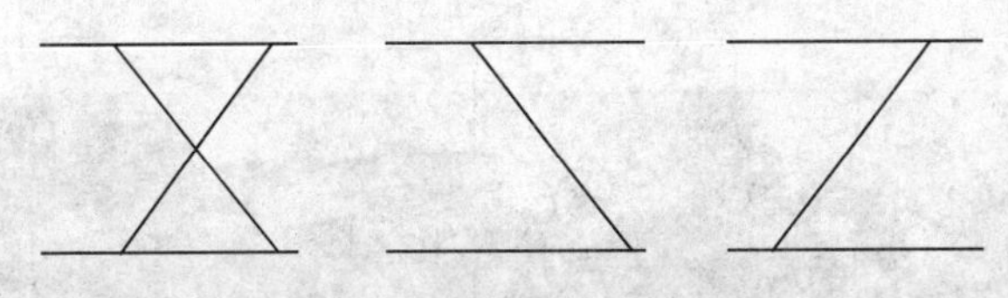

图 2-5　渡线布置示意图

图 2-6　天津地铁 9 号线中山门站站前折返的渡线

2. 折返线

在线路端终点站，或者准备开行折返列车的中间站，设置的专供列车折返调头的线路，称为折返线。因为全线客流分布的不均匀性，城市轨道交通系统的运营通常需要根据运行交路的要求，在端点站与中间站或中间站与中间站之间开行折返列车，这些可折返的中间站上需要配置折返线。

根据不同的折返方法，折返线可分为如下几种。

（1）环形折返线，俗称灯泡线。示意图如图 2－7 所示。

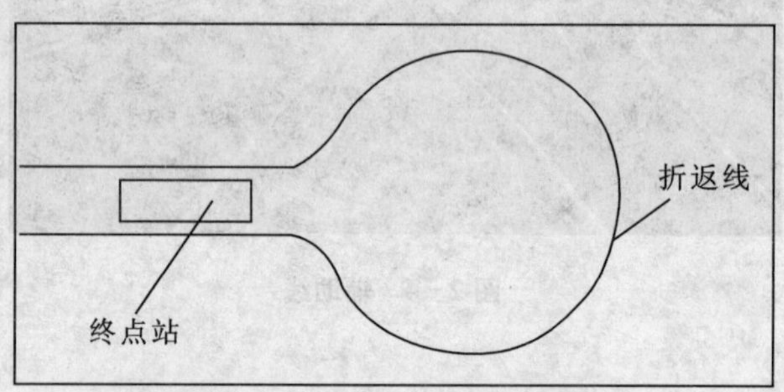

图 2－7　环形折返线示意图

环形折返线是将端点折返作业转化为沿一个环形单线区段运行的作业，实质上取消了折返过程，变为区间运行，有利于列车运行速度的发挥，消除了因折返作业而形成的线路通过能力限制条件。如图 2－8 所示为某地铁线路“灯泡线”的实图。

图 2－8　某地铁线路“灯泡线”的实图

环线折返的问题是环线占地面积较大，尤其是在地下修建，难度更大，投资较高；环线折返丧失了尽端停车维护保养检查的机动线路，对车辆技术和运行组织要求更高。线路机动性下降，线路延伸可能性甚微。一般只适用于线路较短，线路延伸可能较小，并且该端点站又往往在地面的情况。

（2）尽端折返线，可分为单线折返、双线折返、多线折返等不同的布置办法，示意图

如图2－9～图 2－11 所示。

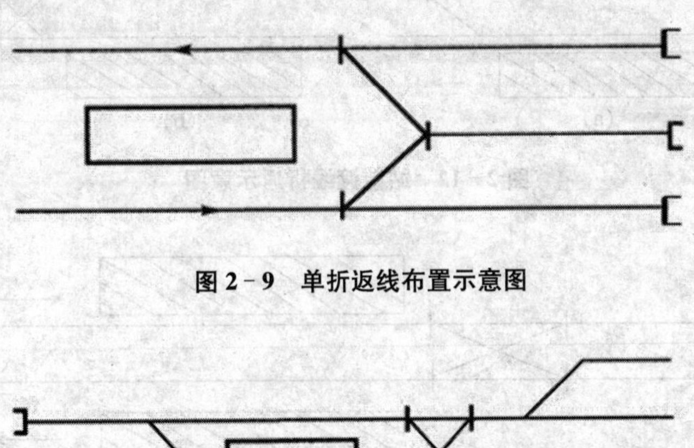

图 2－9　单折返线布置示意图

图 2－10　多折返线布置示意图

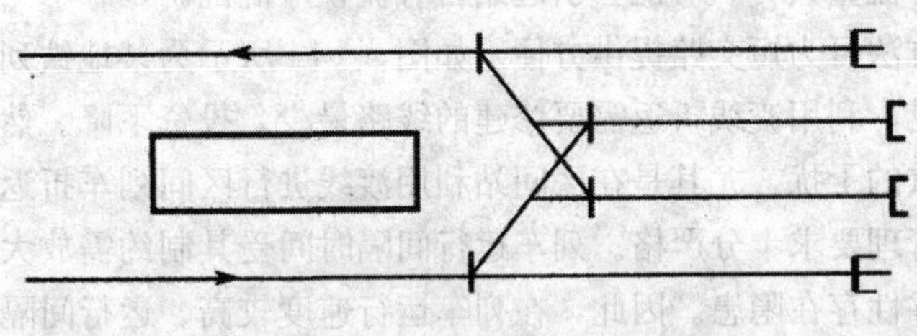

图 2－11　双折返线布置示意图

利用尽端线折返的办法弥补了环线折返的不足，使端点站既可有效组织折返（如双折返线可明显降低折返时间），又可备有停车线供故障停车、检修、夜间停车等作业使用，对于线路延伸也十分方便，比较适合于地下结构的端点站以及线路较长或有延伸可能、土地不宜多占用的情况。

（3）利用渡线折返，即在车站前或站后设置渡线，用以完成折返作业的布置方式，示意图如图 2－12 和图 2－13 所示。《地铁设计规范》（GB 50157—2003）2009 修订版征求意见稿规定：在折返站应设置折返线。为满足故障运行工况，每隔 5～6 座车站（或 8～10km）应设置故障列车待避线，其间每相隔 2～3 座车站（3～5km）应加设渡线。

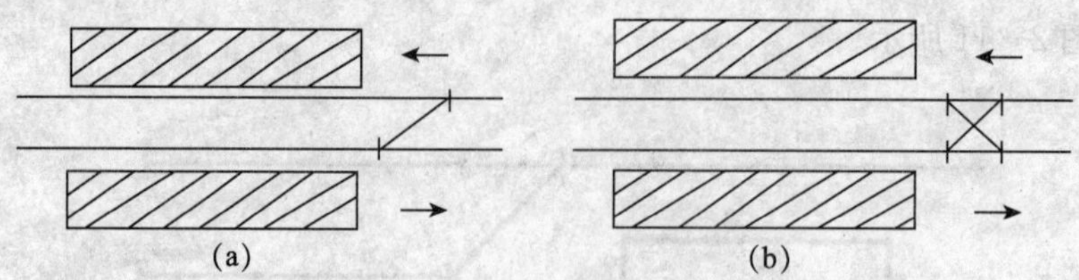

图 2-12　站前渡线折返示意图

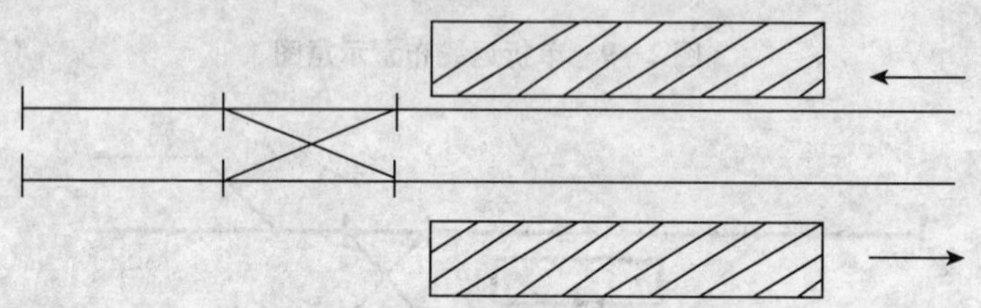

图 2-13　站后渡线折返示意图

列车经由站前渡线折返的优点很明显。站前折返时，列车空走少，折返时间较短，乘客能同时上下车，可缩短停站时间，减少费用。但这种方式存在一定的进路交叉，对行车安全有一定威胁。客流量大时，可能会引起站台客流秩序混乱。

站后渡线折返方法可为短交路提供方便。如图 2-14 所示为某地铁列车在进行站后渡线折返的实图。可见，利用渡线折返需要修建的线路最少，投资下降。然而，列车进出车站与折返作业有严重的干扰，尤其是在区间站利用渡线进行区间列车折返，需占用正线进行作业，故对运营管理要求十分严格。列车运行间隔时间受其制约需放大，导致线路通行能力下降，安全可靠性存在隐患。因此，在列车运行速度较高、运行间隔时间较短（即发车频率较高）、运量较大的线路，不宜采用此办法。

图 2-14　某地铁列车在进行站后渡线折返的实图

3. 联络线

联络线是指同种制式的两条单独运营的轨道交通线路之间为调动列车等作业方便而设置的连接线路。联络线的位置应在线网规划中确定，前期修建的线路应为后建线路预留联络线设置，联络线布设如图 2－15 和图 2－16 所示。

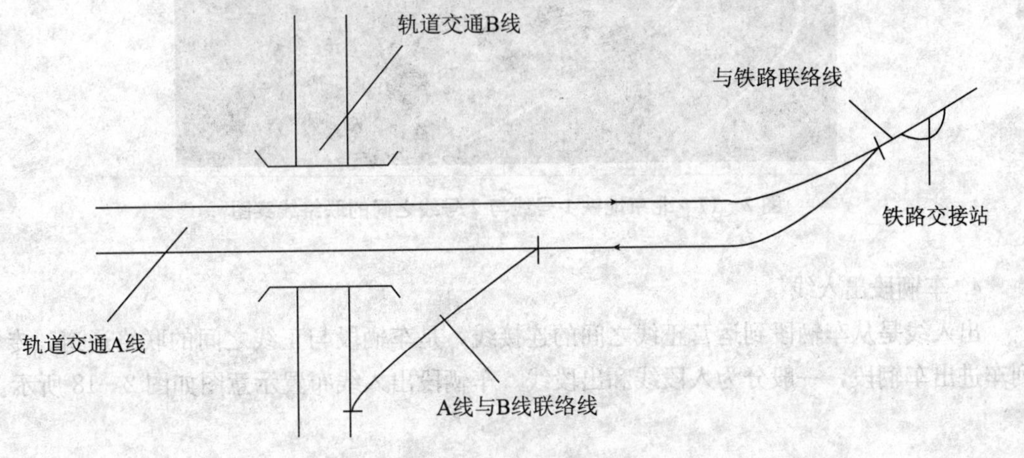

图 2－15　联络线布置示意图

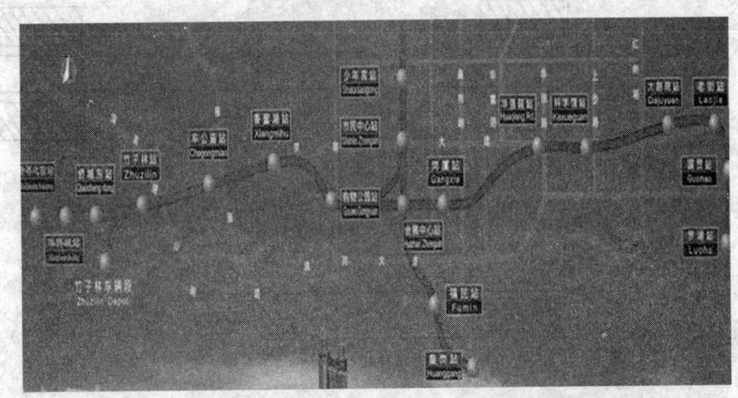

图 2－16　深圳地铁 1 号线和 4 号线之间联络线的效果图

联络线因连接的轨道交通线路往往不在一个平面上，因此，有较大的坡道与较小的曲线半径，列车的运行速度不可能很高。如果联络线设置为地下线路，则施工难度较大，投资也较大。另外，为方便城市轨道交通车辆及大型设备的运输，有条件的地方应设置地面联络线与国家铁路专用线相连。

《地铁设计规范》（GB 50157—2003）2009 修订版征求意见稿规定：根据运行组织要求，相邻两段线路初期临时贯通并正式载客运行的联络线应设置双线；联络线与正线的接轨点宜靠近车站，也可在区间与正线接轨；在两线同站台平行换乘站，宜设置渡线，实现联络线功能。如图 2－17 所示为北京地铁 1 号线与 2 号线之间的联络线实图。

图 2-17　北京地铁 1 号线与 2 号线之间的联络线实图

4. 车辆段出入线

出入线是从车辆段到运营正线之间的连接线，是车辆段与正线之间的联络通道，专供列车进出车辆段，一般分为入段线和出段线。车辆段出入线布置示意图如图 2-18 所示。

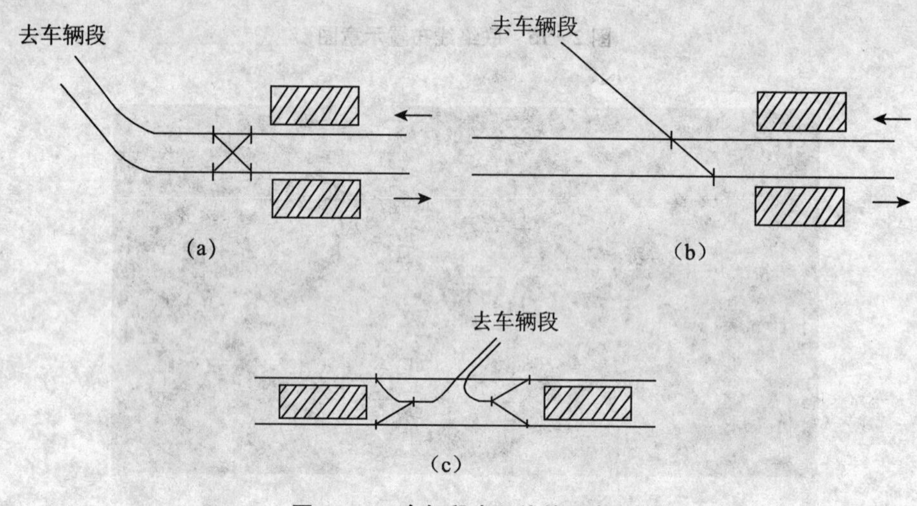

图 2-18　车辆段出入线的示意图

《地铁设计规范》（GB 50157—2003）2009 修订版征求意见稿规定：出入线宜在车站端部接轨，并应具备一度停车再启动条件；出入线应按双线双向运行设计，并避免与正线平面交叉。根据车辆基地位置和接轨条件，必要时也可设置八字形出入线。规模较小的停车场，其工程实施确因受条件限制时，在不影响功能的前提下，可采用单线双向设计。如图 2-19 所示为深圳地铁竹子林车辆段出入线布置的实图。

图 2-19 深圳地铁竹子林车辆段出入线实图

5. 停车线

停车线是一般设置在端点站，专门用于停车、进行少量检修作业的尽端线。在车辆段则拥有众多的专用停车线，提供夜间停止运营后列车停放。需要进行检修作业的停车线设有地沟。如图 2-20 所示为深圳地铁车辆段运用库内进行检修作业的停车线。

图 2-20 深圳地铁车辆段运用库的停车线实图

三、车场线

车场线是车辆基地内的各种作业线，主要有以下几种。

1. 检修线

检修线设在车辆段检修库内，是专门用于检修轨道交通车辆的作业线，设有地沟，配有架车设备和检修设备，如图 2-21 所示。

图 2-21　车辆段检修线实图

2. 试验线

试验线设在车辆基地，是用于对检修完毕的轨道交通车辆进行运行状态检测的线路，为达到必要的运行速度，试验线需有一定长度标准和平纵断面特点。

3. 洗车线

洗车线设在车辆基地，专门用于清洗列车外部表面的灰尘、油污和其他污垢的作业线。深圳市地铁一期工程洗车线上使用的列车清洗机是英国 SMITH BROS & WEBB LIMITED 公司的产品。该设备能自动完成列车车头、车尾和两侧的清洗工作，整个列车清洗过程实现自动化，如图 2-22 所示。

图 2-22　洗车线端清洗装置实图

第二节　城市轨道交通线路的组成

城市轨道交通线路可采取地面、地下和高架三种不同的敷设形式，因此，线路设备相应地会采取不同的形式结构，如新型的轨道结构有磁浮、橡胶轮轨、独轨等。目前我国大部分城市轨道交通线路还是沿用传统的铁路方式，线路的下部基主要由路基、道床组成，线路的上部建筑主要由钢轨、轨枕、联结零件、道岔等组成。下面介绍线路的主要组成部分。

一、路基

路基，即线路的基础，是为了满足轨道铺设和运营条件而修建的土工构筑物。它承受来自轨道、机车车辆及其荷载的压力，所以必须填筑坚实，经常保持干燥、稳固和完好状态，并尽可能保证路基面的平顺，使列车能在允许的弹性变形范围内平稳安全地运行。根据地形的不同，路基一般采用路堑（through cut）、路堤（embankment）、半堤半堑(sidehill cut)3 种形式。其中，路堤式路基采用取土填筑办法，按规定断面尺寸夯实形成，一般适用于地下铁道、轻轨等轨道交通系统，并采用独立路基施工方式。如图 2－23 所示为深圳轨道交通 3 号线成形的“U”形路基实图。

图 2－23　深圳轨道交通 3 号线成形的“U”形路基实图

二、道床

1. 道床的作用

道床通常指的是轨枕下面，路基面上铺设的碎石、卵石层或混凝土垫层。轨道线路结构中承上启下的道床有非常重要的作用，具体表现为以下几个方面。

(1) 支撑轨枕。把来自轨枕上部的巨大荷载均匀地分布到路基面上，大大减少了路基的变形。

(2) 固定轨枕。依靠本身和轨枕间的摩擦固定轨枕的位置，阻止轨枕纵向或横向地移动。如果这种区段线路的纵向或横向阻力减少到一定程度，很容易发生胀轨跑道事故，严重危及行车安全，所以这在无缝线路区段显得更为重要。

(3) 增弹减震。使轨道具有一定的弹性，从而减缓机车车辆的冲击和振动，利于列车平稳运行，改善机车车辆和钢轨、轨枕等部件的工作条件，延长使用寿命。

(4) 利于排水。道床使用的透水性材料使得积水能够顺畅地通过道床排走，这样路基表面就不会长期积水，就能够提高路基的承载能力和减轻轨道冻害等病害。

2. 道床的类型

道床可分为碎石道床、整体道床、沥青道床及新型道床等几类。

(1) 碎石道床。如图 2-24 所示，碎石道床具有良好的弹性、排水性能，造价低，维护简单易行。但强度较低，并且需经常维护保养，不太适合地下隧道及市区高架结构线路。

图 2-24　碎石道床

(2) 整体道床。如图 2-25 所示，将道床路基轨枕组合形成钢筋混凝土整体结构的轨下基础。随着生产力的发展和技术的进步，新型的轨下基础整体道床完全取消了道碴，它直接在路基底上浇筑混凝土，线路稳定平顺，维修工作量很小，轨道交通系统许多地下线和高架线都使用这种线路结构。

图 2-25　整体道床

(3) 沥青道床。沥青道床是指为了改善普通碎石道床的散体特性而加入乳化沥青或沥青砂浆以使其稳定的一种道床轨道结构形式。沥青道床整体性好、弹性好，能增加线路强度，延缓轨道下沉，使道床的稳定性有很大提高，从而大大减少了线路的维修工作量。沥青道床的缺点是对沥青材料的性能要求较高，必须配合使用能大幅度调整轨距及轨面高低的扣件，以适应日后养护工作的需要。

(4) 新型道床。目前，随着城市轨道交通的发展和城市对环境要求的不断提升，又出现了一些可以满足新发展、新需求的新型道床形式，减震浮动道床就是其中的一种。

减震浮动道床是由弹性支承块、橡胶垫板、道床板和混凝土底座及配套扣件构成，是具有减震作用的一种道床形式。其原理主要是以线圈弹簧或弹性支承块托起整个轨道结构，以阻隔振动的传递，使路轨的振动减少，从而达到隔振、减震和降低噪声的功效。如图2－26所示为深圳地铁弹簧浮置板减震道床。

图2－26　深圳地铁弹簧浮置板减震道床

德国、英国、美国、日本、韩国和新加坡等国家大多数城市的城市轨道都采用了新型道床结构，其减震降噪的效果已得到普遍认同。随着城市轨道交通的发展，我国也在北京、上海、广州、深圳等地推广应用。

三、钢轨

1. 钢轨的作用、类型和断面

钢轨是供列车车轮滚动行驶其上的铁路构建，是指两条平行分布的直线形安装在轨枕或路基之上的、由钢铁材料制成的金属构筑物。

钢轨的主要作用是引导机车车辆行驶，起导向作用；承载车轮压力并传递到轨枕上；作为供电回路和通信线路的导体。在电气化的线路上，钢轨还要兼作供电接触网的回流线路。在运行信号方面，钢轨是轨道电路的载体。轨道电路是以线路的两根钢轨作为导体，两端加以机械绝缘或电气绝缘，接上送、受电设备构成的电路。轨道电路如图 2－27 所示。

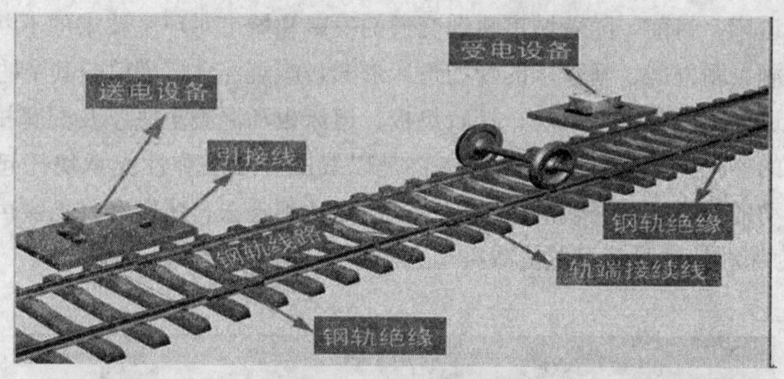

图 2－27　轨道电路

钢轨的类型和强度以 kg/m 来表示。每米钢轨的质量越重，它所承受的荷载越大。世界上第一条铁路的钢轨为 18kg/m，最重的钢轨在美国，重达 77kg/m。我国生产的定型钢轨有 75kg/m、60kg/m、50kg/m、43kg/m 和 38kg/m 5 种。钢轨的标准长度有 12.5m 和 25m 两种，此外还有曲线标准缩短轨。目前我国地铁钢轨均采用 60kg/m 的重型钢轨，并焊成无缝线路，满足列车高速安全运行的需要。地铁车辆段线一般采用的是 50kg/m 的钢轨，其他线路钢轨类型次于正线。城市轨道交通系统轻轨正线选用 50kg/m 的钢轨，车站支线选用 43kg/m 的钢轨。

钢轨由轨头、轨腰、轨底组成，采用“工”字形宽底座断面，受力好，省材料，具有最佳抗弯性能，如图 2－28 所示。

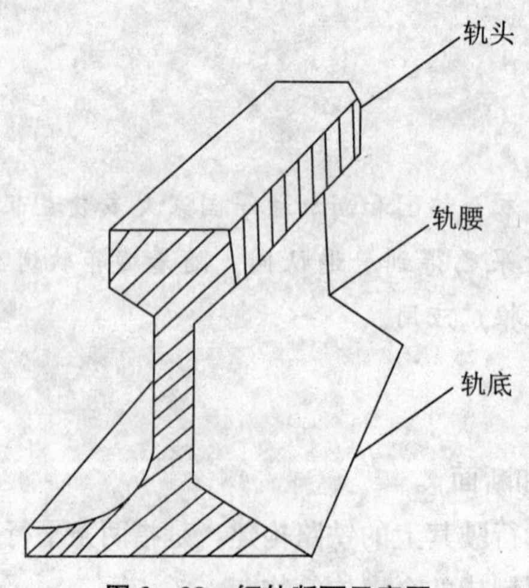

图 2－28　钢轨断面示意图

2. 轨距

轨道是“永不相交的两条线”。它由两股平行的钢轨组成，它们之间的距离是固定不变的，这个固定不变的距离就是轨距（rail gauge）。确切地讲，轨距是钢轨头部踏面下16mm 范围内两股钢轨工作边之间的最小距离。轨距的计算如图 2－29 所示。

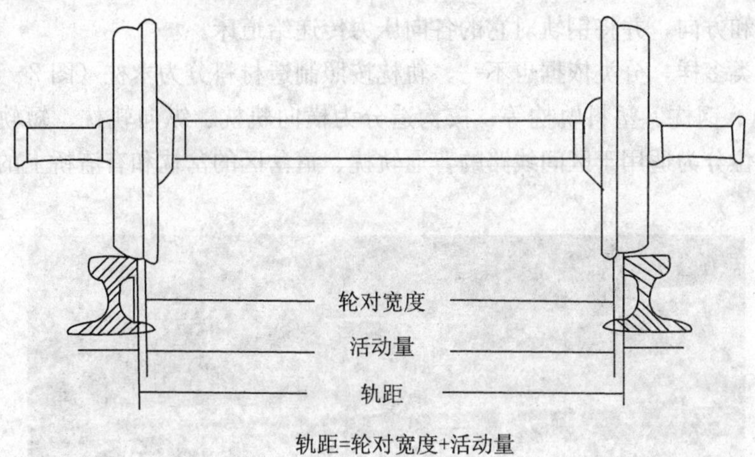

图 2－29　轨距的示意图

国际铁路协会在 1937 年制定 1435mm 为标准轨，世界上大约有 60％的轨距是标准轨。这轨距又称标准轨距或国际轨距。如图 2－30 所示为深圳地铁的标准轨实图。比标准轨宽的轨距称为宽轨，如 1676 mm、1524mm、1520mm 等；比标准轨窄的称为窄轨，如 1067mm、1000mm、762mm、600mm 等。双轨距铁路或多轨距铁路铺有 3 条或 4 条钢轨，让使用不同轨距的列车都可行驶。

图 2－30　深圳地铁的标准轨实图

由于钢轨轨顶呈圆弧状，轮缘也有一定的曲线，轮缘与钢轨的接触点一般都在轨顶下

10～16mm 处，所以中国《铁路技术管理规程》规定，直线轨距是在钢轨头部踏面下 16mm 范围内两股钢轨工作边之间的最小距离，这也是国际标准轨距。

四、轨枕

轨枕最早采用木材制造，故又称枕木。轨枕是轨道的基础部件，其主要作用是支撑钢轨，保持轨距和方向，并将钢轨对它的各向压力传递给道床。

轨枕的种类多样，分类依据也不一。轨枕按照制造材料分为木枕（图 2－31）、混凝土枕（图 3－32）、钢枕、塑料轨枕等；按构造分为横向轨枕、纵向轨枕、短轨枕和宽轨枕等；按敷设部位分为适用于区间线路的普通轨枕、道岔区的岔枕和有渣桥上的桥枕等。

图 2－31　木轨枕实图

图 2－32　宽混凝土轨枕实图

轨枕类型随轨距、道床种类、使用处所不同而异。地下铁道正线隧道内的线路一般采用短轨枕或无轨枕的整体钢筋混凝土道床，车场线采用普通钢筋预应力混凝土轨枕，在道岔范围内少数区段采用木枕。轨枕因应用范围不同，长度也不同。在我国，普通轨枕长度为 2.5m，道岔用的岔枕和钢桥上用的桥枕，长度有 2.6～4.85m 多种。线路上铺设轨枕的数量根据线路路运量和行车速度等运营条件来确定，一般每公里为 1520～1840 根，数量越多，轨道强度越大。

五、联结零件

在轨道上用定长的钢轨连接成连续的轨线，在两根定长的钢轨之间用夹板连接，称为钢轨接头。钢轨必须通过联结零件才能固定在轨枕上，此外钢轨之间也需要联结零件连成整体，所以联结零件是用来连接钢轨与钢轨、钢轨与轨枕的零件。钢轨的联结零件如图2－33 所示。

图 2－33　钢轨联结零件效果图

(一) 钢轨与钢轨连接

钢轨与钢轨通过接头夹板（也叫鱼尾板）和螺栓连接，在城市轨道交通的轨道结构中，已大量采用无缝线路结构。

1. 无缝线路的出现

无缝线路（continuous welded rail）是用焊接长轨条铺设的轨道，因为长轨条没有轨缝而得名。无缝线路常常由一对长轨及两端各 2～4 对标准轨组成，即由固定区、伸缩区、缓冲区组成，如图 2－34 所示。

图 2-34　无缝线路的组成

普通线路是将每根 12.5m 或 25m 长的钢轨联结成轨道。显然，每隔 12.5m 或 25m 就会有一个接头。钢轨接头处留有一道轨缝，是为了防止钢轨在热胀冷缩时产生的温度力。钢轨的焊接最早（1915 年）出现在欧洲的电车轨道上。1924 年，德国在铁路隧道里铺设了焊接长钢轨。1926 年，苏联开始在站线铺设焊接长钢轨。1930 年，美国在铁路隧道里铺设长钢轨，1933 年又正式铺设在露天铁路线上。日本在 1948 年以后迅速发展了无缝线路。如今，轨道无缝线路已在世界各国被普遍采用，而且高速铁路还必须采用无缝线路。但是在无缝线路的缓冲区、轨道电路的绝缘区、有道岔的线路区段中，钢轨接头还是不能少的。如图 2-35 所示为某铁路的无缝线路实图。

图 2-35　某铁路的无缝线路实图

无缝线路是把 25m 轨端无螺栓孔的钢轨焊成 1000m 及以上长的轨条敷设在轨枕上，所以又称为焊接长钢轨线路。据有关部门方面统计，无缝线路与普通线路相比，至少能节省 15%的经常维修费用，延长 25%的钢轨使用寿命。此外，无缝线路接缝大大减少，消除了列车通过接头区的冲击力，从而具有减少行车阻力、降低行车震动及噪声等优点。

2. 无缝线路的类型

（1）按处理钢轨伸缩的方法分类。焊接长钢轨因温度变化会引起伸缩，按处理这种伸缩的方法不同，无缝线路分为温度应力式和放散温度应力式两类，其中温度应力式为无缝线路的基本结构形式。

①温度应力式无缝线路。它包括伸缩区、固定区和缓冲区三部分。其钢轨由一根焊接长轨条及其两端2～4根标准轨组成，并采用普通钢轨接头的形式。无缝线路敷设后，焊接长轨条因受扣件及道床纵向阻力的抵抗，两端自由伸缩受到一定的限制，中间自由伸缩受到完全的限制，因而在钢轨内产生温度应力，其值随轨温变化而异。这种无缝线路结构简单，敷设养护比较方便，故得到广泛采用。但因钢轨承受很高的温度应力，因此，必须满足强度及稳定性方面设计的要求。

②放散应力式无缝线路。它可分为自动放散和定期放散两种。自动放散是在焊接长轨条两端设置钢轨伸缩调节器（如尖轨接头）来自动释放钢轨内的温度应力，这种形式的无缝线路主要用在城轨的高架线路上。定期放散是把钢轨内部的温度应力每年调整放散1～2次。放散时，松开焊接长轨条的全部扣件，使它自由伸缩，放散内部的温度应力，在一定的轨温条件下再把扣件全部扣紧。

(2) 按焊接长轨条的长度分类。按焊接长轨条的长度不同，可分为普通无缝线路和超长无缝线路。普通无缝线路的焊接钢轨的长度一般为1000～2000m。超长无缝线路为焊接长轨条贯通区间，并与车站道岔焊接，取消了缓冲区，彻底实现了线路的无缝化。焊轨之后要进行应力放散作业，应力放散完成后线路才能达到正常行车条件。

因列车运行时纵向力的作用，使钢轨产生纵向移动，有时甚至带动轨枕一起移动，这种现象叫轨道爬行。

(二) 钢轨与轨枕连接

扣件是用于连接钢轨与轨枕的零件，由钢轨扣压件和轨下垫层两部分组成。扣件的主要作用是将钢轨固定在轨枕上，保持轨距并阻止钢轨的横纵向移动，能提供适当的弹性。地铁整体道床普遍采用弹性分开式扣件，这种扣件在一定程度上弥补了整体道床弹性不足的缺陷。

1. 扣件的性能

由于线路情况与轨枕的不同，对于扣件性能，如扣压力、弹性和可调性的要求也不尽相同。一般扣件应具备如下性能：

(1) 足够的扣压力。这是钢轨和轨枕联结的重要保证，通常要求扣件纵向阻力大于道床的纵向阻力。当然，扣压力也不宜过大，否则会使扣件弹性急剧下降，影响扣件的使用寿命。

(2) 适当的弹性。可以减小荷载对道床的压力及机车车辆簧下振动加速度，延长部件的使用寿命，扣件的弹性主要由橡胶垫板和弹条等部件提供。

(3) 一定的可调性。要求扣件具有一定的水平和轨距调整量。当曲线轨距需要加宽或因钢轨磨耗使轨距扩大时，都需要通过扣件对轨距进行调整，线路维修时也需要通过扣件来调整两股钢轨的水平。

(4) 可靠的绝缘性。由于轨道电路的需要，并为防止杂散电流的出现，在钢轨与轨枕连接的过程中，要有绝缘性能的要求。

2. 扣件的种类

(1) 按其扣压钢轨方式划分，可分为弹性扣件和刚性扣件两种。其中刚性扣件本身刚度很大，扣压钢轨后，弹性很差，在地铁运营线路中很少应用。但由于其工作可靠、结构简单、价格低廉，所以在场线上经常使用。

(2) 按其承受横向力方式划分，可分为有挡肩和无挡肩两种。一般来说，在调高量方面，无挡肩结构形式扣件优于有挡肩结构形式扣件，所以结合工程实际情况，高架桥上应采用无挡肩结构形式扣件。

(3) 按其扣压件紧固方式划分，可分为有螺栓和无螺栓两种。从养护维修角度考虑，无螺栓扣件比有螺栓扣件零部件少，养护维修工作量小，更适合轨道交通的实际情况。我国的无螺栓扣件采用“e”形弹条，如图 2-36 所示。现在，城市轨道交通工程中采用的扣件种类比较多。

图 2-36 扣件实图

六、道岔

1. 道岔及其基本构成

道岔是轨道的一个重要组成部分，是一种使机车车辆从一股道转入另一股道的线路连接设备，通常在车站、编组站大量铺设。道岔的存在充分发挥了线路的通过能力，即使是单线铁路，通过铺设道岔也能实现对开列车。

道岔的构造复杂，种类多样。普通单开道岔是最常见的，主要由转辙器、连接部分、

辙叉及护轨三个单元组成，如图 2－37 所示。

图 2－37　道岔实图

(1) 转辙器。它由基本轨、尖轨和转辙机械组成。通过转辙器可使尖轨移向直股或侧股，从而实现车辆转线。如图 2－38 所示，当机车车辆要从 A 股道转入 B 股道时，操纵转辙机械使尖轨移动位置，尖轨 1 密贴基本轨 1，尖轨 2 脱离基本轨 2，这样就开通了 B 股道，关闭了 A 股道，机车车辆进入连接部分沿着导曲线轨过渡到辙叉和护轨单元。

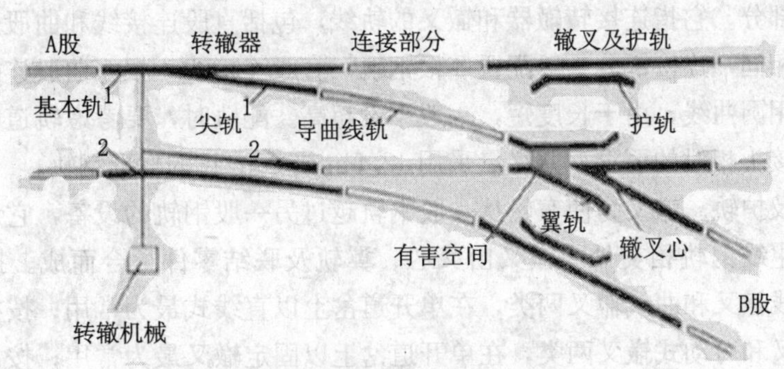

图 2－38　普通单开道岔构成

常见的道岔转换设备，即转辙器（图 2－39）有机械式和电动式两种。道岔转换设备必须具备转换（改变道岔开向）、锁闭（锁闭道岔，在转辙杆中心处尖轨与基本轨之间，不允许有 4mm 以上的间隙）和显示（显示道岔的正位或反位）三种功能。

图 2-39 转辙机实图

加油站

地铁车站的准备进路人员在摇道岔时，必须确认道岔的左右位，以确保进路道岔开通的位置正确。道岔的左右位判别可参考以下方法：站在两基本轨之间面对尖轨，若尖轨与基本轨分离在左侧（密贴在右侧），则该道岔开通左位；若尖轨与基本轨分离在右侧（密贴在左侧），则开通右位。如图 2-38 所示为开通右位。

（2）连接部分。它指连接转辙器和辙叉的轨线，包括直股连接线和曲股连接线。其结构和线路基本相同，连接部分一般配置 8 根钢轨，直股连接线 4 根，曲股连接线 4 根。曲股线路一般采用圆曲线，由于长度短，一般不设超高。配轨时，要考虑轨道电路绝缘接头的位置和满足接头相对的要求，并尽量采用 12.5m 或 25m 长的标准钢轨。

（3）辙叉及护轨。辙叉为使车轮从一股钢轨越过另一股钢轨的设备，它设置于道岔侧线钢轨与道岔主线钢轨相交处。辙叉由叉心、翼轨及联结零件组合而成。按平面形式划分，辙叉有直线辙叉和曲线辙叉两类，在单开道岔上以直线式最为常用；按构造划分，辙叉有固定式辙叉和可动式辙叉两类，在单开道岔上以固定辙叉最为常用；按制造划分，单开道岔的辙叉有组合辙叉和整铸辙叉，目前使用较多的是整铸辙叉。

翼轨与心轨形成必要的轮缘槽，使车轮轮缘能顺利通过。两翼轨工作边相距最近处称为辙叉咽喉，从辙叉咽喉至心轨实际尖端之间的轨线中断的距离称为有害空间。当车轮通过有害空间时，容易受到撞击，为保证车轮安全通过有害空间，在辙叉两侧相对位置的基本轨内侧设置了护轨，如图 2-40 所示。当列车在道岔处脱轨时，护轨可将脱轨的车轮限制在基本轨和护轨之间的轮缘槽内继续顺线路滚出，借以引导车轮的行驶方向，防止列车

向旁偏离造成严重事故。

图 2－40　护轨示意图

2. 道岔的类型

道岔的主要功能是实现一条线路分支进入或越过另一条线路的连接及交叉，道岔按用途和平面形状可以分为以下几种类型：单开道岔、双开道岔、三开道岔和复式交分道岔。若用线路中心线来表示，如图 2－41 所示。

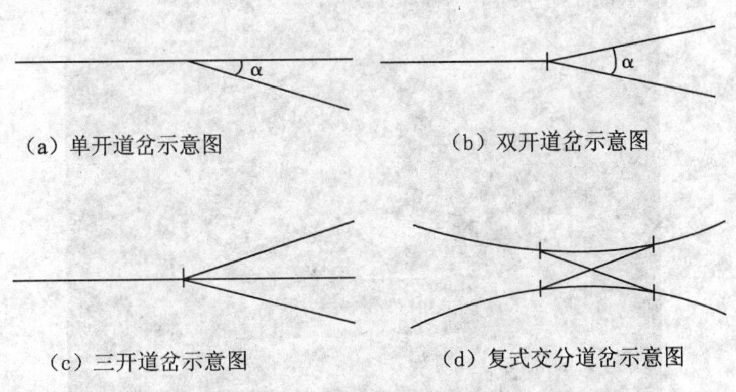

图 2－41　道岔的常见类型

(1) 单开道岔。它将一条线路分岔成两条线路，一条直线（主线），一条曲线（侧线），如图 2－42 所示。这是最常见的一种类型，占全部道岔总数的 95%以上，大多数的折返线路、停车场和车辆段的股道设置等均可由单开道岔与线路的组合来完成。

图 2－42　单开道岔实图

（2）双开道岔。它是“Y”形，如图 2－43 所示，即将一条线路分岔成两条不同方向的曲线线路。

图 2－43　双开道岔实图

（3）三开道岔。它如同“Ψ”形，如图 2－44 所示，沿一股直线钢轨（主线）对称分支，同时衔接的有三条线路，一股直线钢轨和两股曲线钢轨，由两组转辙机械操纵两套尖轨。

图 2-44　三开道岔实图

(4) 复式交分道岔。它像“X”形，如图 2-45 所示，实际上相当于四组单开道岔和一副菱形交叉的组合。两条线路平面交叉，引导列车由一条线路跨越另一条线路的设备称为交叉。通常使用的是菱形交叉，如图 2-46 所示，它由两组锐角辙叉和两组钝角辙叉组成，但没有转辙器，所以股道之间不能转线。在菱形交叉的两侧，各增添两副转辙器和一股连接曲线即为复式交分道岔。如果将复式交分道岔的“X”形的上面两点和下面两点分别连接起来，就是交叉渡线，如图 2-47 所示。它不仅能开通较多的方向，而且占地不多，所以经常在车站采用。

图 2-45　复式交分道岔实图

图 2-46　菱形道岔实图

图 2-47　交叉渡线道岔实图

3. 道岔的号数及选型

道岔号码是使用辙叉号来表示的，如 6 号、7 号、9 号、12 号、18 号道岔。叉心两边工作边的交角称为辙叉角，辙叉角的余切值称为辙叉号数。辙叉角越小，道岔的号数越大，导曲线的半径也就越大，采用大号道岔对于列车运行是有利的，但道岔号数越大，道岔越长，造价越高，占地也要多得多。

选用道岔号数的原则如下：应与通过速度、牵引类型、行车密度相配合，并且符合国家和铁道部的有关规定，如正线道岔的列车直向通过速度不宜小于该路段的设计行车速度；列车直向通过速度为 100～160km/h 的路段内，正线道岔不小于 12 号；旅客列车设计行车速度为 160km/h 的，正线道岔应采用可动心辙叉单开道岔。

城市轨道交通常用的为普通单开道岔，通常在车站、车辆段和停车场大量使用。正

线、辅助线和试车线一般采用不小于9号线的各类道岔，车场线咽喉区采用不大于7号的各类道岔，并采用AT尖轨、高锰钢辙叉和可调式护轨。车辆段一般敷设7号道岔，车辆段道岔的号码较小，是由于车辆段作业区车速低，道岔的号码小可以少占地。

第三节　城市轨道交通线路设计

城市轨道交通线路设计主要包括线路平面设计、纵断面设计等。线路平、纵断面设计是在线路规划方案的基础上确定线路在城市空间中的详细位置，它一般分可行性研究、初步设计和施工设计等几个阶段。

一、线路设计的主要原则

线路设计需要遵循一定的原则，这些原则主要有以下几个。

（1）线路的路径必须以城市轨道交通线网规划为依据，线路路径的调整需要有充分的理由。

（2）拟建轨道交通新线应有一定长度规模，一般情况下不宜小于10km，以保证运营效益。

（3）线路敷设形式要根据城市环境、地形条件和总体规划要求，因地制宜地选择。在城市中心区，宜采用地下线；在城市中心区外围且街道宽阔地段，宜首选地面和高架线；在地面和高架线地段，应注意环境保护和景观效果，并维护地面道路的交通功能。

（4）轨道交通线路与其他线路相交，必须采用立体交叉方式。两线接轨处应尽量避免对向行驶。

（5）当线路位于地下线时，其平面位置和埋设深度应根据地面建筑物、地下管线和其他地下构筑物的现状与规划、工程地质与水文地质条件、采用的结构类型和施工方法，以及运营要求等因素，经技术经济综合比较确定。

（6）车站应布设在主要客流集散点和各种交通枢纽点上，尤其是轨道交通线网规划的换乘点。

（7）当线路经过市郊铁路车站时，应考虑设计换乘站。有条件时，宜进一步考虑预留接轨条件。

二、线路平面设计

1. 线路平面及其组成

线路平面是指轨道交通线路中心线在水平面上的投影。线路中心线是指两根钢轨间距离的中点连线（单轨交通为轨道梁的中心线）。

线路平面的组成要素包括直线和曲线。直线是线路走向的主要部分；曲线是为了满足线路选线要求，适应地形变化（地面布置方式），避让障碍物（地面、地下、高架方式）而必然出现的部分。曲线采用圆曲线，而且每条圆曲线采用尽可能大的半径，在圆曲线和直线之间设置起缓和作用的过渡曲线。

2. 曲线阻力及其计算

列车运行过程中需要克服的轮轨阻力、空气阻力等为基本阻力。列车在通过曲线段时，除了克服基本阻力（即直线段存在的阻力）外，还需克服曲线附加阻力，即由于列车在曲线上行驶而产生的附加阻力。

曲线附加阻力存在，这是因为离心力使得外侧车轮轮缘挤压外轨，摩擦增加，同时由于曲线段内轨与外轨之间距离不相等，列车在通过曲线段时，会发生外侧车轮滚动，内侧车轮相对滑动的情况。

曲线附加阻力的计算公式为

$$\text{单位曲线阻力}=K/R$$

式中，K 为计算常数，可通过检测得出；R 为曲线半径。曲线阻力与半径成反比，即半径越大，阻力越小，对运行有利；但曲线半径越小，线路适应地形、避让障碍物的能力越强。

3. 最小曲线半径

根据上述分析，从运行安全、乘客舒适、钢轨磨耗等方面来综合考虑，曲线半径宜从大到小合理选用，最小圆曲线半径应尽量少用，并应有一定限制。中国的《地铁设计规范》（GB 50157—2003）规定：线路平面曲线半径应根据车辆类型、列车设计运行速度和工程难易程度经比选确定，线路平面的最小曲线半径不得小于下表规定的数值。

地铁最小曲线半径表

线路		一般情况（m）		困难情况（m）	
		A型车	B型车	A型车	B型车
正线	$V\leqslant 80$km/h	350	300	300	250
	80km/h$<V\leqslant$100km/h	550	500	450	400
联络线、出入线		250	200	150	
车场线		150	110	110	

注：表中 V 代表列车速度，除同心圆曲线外，曲线半径应以 10m 的倍数取值。

世界各个城市的地铁系统，主要线路上的曲线半径比我国的标准小得多，如纽约地铁的最小曲线半径为 107m；芝加哥地铁和波士顿地铁的最小曲线半径为 100m；而巴黎地铁的最小曲线半径为 75m。

4. 缓和曲线

缓和曲线（transition curve）指设置在直线与圆曲线或不同半径的圆曲线之间的曲率连续变化的曲线。为使列车安全、平顺、舒适地由直线过渡到圆曲线，在直线与圆曲线之间要设置缓和曲线。缓和曲线常选择高次幂曲线、等速螺旋线等具有从直线过渡到圆曲线

特征的曲线。

缓和曲线的作用如下：在缓和曲线范围内，其半径由无限大渐变到圆曲线半径，从而使车辆产生的离心力逐渐增加，有利于行车平稳；在缓和曲线范围内，外轨超高由零递增到圆曲线上的超高量，使向心力逐渐增加，与离心力的增加相配合；当曲线半径小于350m，轨距需要加宽时，可在缓和曲线范围内，由标准轨距逐步加宽到圆曲线上的加宽量。设计缓和曲线时，有线型选择、长度计算、如何选用和保证缓和曲线间圆曲线或夹直线的必要长度三个问题。

5. 曲线外轨超高

曲线超高是为了平衡列车行驶在曲线上所产生的离心力，使曲线地段外股钢轨高于内股钢轨的数值。列车在曲线上行驶时，由于离心力的作用，将列车推向外股钢轨，加大了外股钢轨的压力，也使旅客感到不适、货物产生位移等。为了使列车的自身重力产生一个向心的水平分力，以抵消离心力的作用，使内外两股钢轨受力均匀和垂直磨耗均匀，满足旅客的舒适感，提高线路的稳定性和安全性，需要将曲线外轨适当抬高，该抬高的高度称为曲线超高，也称为外轨超高，如图 2-48 所示。曲线超高还是确定缓和曲线长度及曲线线间距离加宽值等相关平面标准的重要参数。

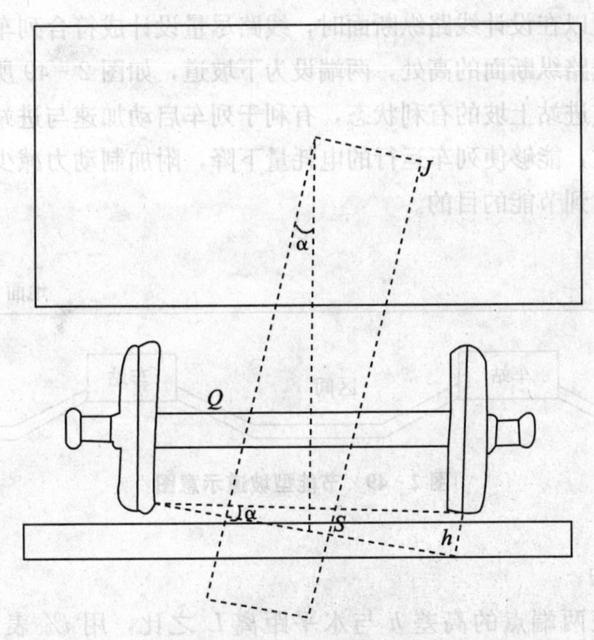

图 2-48 外轨超高原理图

曲线超高的大小由列车通过时离心力的大小确定。由于离心力与行车速度的平方成正比，与曲线半径大小成反比，因此，曲线半径越小，行车速度越高，则离心力越大，所需设置的超高就越大。但外轨超高如果过大，则遇到横向的强风时，列车有向曲线内侧颠覆的危险，因此，能够设定的外轨超高大小是有限度的。在曲线半径 R（m）和行车速度 v

(km/h) 都为已知的情况下，根据列车横向受力平衡条件，可推导出准轨铁路曲线超高 h (mm)的计算公式为

$$h=11.8\frac{v^2}{R}$$

注意：h 值应以 5mm 的倍数取值，h 值小于 10mm 时可不设超高，最大超高值为 120mm。

地铁车辆段的线路由于车速低，一般可不设超高。隧道线路曲线超高设置通常取内轨降低 $1/2h$，外轨抬高 $1/2h$。对地面及高架线路曲线超高的设置则是全部抬起外轨。

三、线路纵断面设计

线路纵断面是线路中心线在垂直平面上的投影，其组成要素包括平道与坡道。平道是线路纵断面的基本部分，而坡道是由于选线和避让障碍物需要及适应运行需要而设置的特殊路段。线路的纵断面设计是在平面设计的基础上进行的，同时又可对平面设计进行检验和调整，它最终确定线路在城市三维空间的位置。

1. 节能型坡道

由于轨道交通部分线路埋设在地下隧道或设置在高架结构上，又因车站与区间的埋深或高差不都一样，所以在设计线路纵断面时，线路尽量设计成符合列车运行规律的节能型坡道，即车站设在线路纵断面的高处，两端设为下坡道，如图 2－49 所示。列车在运行过程中处于出站下坡与进站上坡的有利状态，有利于列车启动加速与进站减速制动，即与列车运行牵引要求一致，能够使列车运行的电耗量下降，附加制动力减少，从而降低了运行成本及设备损耗，达到节能的目的。

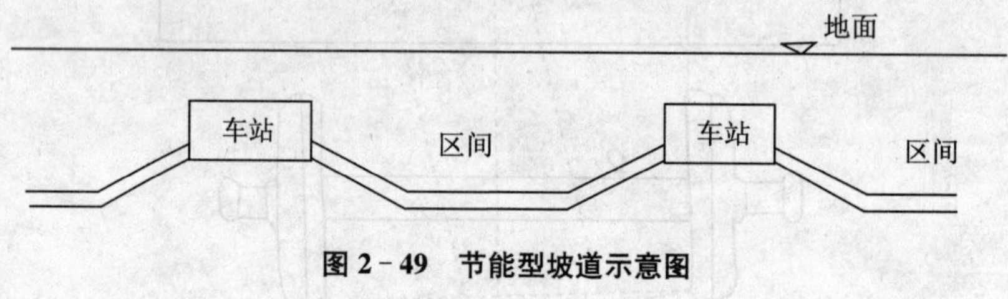

图 2－49　节能型坡道示意图

2. 线路坡度阻力

坡度是一段坡道两端点的高差 h 与水平距离 L 之比，用 i‰表示，如图 2－50 所示，即

$$i‰=\frac{h}{L}=\tan\alpha$$

式中，α 为坡道夹角；h 为坡道高差 (m)；L 为坡道水平距离 (m)。

坡道阻力是列车通过坡道时，因坡度存在而产生的附加阻力。坡道阻力产生的原因如下：车辆在坡道上运行，重力分解为对轨道的正压力与沿坡道的下滑力两个分力，下滑力

即为坡道阻力。上坡时，坡道阻力为正值；下坡时，坡道阻力为负值，如图 2-50 所示。

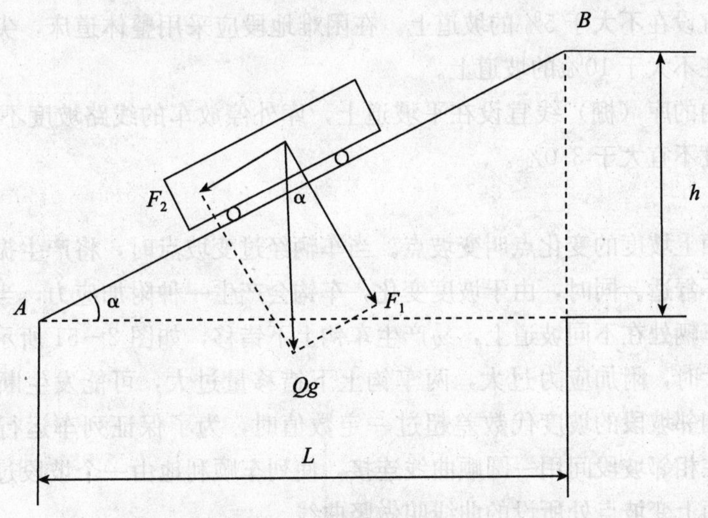

图 2-50　坡道坡度及坡道附加阻力示意图

3. 线路坡度

城轨线路尽可能采用较平缓的坡度，最大坡度的确定必须考虑载客车位于曲线最大坡度处停车能加速启动及必要的安全系数。线路坡度设计应符合下列规定。

(1) 正线的最大坡度宜采用 30‰，困难地段可采用 35‰。在山地城市的特殊地形地区，经技术经济比较，有充分依据时，最大坡度可采用 40‰（均不考虑各种坡度折减值）。

(2) 联络线、出入线的最大坡度一般情况下采用 40‰（均不考虑各种坡度折减值）。

(3) 区间隧道的线路最小坡度宜采用 3‰，困难条件下可采用 2‰。

(4) 当地面和高架桥区间正线处在凸形断面时，在具有有效排水措施时，可采用平坡。

深圳地铁一期工程的正线线路最大坡度为 29‰（国贸—老街），最小坡度为 3‰；辅助线最大坡度为 34.37‰（入段线；出段线为 34.35‰），最小坡度为 2‰（折返线）。

4. 车站及其配线坡度

车站及其配线坡度设计应符合下列规定。

(1) 车站宜布置在纵断面的凸形部位上，可根据具体条件，按节能坡理念，设计合理的进出站坡度和坡段长度。

(2) 车站站台范围内的线路应设在一个坡道上，坡度宜采用 2‰。当与相邻建筑物合建时，可采用平坡。

(3) 具有夜间（无司机）停放车辆功能的配线应布置在面向车挡或区间的下坡道上，隧道内的坡度宜为2‰，地面和高架桥上坡度不应大于1.5‰。

(4) 道岔宜设在不大于5‰的坡道上。在困难地段应采用整体道床，尖轨为固定接头的道岔，可设在不大于10‰的坡道上。

(5) 车场内的库（棚）线宜设在平坡道上，库外停放车的线路坡度不应大于1.5‰，咽喉区道岔坡度不宜大于3.0‰。

5. 竖曲线

线路纵断面上坡度的变化点叫变坡点。当车辆经过变坡点时，将产生振动和竖向加速度，引起旅客不舒适。同时，由于坡度变化，车钩会产生一种附加应力，当车辆经过凸凹地点时，相邻车辆处在不同坡道上，易产生车钩上下错移，如图2-51所示。当相邻坡段坡度代数差过大时，附加应力过大，两车钩上下错移量过大，可能发生断钩、脱钩等事故。因此，当相邻坡段的坡度代数差超过一定数值时，为了保证列车运行平稳，防止脱钩、断钩，应在相邻坡段间用一圆顺曲线连接，使列车顺利地由一个坡段过渡到另一个坡段，这个纵断面上变坡点处所设的曲线叫做竖曲线。

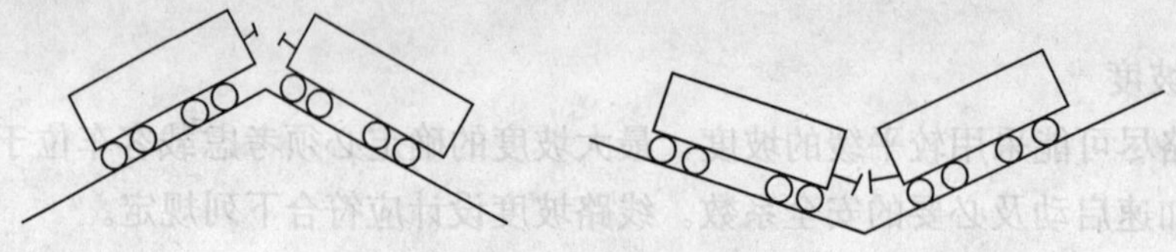

图2-51　车辆经过变坡点的状态

地下铁道及轻轨竖曲线半径如下：区间 $R=5000$m，车站端部 $R=3000$m，辅助线 $R=2060$m。单轨交通竖曲线半径如下：区间 $R\geqslant1000$m 的圆曲线。

四、城市轨道交通限界

根据车辆轮廓尺寸和性能、线路特性、设备安装及施工方法等因素，经技术、经济综合比较确定的空间尺寸称为限界。限界就是一种限定车辆运行及轨道周围构筑物超越的轮廓线，为了确保运营安全，各种建（构）筑物和设备均不能侵入限界。限界越大，安全度越高，但工程量和工程投资也随着增加。根据车辆轮廓尺寸、线路特性、安装施工精度等因素进行综合比较，确定一个既能保证列车运行安全，又不增加桥梁、隧道空间的经济合理的断面，这是制定限界的任务和目的。

根据城市轨道交通系统的构成和设备运营要求，限界可分为车辆限界、设备限界和建筑限界。他们是根据车辆外轮廓尺寸及技术参数、轨道特性、各种误差及变形，并考虑列车在运行中的状态等因素，经过科学的分析计算后确定的，是工程建设、管线和设备安装位置等必须遵守的依据。

限界一般是按车辆在平直轨道上运行制定的。当车辆在曲线上运行时，由于车辆纵向

中心线是直线，轨道中心线是曲线，因此，两者不能吻合。同时，在曲线段外轨还要设超高，以平衡车辆驶经曲线段时的离心力，所以车辆相对轨道中心线而言，就产生平面漂移和竖向加高，其漂移量和加高量应根据不同的曲线半径、车辆性能进行计算。当确定限界时，对于结构施工、测量、变形误差，设备制造安装误差，设计、施工和运营中难以预计的其他因素，应分别加以考虑，预留安全尺寸。

1. 车辆限界

车辆限界是指车辆最外轮廓的限界尺寸。它是根据车辆的轮廓尺寸和技术参数，并考虑其静态和动态情况下所能达到的横向和竖向偏移量，按可能产生的最不利情况而进行组合确定的。接触轨受电的车辆主要尺寸应符合如下规定。

（1）车辆长度。车体长度 19000mm，两车辆中心距离为 19520mm。

（2）车辆最大宽度为 2800mm。

（3）车辆高度为 3515mm。

（4）车辆定距为 12600mm。

（5）固定轴距为 2300mm。

（6）受流器安装尺寸。受流器端部距车体横向中心为 1473mm，受流器中心距轨道顶部高度为 140mm。

2. 设备限界

设备限界是指线路上各种设备不得侵入的轮廓线。它是在车辆限界的基础上再计入轨道出现最大允许误差时，引起的车辆偏移和倾斜等附加偏移量，以及包括设计、施工、运营中难以预计的因素在内的安全预留量。

所有固定设备及土木工程（接触轨及站台边缘除外）的任何部分都不得侵入此轮廓线内。因此，对设备选型和安装都应分别考虑其制造和安装误差，这样才能满足设备限界的要求。

3. 建筑限界

建筑限界是行车隧道和高架桥等结构物的最小横断面的有效内轮廓线。在建筑限界以内、设备限界以外的空间，应能满足固定设备和管线安装的需要。在考虑隧道和高架桥等结构物断面时，必须分别考虑其他误差、测量误差和结构变形等因素，才能保证竣工后隧道和高架桥结构物的有效净空满足建筑限界的要求，以保证列车的安全高速运行。

建筑限界分为矩形隧道建筑限界、马蹄形隧道建筑限界、圆形隧道建筑限界、高架线及地面线建筑限界、车辆段车场线建筑限界。

车辆限界、设备限界、建筑限界如图 2－52 和图 2－53 所示。

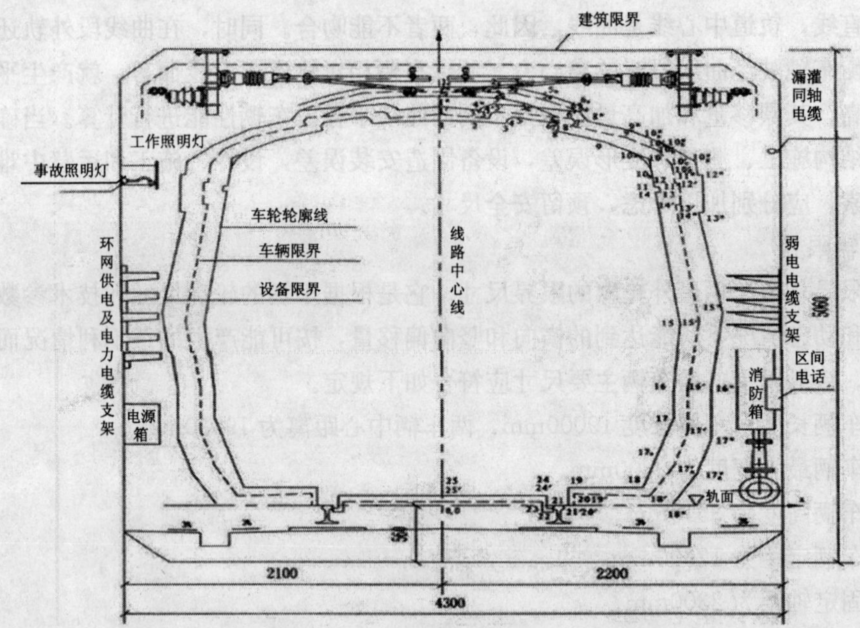

图 2－52　直线区段矩形单洞隧道车辆限界、设备限界、建筑限界

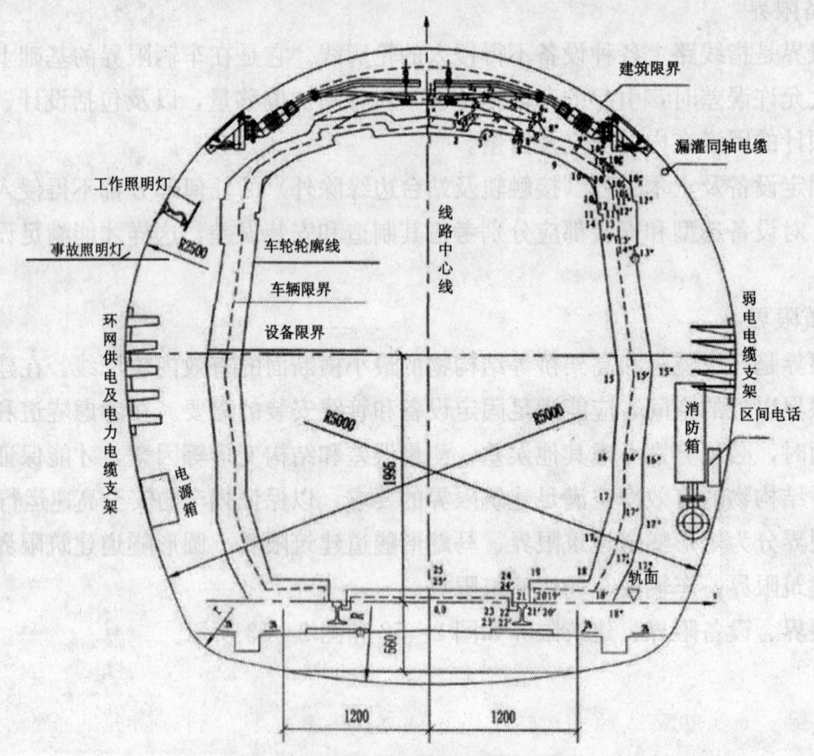

图 2－53　区间直线区段马蹄形隧道建筑限界及车辆限界

城市轨道交通线路按照线路敷设方式分为地下线、地面线、高架线。当线路位于地面时，轨道结构敷设于路基上，与传统铁路基本相同；当线路位于地上时，线路采用高架结构；当线路位于地下时，线路采用地下结构。城市轨道交通线路因在区间和车站的施工方法不同而采取不同的结构形式。

地下车站结构的施工方法有明挖法和暗挖法，其中暗挖法主要包括钻爆法、盾构法、掘进机法、浅埋暗挖法、顶管法、沉管法等。采用明挖法和浅埋暗挖法修建的地下车站横断面多为矩形结构，而采用盾构法修建的地下车站多为圆形。

隧道施工方法主要受工程地质、水文地质、地形地貌、沿线环境的要求、施工单位的技术水平、施工进度和经济条件等因素的限制。目前，世界通行的地铁施工方法有4种，分别是明挖法、盖挖法、矿山法和盾构法。这4种施工方法因地质情况不同、环境条件不同在深圳都得到了充分应用。

地面与高架结构施工主要有地面筑堤法和高架桥法。

线路是城市轨道交通的基础组成部分，是城市轨道交通系统中不可缺少的一环。本章介绍了城市轨道交通线路的类型、组成及线路设计，重点介绍了轨道的概念以及轨道结构的构成要素和所起的作用，重点要求掌握线路的正线、辅助线、车场线等知识及单开道岔的构造、轨道结构的组成及特点。

轨道交通线路的细节设计

轨道交通线路的设计要特别注意细节，尤其安全、节能方面的设计情况已经备受关注。据媒体报道，青岛地铁设计参照了国内地铁的先进设计，主要突出节能安全，如列车线路采用较大曲线半径，进站设计为上坡、出站设计为下坡，站台门、装饰线等安全细节也非常注重。

经验总结：有关机构人员通过广泛的调研工作，在认真分析、研究的基础上，整理了轨道线路与轨道细节设计的一些经验及资料，相关总结如下：

1. 线路

线路在穿越既有公路桥时，应尽量躲避，条件困难时，可采用拆除非机动车道，保留机动车道的方案，从而避免地铁施工拆除桥梁对道路交通的影响。

盾构施工的区间隧道，线间距在保证盾构施工安全的前提下应尽量缩小，以缩短区间联络通道的长度，从而降低施工风险，节省工程投资。

区间隧道上、下行线最低点的里程应尽量对应一致，当不能对应时，区间联络通道及泵站位置应采用上、下行线最低点里程的中间值，以保证联络通道垂直于区间隧道，从而降低施工风险。

与远期规划轨道交通线的换乘节点，考虑到远期规划线路的不稳定性，换乘形式宜设计为“L”形通道换乘或“T”形换乘，不预留节点，以免造成废弃工程。

2. 轨道

(1) 钢轨材质。正线钢轨与道岔钢轨材质、轨型应一致。

(2) 道岔滑床板。采用免涂油自动润滑结构，减少搬动阻力，增设滑床板弹片，使尖轨与滑床台密贴，防止空吊板。

(3) 车辆段轨道。尽量铺设钢筋混凝土枕（新Ⅱ型）。

(4) 信号接续线的焊接。在钢轨上的信号接续线及钢轨电气连接时跳线，不应采用焊接，应采用轨腰钻孔进行联结。

(5) 管线过轨。各种管线过轨时应与相关专业协调，避免道床施工后，再开挖造成道床先天病害。

(6) 道床与结构的联结。确保新老混凝土结合，加强整体性。

(7) 隧道结构应做好防水，避免引起道床病害。

(8) 道床排水。保证道床排水沟底与结构底板的混凝土厚度，避免排水沟开裂。

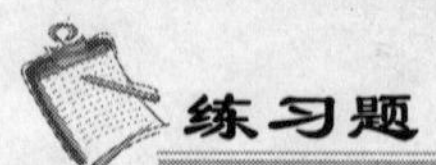

练习题

一、填空题

1. ________是使列车由一股道转到另一股道的设备。

2. 地铁线路通常在进站________，出站时________，有利于列车启动加速与进站减速制动。

3. 轨距是指两股钢轨轨面下________ mm 处内侧的距离。

4. 目前，我国地铁钢轨均采用________ kg/m 的重型钢轨。

5. ________是指贯穿车站、区间，供载客运营的线路。

6. ________是指在上下行正线之间________设置的连接线，通过一组道岔达到转线的目的。

7. 线路纵断面上坡度的变化点叫________。

8. 国际铁路协会在 1937 年制定________ mm 为标准轨。

9. 根据城市轨道交通系统的构成和设备运营要求，限界可分为________、设备限界和建筑限界。

二、选择题

1. 钢轨断面为“工”字形，具有最佳的（　　）性能。

A. 抗拉　　B. 抗压　　C. 抗弯　　D. 抗扭

2. 地铁线路在曲线处为了抵抗（　　）力，要将外轨超高。

A. 离心　　B. 向心　　C. 吸引　　D. 排斥

3. 线路坡度是指在线路的纵断面图上线路中心线与水平线夹角的（　　）值。

A. 正切　　B. 余切　　C. 正弦　　D. 余弦

4. 使列车由一股道驶向另一股道的设备叫（　　）。

A. 道岔　　B. 转辙器　C. 减速机　D. 空压机

5. 使道岔尖轨移动的设备称为（　　）。

A. 转辙机　B. 减速机　C. 空压机　D. 护轮轨

6. 中国钢轨的型号是以（　　）来界定的。

A. 每米长的重量　　　　B. 钢轨的高度尺寸

C. 钢轨的宽度尺寸　　　D. 钢轨的密度大小

7. 道岔辙叉角越小，余切值越大，道岔号数（　　），允许列车侧向过岔速度越高。

A. 越大　　B. 越小　　C. 不变　　D. 都可能

8. 在整个城市轨道交通路网中，为了使具有同种制式的不同线路可以实现列车相互过轨运行，需要设置一种线路来完成从一种线路到另一种线路之间的过渡，这种线路称为（　　）。

A. 联络线　B. 折返线　C. 渡线　　D. 区间线

9. 城市轨道交通系统的正线均采用上下行分行，一般实施（　　）规则。

A. 左侧行车 B. 右侧行车 C. 上行行车 D. 下行行车

10. 地铁正线允许的最大坡度一般为坡度（　　）。

A. 30‰　　B. 35‰　　C. 25‰　　D. 40‰

三、简答题

1. 简述环形折返线的优缺点。

2. 简述道床的作用。

3. 如何确认道岔的左右位？

第三章　城市轨道交通车站与车辆

1. 掌握轨道交通车站的分类、布局及特点。

2. 了解城市轨道交通车站规划设计的基本原则，对城市轨道交通车站组成设计的基本内容有较明确的认识。

3. 了解城市轨道交通车辆的分类及其基本组成。

突发性的地铁灾难

1999 年 5 月，白俄罗斯发生地铁车站人数过多意外，54 人被踩死。2011 年 7 月 5 日上午 9 时 36 分，京港地铁 4 号线动物园站 A 口扶梯发生溜梯故障，上行扶梯突然失控变为下行，导致扶梯上的数十名地铁乘客从高处摔下，事故造成一名 13 岁男童死亡，3 人重伤，另有 27 人轻伤。这两起事故跟地铁车站的建筑、设备系统的设计及车站的管理水平都有着怎样的关系呢？

地铁的优点显而易见，随着城市规模的不断扩大，地铁越来越受到青睐。但是，如何保证地铁安全运营，现在已经成为大城市公共管理水平的一大考验。我国各大城市近年来兴起了“地铁热”，也出现不少了地铁事故。

请你想一想，地铁车站的建筑、设备系统的设计标准应如何制定，才能有效地控制设计的质量，并为地铁的运营提供降低成本的机会和更有效地控制风险呢？

第一节　城市轨道交通车站

一、车站的作用与分类

车站是城市轨道交通线路的重要组成部分，又是客流集散的场所，它必须具有供旅客乘降、换乘、人防的功能，某些车站还必须提供折返、停车检修、临时待避功能。因此，车站的功能是要能安全、迅速、方便地组织乘客进出，能全面、可靠、机动地满足运营

要求。

城市轨道交通车站的分类有多种方法，根据不同的分类方法，车站可以划分为不同的类型。下面是几种常见的分类方法。

（一）按车站功能分类

城市轨道交通车站按运营功能的不同，分为中间站、区间站、换乘站、终点站（始发站）、通勤停靠站、联运站等。

1. 中间站

中间站是线路中数量最多的基本站型，其主要功能要满足乘降和客运服务的要求，如图 3－1 所示。有的中间站设有配线，可供故障列车或备用列车停放；也有的中间站设有折返设备，可供列车折返。

图 3－1　地铁中间站实图

2. 区间站

区间站或称折返站、区域站，设在线路中间可供列车折返、开行区间列车的车站，其主要功能要满足乘降、服务和部分列车折返的要求，如图 3－2 所示。在一条轨道交通线路中，由于各区段客流的不均匀性，行车组织往往采取长、短交路（也称大小交路）的运营模式，区间站常设于两种不同行车密度的交界处。

3. 换乘站

换乘站是指在两条或两条以上轨道交通线交叉点设置的车站，其主要功能要满足乘降、服务和换乘的要求。换乘站一般设在两条及其以上线路的交会地点，除供乘客上下车具有中间站的功能外，还供乘客由一条线路的列车换乘到另一条线路的列车上去。根据线路交叉形式的不同，分为线路立体交叉和线路平面交叉两种换乘方式。

线路立体交叉换乘是指车站上、下两站台有电梯或自动扶梯连接，两站台平面可成“十”形或“T”形等形式，如深圳会展中心站就是十字交叉。

图 3-2　地铁区间站实图

线路平面交叉换乘是指两条不同方向线路的车站站台平行且处于同一平面。此时，部分乘客可在同一站台换乘，给乘客带来方便，但由于线路是分体交叉，站台又在同一平台，因此，线路需加长，线路坡度增大，曲线增加，给施工和运营带来不利。对于浅埋地下铁，可采用地面联合站厅来组织乘客换乘，乘客可由自动扶梯经联合站厅进入另一站台。

4. 终点站（始发站）

终点站指线路两端端点的车站，其主要功能是要满足乘降、服务、列车折返和少量检修作业的要求。就列车上行、下行而言，终点站也是始发站，终点站设有可供列车全部折返的折返线和设备，也可供列车临时停留检修。如果线路远期延长，则此终点站即变为中间站，如深圳罗宝线的世界之窗站、深大站，原本是深圳地铁 1 号线西行方向不同时期的终点站，随着续线段建成通车而成为中间站。

5. 通勤停靠站

通勤停靠站是一个乘降点，设在车站与车辆基地的联系线路上，提供内部职工上下班通勤乘降用。

6. 联运站

联运站是指车站内设有两种不同性质列车线路进行联运及客流换乘，具有中间站和换乘站的双重功能，如能进行城市铁路线路与地铁线路相互换乘的站点。

（二）按车站设置的位置分类

根据城市轨道交通线路敷设于地面、高架或地下，车站也分为地面车站、高架车站和地下车站。例如，如图 3-3 所示为地铁的高架车站实图。在这三种车站中，最多的是地下站。设在地下的车站空间较小且封闭，乘客疏散不便，由于城市轨道交通大运量（一列 A 型地铁列车约相当于 25 辆公交车的运量），在城市轨道交通车站很短的时间内（特别是

交通高峰时）就会聚集大量人流，特别是发生突发事件的情况下。如何最快地将乘客疏散到地面是车站设计中必须考虑的。作为建筑物设计，除了交通功能需要外，高架车站、地面车站设计考虑的问题和普通地面建筑物相仿，建筑融合于城市建筑群中，其建筑品位直接影响城市的美观。

图 3-3　地铁的高架车站实图

（三）按客流量大小分类

（1）大车站。高峰每小时客流量达 3 万人次以上。

（2）中等车站。高峰每小时客流量达 2 万～3 万人次。

（3）小车站。高峰每小时客流量达 2 万人次以下。

（四）其他分类方法

轨道交通车站还可以按车站结构形式和施工方法分为明挖站、暗挖站等；按车站站台形式分为岛式车站、侧式车站、一岛一侧式车站、一岛两侧式车站等车站形式。因此，城市车站要根据自身的特点来设计。

加油站

地铁车站的规模主要根据车站远期预测客流以及所处位置确定，一般可分为 A 级、B 级和 C 级。

（1）A 级：适用于客流量大、地处大型客流集散点以及地理位置十分重要的车站。

（2）B 级：适用于客流量较大、地处市中心或较大居住区的车站。

（3）C 级：适用于客流量较小、地处郊区的各站。

二、车站的分布与设计原则

(一) 城市轨道交通车站分布原则

城市轨道交通车站分布原则如下。

(1) 应尽可能靠近大型客流集散点，为乘客提供方便的乘车条件。

(2) 在城市交通枢纽、地铁线路之间与其他轨道交会处设置车站，使之与道路网及公共交通网密切结合，为乘客创造良好的换乘条件。

(3) 应与城市建设密切结合，与旧城房屋改造和新区土地开发结合。

(4) 尽量避开地质不良地段，方便施工，减少拆迁，降低造价，尽可能减少对周围环境的干扰。

(5) 兼顾各车站间距离的均匀性。

(6) 经过市郊铁路车站时，应设站换乘；有条件时，宜预留接轨联运条件。

(二) 影响车站分布的因素

车站分布对市民出行时间的长短有较大的影响。车站多，市民步行到站距离短，节省步行时间，可以增加短程乘客的吸引量；车站少，则恰恰相反，提高了交通速度，减少乘客在车内的时间，可以增加线路两端乘客的吸引量。市民出行对交通工具的选择，快捷、省时条件排在第一位。影响车站分布的因素主要有以下一些。

(1) 大型客流集散点。

(2) 城市规模大小。

(3) 城区人口密度。

(4) 线路长度。

(5) 城市地貌及建筑物布局。

(6) 轨道交通路网及城市道路网状况。

(7) 对站间距离的要求。

(三) 城市轨道交通车站设计原则

城市轨道交通车站设计原则如下。

(1) 能最大限度地吸引客流。要求设置位置合适、设备完善、服务水平高。

(2) 按远期运量需求设计。远期运量需求一般指通车后 10～15 年的高峰小时客流量，以此作为设计客运需求量。个别车站可按极限运量需求（如体育场馆、火车站、广场等可能产生阵发性密集到发客流交通集散点附近）来设计。

(3) 留适当的能力余地，满足高峰时段密集到达（出发）需要，即超高峰时段的需要，并能应付远期运量波动的需要。

(4) 占用地面面积最少，尽可能降低投资费用，满足施工条件限制（如能放在地面，则不设在地下；车站设施以实用高效为主，装饰功能为辅等）。

一条城市轨道交通线路上各个车站的间距可以是不同的。在市中心人口密集地段，站间距一般为 1km 左右，有的甚至 600m 左右，郊区站间距一般在 2km 左右，区域快线站间距可达 4km 以上。

三、城市轨道交通车站的组成

车站总体布局应按照乘客进出站的活动顺序，合理布置进出站的流线，使其不发生干扰，要求流线简捷、通畅。车站平面布置应贯彻紧凑、合理、适用的原则，能置于地面的辅助用房和设备，尽量不放入地下，以有利于人员的健康和节约投资。车站一般由站厅、站台、出入口、通道以及车站用房几大部分组成。

（一）车站站厅

1. 站厅的划分与作用

站厅通常划分为付费区和非付费区两大区域，它们之间设有分隔设施。

付费区是指乘客需要经购票、检票后方可进入的区域，然后可到达站台。付费区内设有通往站台层的楼梯、自动扶梯、补票处、导向标志等。在换乘站，尚需设置通向另一车站的换乘通道。

非付费区也称免费区或者公用区，乘客可以在本区内自由通行。非付费区是乘客购票并正式进入车站前的活动区域，一般应有较宽敞的空间，非付费区内设有售票、问讯、公用电话、车控室（也叫站控室）、车站设备房等，有的还设有金融、邮电、服务业等机构。

站厅的主要功能是集散客流兼客运服务等。具体地说，就是将乘客迅速、安全、方便地引导到站台乘车，或将下车的乘客引导至出入口出站。对乘客来说，站厅是上下车的过渡空间，乘客在站厅内需要办理上下车手续，因此，站厅内需要设置售票、检票、问讯等为乘客服务的设施。此外，站厅一般还应有售检票、车站管理及小卖部等用房。

站厅层的大小、建筑特征要根据城市规划和交通的要求并与地面建筑相协调，又要各具特色，达到简洁、明快、开朗、流畅、富于时代感。站厅面积根据高峰小时最大客流量及集散时间的要求计算确定。如图 3－4 所示为某地铁车站站厅层的效果图。

2. 站厅的布置类型

站厅的布置有以下 4 种。

（1）站厅位于车站一端，这种布设方式常用于终点站，并且车站一端靠近城市主要道路的地面车站。

（2）站厅位于车站两侧，这种布设方式常用于侧式车站，当客流量不大时采用。

（3）站厅位于车站两侧的上层或下层，这种布设方式常用于地下岛式车站或侧式车站站台的上层，高架车站站台的下层，当客流量较大时采用。

（4）站厅位于车站上层，这种布设方式常用于地下岛式车站和侧式车站，适用于客流量很大的车站。

图 3-4 某地铁车站站厅层的效果图（站厅一般位于车站上层）

（二）车站站台

车站站台是供列车停靠和乘客候车、乘车及上下车的地方。站台层分公共区和设备区，设备包括屏蔽门（或安全门）、站台监控亭、紧急停车按钮、消防设施、站台广播、电话等。如图 3-5 所示为某地铁车站站台层的效果图。

图 3-5 某地铁车站站台层的效果图

1. 站台形式

按照站台的布设分类，城市轨道交通车站站台可分为岛式站台、侧式站台和混合式站

台3种。

(1) 岛式站台。岛式站台位于上下行两股正线中间，上下行到站列车上车与下车的乘客均在同一站台集散，两端都设楼梯或自动扶梯与站厅连接。岛式站台是常用的一种车站形式，一般用于客流量较大的车站，如图3-6～图3-8所示。

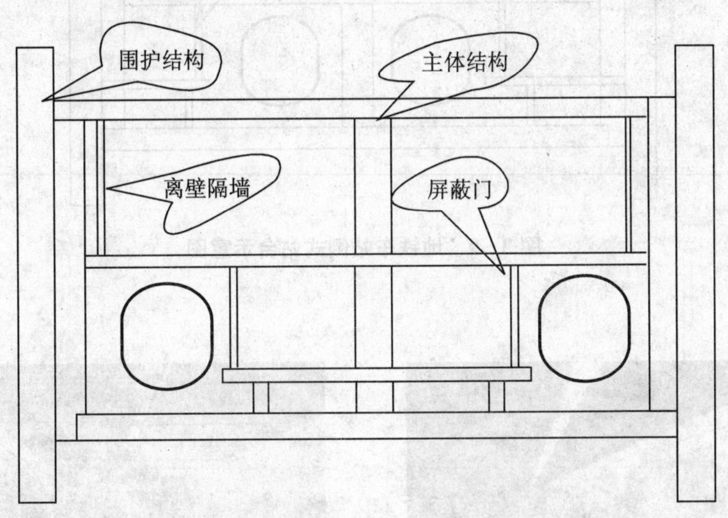

图3-6 地铁车站岛式站台示意图

图3-7 某地铁车站岛式站台实图

图3-8 某地铁车站岛式站台效果图

岛式站台的站台利用率高，可起到分散人流的作用。在相反方向列车不同时到达时，可互相调剂，但若同时到达，则容易交错混乱，甚至乘错方向；对乘客中途改变乘车方向比较方便，不用通过楼梯或地道换边到另一侧站台；车站管理比较集中方便；站台空间完整，气魄大；今后站台延长程度困难；建筑费用多。

(2) 侧式站台。站台位于上下行行车线路的两侧，这种站台布置形式称为侧式站台。侧式车站也是常用的一种车站形式，如图3-9～图3-11所示。

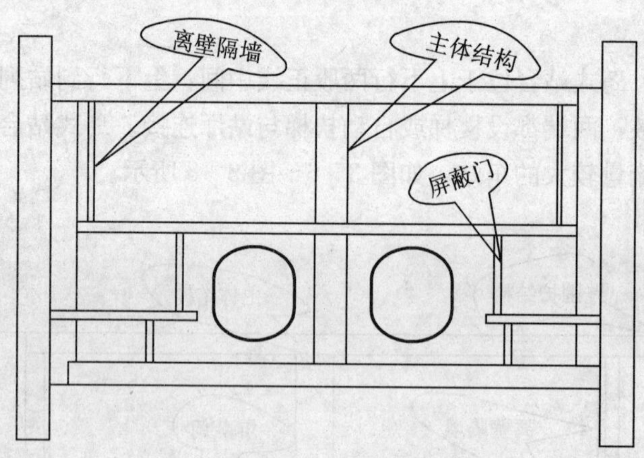

图 3－9 地铁车站侧式站台示意图

图 3－10 某地铁车站侧式站台实图

图 3－11 某地铁车站侧式站台效果图

侧式站台的两站台分别利用，利用率低，但相对方向的人流不交叉，可避免相互干扰，不致乘错车；对客流不能起到调节作用；对旅客中途折返不方便，须经天桥、地道或地面才能折返；管理分散不方便，要增加工作人员；站台空间不及岛式站台宽阔；今后延长站台容易；建筑费用省。

侧式站台的一个很重要的问题是安全问题。乘客改变乘车方向必须到另一侧站台，乘客为了图方便可能会横穿轨道，特别是在郊区的地面、高架车站，在这些车站设置站台屏蔽门是必要的。

（3）混合式站台。在一个车站同时设有岛式站台和侧式站台时，称为混合式站台或侧岛式站台，如深圳地铁罗湖车站。混合式站台造价高，管理复杂，一般不宜采用。

2. 站台长度

站台长度为远期列车编组长度加上允许的停车不准确距离，即地铁站台长度由远期列车编组决定，同时附加一个司机确认信号的停车误差量（一般为 1～2m，有屏蔽门的误差值不按此计算）。站台的有效长度一般从站台两端算起。对于列车编组为 6～8 的轨道交通系统，站台长度一般为 130～180m，如深圳地铁一期站台的有效长度均为 140m，如图 3－12 所示。

图 3-12　深圳地铁一期站台的有效长度均为 140m

3. 站台宽度

站台有效宽度应充分考虑下列因素经计算决定：站台形式、楼梯形式、楼梯位置、高峰小时最大乘降人数、列车运行间隔时分等。同时，应扣除安全带及柱子、坐椅等占用宽度。

根据客流量需要计算站台宽度。

(1) 站台需要面积。

$$A=p\times a$$

式中，A 为站台需要面积（m^2）；p 为高峰时到达站台乘客人数（人），p 值通过预测每个高峰时站台集结人数的最大值确定；a 为每一乘客占用站台面积（m^2/人）。

(2) 单侧站台宽度。

$$b=A/L_{计}+0.45$$

式中，$L_{计}$ 为列车计算长度，其值为远期列车编组长度与停车误差之和（m）；b 仅为单向一个站台宽度（m）；0.45 为安全带宽度。

(3) 站台总宽度。

$$B_{侧}=b+b_0，B_{岛}=2b+b_0$$

式中，$B_{侧}$ 为侧式站台总宽度（m）；$B_{岛}$ 为岛式站台总宽度（m）；b_0 为考虑旅客沿站台纵向流动宽度（m），取 2～3m。

因各站的 P 值不会相同，故计算出的 B 值不一，即站台宽度各不相同。为营造和运营方便，对站台的宽度划分几个等级宽度标准，如特等站为 14m，一等站为 10m，二等站为 8m，并且规定侧式站台的最小宽度为 4m，单拱岛式站台宽度最小为 8m，双排立柱框架岛式站台的最小宽度为 10m。

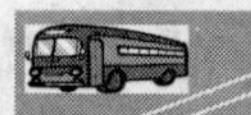

4. 站台高度

站台高度指站台到轨顶面的高度，与车型有关。站台与车厢地板面同高，称为高站台；站台比车厢地板面低一两个台阶，称低站台。我国生产的轻轨样车，车厢地板面到轨顶面的高度为950mm，如果车辆第一踏面距轨面650mm，所以站台高度900mm为高站台，650mm或400mm为低站台。如果采用高站台，考虑到由于车辆弹簧的挠度，在最大乘车效率时，车厢地板下沉的范围为100mm以内，故高站台高度宜低于车厢地板面50～100mm为宜。如图3-13所示为南京地铁列车与站台的高度差。

图3-13　南京地铁列车与站台的高度差

5. 轨道中心与站台边缘的距离

从轨道中心到站台边缘的距离由车辆的建筑限界决定，直线地段站台与车门的间隙宜采用100mm，曲线地段按加宽公式计算确定。

（三）车站出入口、通道及其他

1. 出入口位置的选择

出入口是乘客由地面进入车站或由车站上到地面的通道。其位置应满足城市规划及交通的要求，选择人流集中的地点，出入口应尽量与城市过街地道相结合，与地下商场、公共建筑楼群相连通，以方便乘客和过街行人。有条件时，车站出入口可以与附近的地下商场等建筑物相连通，方便乘客购物和进入车站。车站出入口也可设在附近建筑物的首层，对乘客进出车站十分方便。例如，如图3-14和图3-15所示分别为新加坡和中国香港地铁的站台出入口。

图 3-14 新加坡地铁全覆盖式的车站出入口

图 3-15 中国香港机场铁路九龙站与周边建筑融合一体

2. 出入口的布置形式

出入口的形式应根据当地的气候、所处位置的特点等做成独建式（敞口、带顶棚、全封闭等）或台建式。一般采用 3 种形式："L" 形、"T" 形及 "—" 形。如图 3-16 所示，其中图（a）在对角线位置各设一 "T" 形出入口，此时，每个出入口的宽度可减小，这种设在人行道上的出入口在一个车站内不能小于 4 个。图（b）是车站偏离地面交叉口的情况，可利用地铁车站出入口兼行人过街地道作用，有时出入口还可伸入到地面建筑物内。

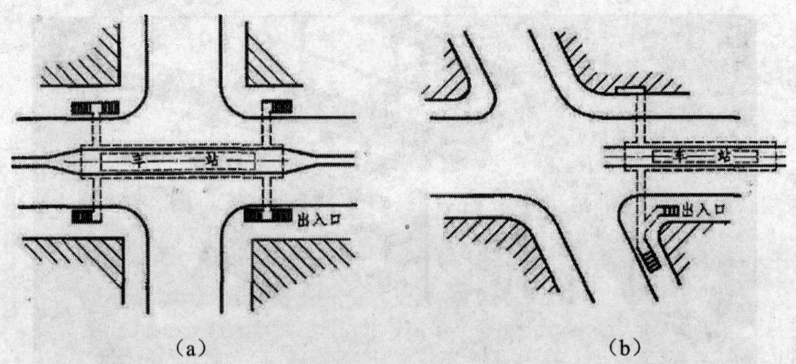

图 3-16 地铁车站出入口的布置形式

3. 出入口通道的数目及宽度

通道把站台、站厅和出入口连接起来，一般有斜坡式和阶梯式两种。

出入口通道的数目视客运量与地面条件而定，但应使出入口通过能力总和大于该站远期高峰流量。在一般情况下，每一车站出入口不宜少于 4 处，分期修建及规模小的车站至少不能少于 2 处。《地铁设计规范》规定：车站出入口的数量应根据客流需要与疏散要求设置，浅埋车站不宜少于 4 个出入口。当分期修建时，初期不得少于 2 个。小站的出入口可酌减，但不得少于 2 个。站厅与站台的联络通道也要视情况而定，不得少于 2 处（岛式站台每端各 1 处，侧式站台每侧各 1 处）。

出入口及通道的宽度由所需通过的客流量计算确定。单个通道或出入口宽度不少于 2m，通道净空高度在 2.5m 左右。

4. 通风道及风亭

通风道及风亭的作用是保证地下车站具有一个良好的空气质量。如图 3-17 所示为风亭实图。

图 3-17 风亭实图

风亭的数量和采取的通风与空调方式有关。地面风亭一种是与地面开放建筑合为一体，建于地面开发建筑内的；另一种是结合绿化及城市建筑小品独立设置的。

(四) 车站用房

车站用房包括运营管理用房、设备用房和辅助用房 3 部分。

(1) 运营管理用房是车站运营管理人员使用的办公用房，主要包括站长室、行车值班室、业务室、广播室、会议室和公安保卫室等，如图 3－18 所示。

图 3－18　地铁车站站台层的管理用房

(2) 设备用房是为保证列车正常运行，保证车站内环境条件良好和在灾害情况下的乘客安全所需要的用房，包括通风与空调用房、变电所、综合控制室、防灾中心、通信机械室、自动售检票室、冷冻站、配电室等。设备用房一般设于车站的两端或一端。

(3) 辅助用房是为了车站内部工作人员正常工作生活所设置的用房，主要包括卫生间、更衣室、休息室、茶水室等。

车站用房应根据运营管理需要来设置，各车站应尽可能减少用房面积，只配置必要的房间，以降低车站投资。

四、车站的设备系统

城市轨道交通车站运营设备包含的范围比较广泛，具体包括自动售检票系统、电梯系统、屏蔽门系统、乘客信息系统、环控系统、给排水系统、防灾报警系统、照明与低压配电等。以下主要介绍前三种。

(一) 自动售检票系统

自动售检票 (automatic fare collection，AFC) 系统是由计算机集中控制进行自动售票、自动检票及自动结算的自动化管理系统，是城市轨道交通综合自动化管理不可缺少的重要组成部分，它基于计算机网络和多种形式的车票技术，对车票数据进行处理，实现自动发售车票、自动计费的功能，并将采集到的信息和数据进行储存、计算、分析，达到随时查看数据，及时了解运营情况，妥善管理的目的。城市轨道交通自动售检票系统已有30多年的历史，在世界各国地铁中广泛应用，对城市轨道交通的现化化运营和管理起到十分重要的作用。

自动售检票设备作为面向乘客的服务设备，主要设置在站厅层，按乘客进出站流向合理布置。车站自动售检票系统结构如图 3－19 所示。

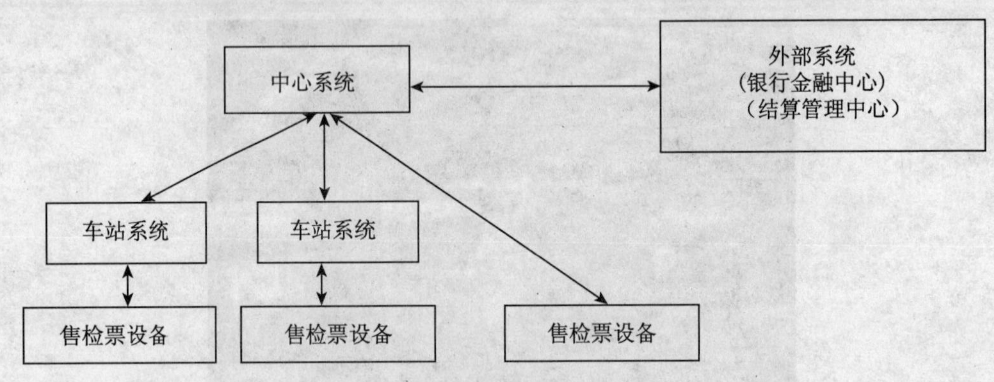

图 3－19　车站自动售检票系统结构

自动售检票系统设备主要包括自动售票机、人工售票机、自动检票机、自动增值机和自动验票机等。

1. 自动售票机

自动售票机（ticket vending machine，TVM）安装在地铁站厅层，如图 3－20 和图 3－21所示，接收硬币与纸币，发售单程票，并且具有找零功能。单程票的购买一般按以下几个步骤进行。

图 3－20　深圳地铁 3 号线自动售票机

图 3-21 深圳地铁 1 号线自动售票机

(1) 自动售票机的上方标有本站到各站票价的线路图，可根据上面的票价准备零钱。售票机一般可接受人民币 5 元、10 元纸币及人民币 1 元、5 角硬币。

(2) 在自动售票机触摸板上面有地铁线路图，轻触选择目的地车站，然后选择购买张数，应付金额将显示在显示屏上，如图 3-22 所示。

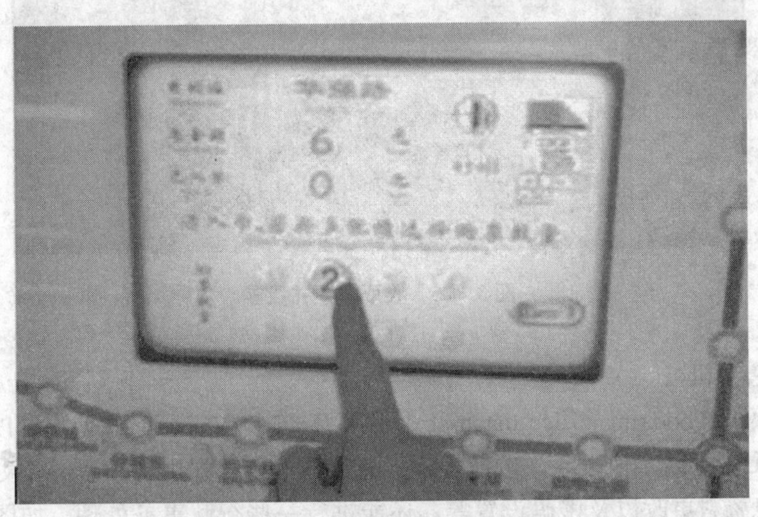

图 3-22 自动售票机的显示屏

(3) 从自动售票机投币口投入足额的硬币、纸币，如图 3-23 和图 3-24 所示。若投入的钱币机器不能识别，则硬币从取票口退回，纸币从投币口退回，这时需要取出钱币重试或更换。

图 3-23 投入纸币

图 3-24 投入硬币

（4）自动售票机自动从取票口发售车票并找零，如图 3-25 所示。

图 3-25 收取车票并找零

2. 人工售票机

人工售票机（booking office machine ，BOM）安装在售票问讯处，可以对付费区和非付费区的乘客提供多种服务，包括售票、充值、退票、挂失、车票异常处理、信用设置、卡内信息资料更改以及密码设置等，还能进行一些行政事务处理，如图 3-26 和图 3-27所示。深圳地铁早期开通线路的人工售票机均为黑白屏，目前新开通线路的人工售票机都为彩屏。

图 3－26　车站的售票问讯处

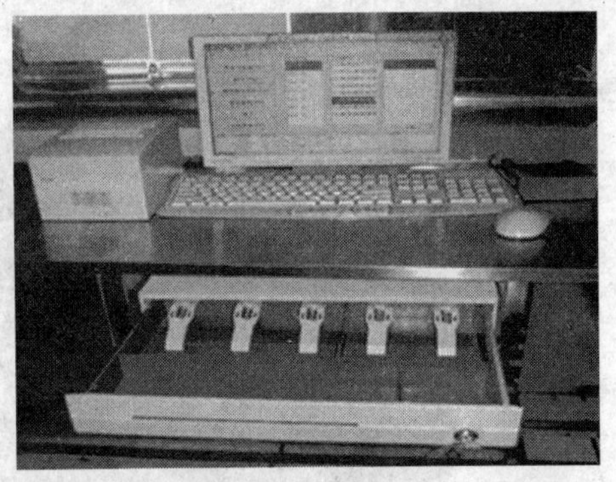

图 3－27　售票问讯处的人工售票机

3. 自动检票机

自动检票机（gate）又称闸机，安装在车站付费区和非付费区的分界处，用于乘客自助检票通行，能自动计算乘车费用并扣费。闸机按阻拦方式主要有三杆式和门式，分别如图 3－28 和图 3－29 所示；按安装位置和功能不同，可分为入站闸机、出站闸机、双向闸机、特殊通道闸机，如图 3－30 和图 3－31 所示；按方向分为单向闸机和双向闸机。

图 3－28　三杆式闸机

图 3－29　门式闸机

图 3－30　深圳地铁 1 号线的入站闸机（具有双向功能）

图 3－31　深圳地铁 3 号线特殊通道闸机

注：道宽度加宽，专为轮椅乘客无障碍通行。

4. 自动增值机

自动增值机（adding value machine，AVM）安装在车站的非付费区，可接收纸币或银行卡为乘客提供储值票现金或转账增值服务，如图 3－32 和图 3－33 所示。

图 3－32　自动增值机

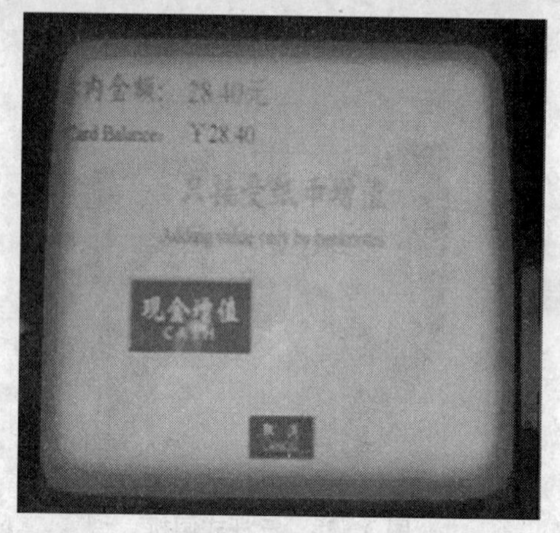

图 3－33　自动增值机暗显示屏

5. 自动验票机

自动验票机（ticket-checking machine，TCM）是车站自动售检票系统中的自助查询设备，安装在地铁车站的非付费区内，为乘客提供车票自动查验服务，如图 3－34 所示。可查询车票的有效性（包括密钥的合法性、车票锁闭标志、票种合法性、有效期等）；对有效的车票还可查询车票类型、剩余金额或剩余次数（仅对计次票）、车票使用有效期以及历史交易信息等。

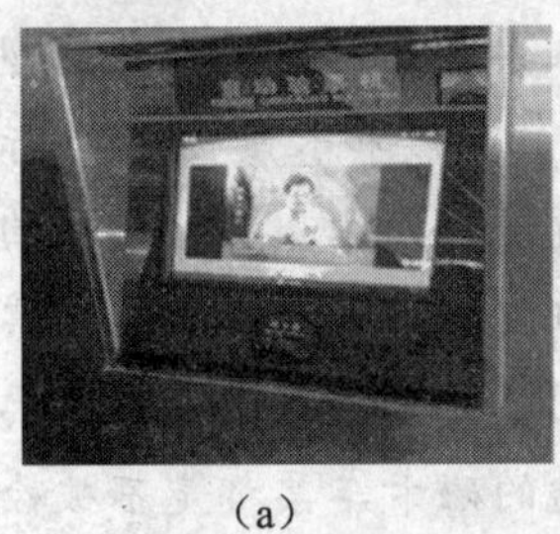
（a）

（b）

（c）

图 3 - 34　自动验票机实图

为了方便乘客，车站内还有一些辅助设备，如地铁查询机，如图 3 - 35 所示，乘客可以查询线路、地图、票价等一系列资料；自动兑换机，如图 3 - 36 所示，乘客可将纸币兑换成硬币。在票务室还有单程票清分机、硬币清点机和点钞机等如图 3 - 37 和图 3 - 38 所示。

图 3 - 35　广州地铁触摸式地铁查询机

图 3 - 36　广州地铁自动兑换机

图 3 - 37　单程票清分机实图

图 3 - 38　硬币清点机实图

加油站

自动售检票系统有下面几种类型车票媒介：单程票、多程票、储值非接触式智能卡、出站票、员工票、测试票和测试非接触式智能卡。其中单程票和出站票是由聚酯塑料制成的，在恶劣温度和湿度环境下能经久耐用和保持尺寸稳定。宽度和长度为 ISO 标准，约 54mm×86mm，厚度为 0.25mm。单程票和出站票都可重复流通，由出口检票机回收，并由自动售票机或人工售票机重新发售。多程票由人工售票机发售，并且在出口检票机上不被回收。储值非接触式智能卡可由乘客重复使用，当面值用尽时可再充值。员工票（若它们是磁卡车票，而不是非接触式智能卡）以及其他特殊用途的磁卡车票都是不被检票机回收的，它们可具有与一般车票不同的外观形状。

（二）电梯系统

1. 自动扶梯

自动扶梯一般设置在地面出入口与中间站厅以及中间站厅与地下站台之间。自动扶梯可以形成最佳的运送状态，通过能力大，乘客间无冲突干扰，能合理组织客流，能够快速疏散下车乘客和集结上车乘客，减轻乘客疲劳，增加车站的吸引力，如图 3 - 39 所示。

图 3 - 39　深圳地铁深圳北站的自动扶梯

每个车站至少有一个出入口设置自动扶梯，同时各楼层之间至少设一处楼梯，以便自动扶梯因故障而停止运作时供乘客使用。站厅层与站台层之间要据各站客流不同分设上、下行自动扶梯。重要车站站台至站厅均设置上、下行自动扶梯；对于非重要车站或预测远期客流量不大的车站（且高差小于 5m 时），可用步行楼梯代替下行自动扶梯。

2. 垂直电梯

一般在出入口至站厅、站厅至站台设置直升电梯，便于有需要人士无障碍到达站厅层及站台层，如图 3 - 40 所示。

图 3－40　深圳地铁 3 号线的垂直电梯

（三）屏蔽门系统

屏蔽门（platform screen door，PSD）按高度可以划分为封闭式、开式和半高式，其中开式和半高式通常被叫做“安全门”，只起到安全和美观的作用。封闭式的，即全高型的，通常被叫做“屏蔽门”，也是最常用的一种；屏蔽门系统由滑动门（automatic sliding door，ASD）、应急门（emergency egress door，EED）、固定门（fixed panel，FIX）、端门（platform end door，PED）等组成，其中控制系统中的就地控制盘（PSL）在每侧站台的头尾端墙处各设一个，如图 3－41 所示。屏蔽门标准门和站台端门分别如图 3－42～图 3－45 所示。

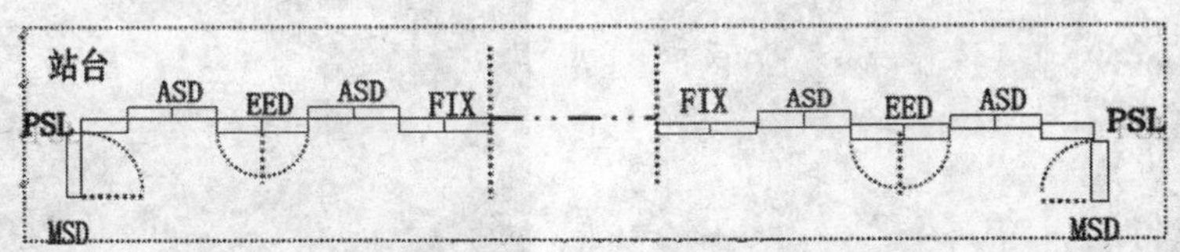

图 3－41　屏蔽门系统示意图

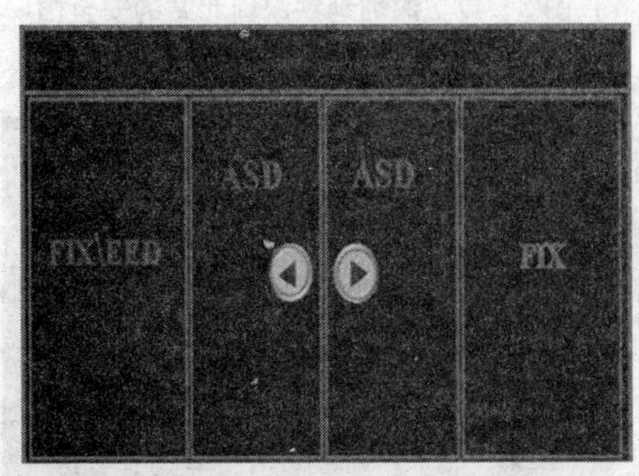

图 3－42　屏蔽门标准门单元模块示意图

图 3－43　屏蔽门标准门单元模块实图

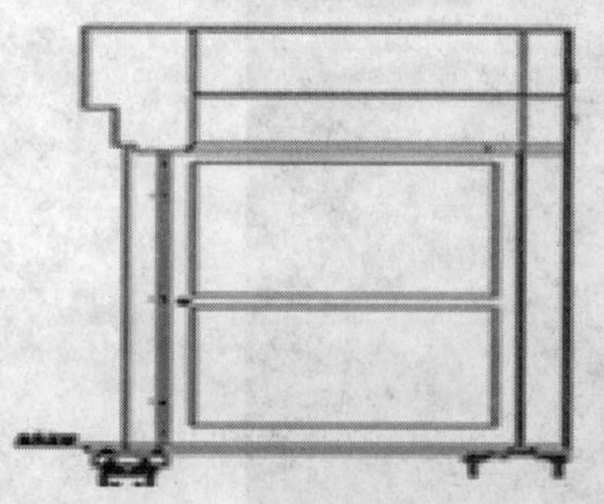
图 3-44　屏蔽门站台端门单元示意图

图 3-45　屏蔽门站台端门单元实图

地铁站台安装“屏蔽门”有效地减少了空气对流造成的站台冷热气的流失，保障了列车、乘客进出站时的绝对安全，降低了列车运行产生的噪声对车站的影响，提供了舒适的候车环境，具有节能、安全、防尘、降噪、美观等功能。据统计，地铁屏蔽门系统使空调设备的冷负荷减少 35%以上，环控机房的建筑面积减少 50%，空调电耗降低了 30%，有明显的节能效果。

加油站

国内第一条安装地铁屏蔽门的是广州地铁 2 号线，随后深圳、上海、天津、北京等城市的地铁也安装了地铁屏蔽门，如图 3-46～图 3-49 所示。

图 3-46　广州地铁花地湾站的安全门

图 3-47　深圳地铁深圳北站的安全门

图 3-48　深圳地铁的屏蔽门

图 3-49　吉隆坡轻轨的屏蔽门

第二节　城市轨道交通车辆

一、城市轨道交通车辆的特点

作为城市轨道交通的关键设备，城市轨道交通车辆具有较高的技术含量，其选型和技术参数不仅是界定线路技术标准的基础，还是系统运营管理模式和维修方式选择的基本条件，更是系统设备选型和设备规模确定的重要依据。不同国家和城市选用的轨道交通车辆的结构和性能不尽相同，但车辆作为系统中完成乘客运输任务的直接工具，一般都具有如下特点。

(1) 载客能力强。大型轨道交通车辆可达 350 人/辆。

(2) 动力性能好。轨道交通速度快、加速能力强、制动效果好。

(3) 安全可靠性强。列车具有先进的微机控制技术及故障自诊断功能，设备先进，故障率低，稳定性、可靠性强，突发情况下适应性强。

(4) 环境条件好。候车和乘车环境中的照明、空调、坐椅、扶手等设备设施先进、齐全。

(5) 环保节能。车辆牵引动力常用电力牵引，清洁环保。

二、城市轨道交通车辆的类型

1. 按车辆牵引动力配置分

(1) 动车（motor，用“M”表示）。车辆自身具有动力装置（动轴上装有牵引电机），具有牵引与载客双重功能。动车又可分为带有受电弓的动车（用“M”表示）和不带受电弓的动车（用“M”表示）。

(2) 拖车（train，用“T”表示）。车辆不装备动力装置，需动车牵引拖带的车辆，仅有载客功能。拖车可设置司机室（首位车辆，用“TC”表示），也可带受电弓（用“T′”表示）。

2. 按车辆规格（车体宽度）分

(1) A 型车。车体宽度为 3.0m 的四轴系列车型。

(2) B 型车。车体宽度为 2.8m 的四轴系列车型。

(3) C 型车。车体宽度为 2.6m 的四、六、八轴低地板铰接车系列车型。

(4) D 型车。车体宽度为 2.6m 的四、六、八轴高地板铰接车系列车型。

此外，还有一种非粘着牵引系统的车型，即 L 型直线电机车辆系列。

3. 按车体材料分

按车体制作材料，可分为不锈钢车、铝合金车和耐候钢车。

4. 按受电方式分

按受电方式，可分为受电弓车、受流器（受电靴）车，如图 3－50 和图 3－51 所示。

图 3-50 受电弓地铁列车

图 3-51 受电靴地铁列车

5. 按电压等级分

按电压等级，可分为直流 1500V 车和直流 750V 车。

6. 按牵引控制系统分

(1) 直流变阻车，如图 3-52 所示。

(2) 直流斩波调压车，如图 3-53 所示。

(3) 交流变压变频车，如图 3-54 所示。

(4) 直线电机变压变频车，如图 3-55 所示。

图 3-52 直流变阻列车

图 3-53 直流斩波调压列车

图 3-54 交流变压变频列车

图 3-55 直线电机变压变频列车

为了规范车辆限界制定和满足相关设计要求，需要各类车型的计算车辆参数。各类车型的计算车辆参数如表 3－1 所示。

表 3－1　　各类车型计算车辆参数　　单位：m

项目名称	A 型车	B 型车	C 型铰接车	D 型铰接车	L 型车	单轨车
车长	22.1	19.0	—	—	17.08	14.8
车宽	3.0	2.8	2.6	2.6	2.8	2.98
车高	3.8	3.8	3.7	3.7	3.625	3.84/5.3
转向架中心距	15.7	12.6	—	—	11.14	9.6
固定轴距	2.5	2.3	1.9	1.9	2.0	2.5
车厢地板高度	1.13	1.10	0.95	0.35	0.93	1.13

加油站

深圳地铁一期工程的车辆为直交传动、变频变压电动车组。采用鼓形车体和电动塞拉门，列车两端为流线形，两端配有紧急疏散门。采用微处理器控制的列车自动运行（ATO）系统、列车自动监控（ATS）系统和列车自动保护（ATP）系统。

三、列车编组

车辆在运营时一般采用动拖结合、固定编组，形成电动列车组（动车组）。列车编组主要考虑车辆形式（按大、中、小分为 A、B、C 3 种形式）、编组辆数（从 2～10 这 9 个整数中均有）、编组车辆动车与拖车比例，简称车型、辆数、动拖比 3 个要素。城市轨道交通的规模取决于高峰时刻小时客运量，而小时客运量取决于编组列车的载客量及行车间隔。目前，城市轨道交通系统大多采用加大行车间隔来调节客运量，而较少采用分解列车编组由大变小的方法。随着车辆技术的不断发展，牵引电机单位体积的功率越来越大，车体宽度及车长也在加大。相对来说，在客流量稳定的前提下，列车编组的最大辆数也相对减少。

编组形式可分为全动车编组和动拖车混编两类。无论采用何种编组形式，每列车的首车和尾车必须带有司机室。

（一）全动车编组形式

全部由具有动力的车辆连接而成的列车称为全动车编组列车。这种编组的优点是摘编方便，编组灵活，可以充分利用黏着，以发挥再生制动或电阻制动的作用，减少基础制动带来的粉尘污染。由于整车功率大，提高了列车启动加速度和制动加速度，缩短了启动和制动时间，有利于提高列车的运行效率和兑现运行图。北京地铁就有全动车编组的运行列车，但是全动车编组列车的投资相对较高。

(二) 动拖车混编形式

由具有动力的动车和不具有动力的拖车混合连接而成的列车，称为动拖混编组列车。带驾驶室的TC车始终编在列车的两端，其他车型在列车中的位置则可以互换。例如，6节编组的形式可以是TC—MP—M—MP—M—TC，也可以是TC—MP—M—M—MP—TC；8节编组的形式可以是TC—MP—M—MP—M—MP—M—TC，也可以是TC—MP—M—M—MP—MP—M—TC等。一般动拖混编采用“四动加两拖”或“六动加两拖”的连接方式。上海、北京、广州等城市的轨道交通基本上都采用动拖混编的列车编组方式。

动拖混编的形式由于动车数量减少而降低了列车的整体功率，但可以有效节省投资、降低运行成本和维修费用，在列车启动、制动、客运量、行车间隔等方面也能满足要求。

深圳地铁一期工程的列车编组，3辆车为一组列车单元，6辆车为一列车编组：—A＊B＊C=C＊B＊A—，其中，A为带司机室拖车；B为带受电弓动车；C为带空压机的动车；“—”为自动车钩；“=”为半自动车钩；“＊”为半永久牵引杆。

四、车辆的基本组成

城市轨道交通车辆的类型、技术参数不尽相同，但一般都由车体、转向架、制动装置、风源系统、电气传动控制、辅助电源、通风、采暖及空调、内装及设备、车辆连接装置、受流装置、照明、自控、监控系统和车辆设备等组成。下面重点介绍车体、转向架、制动装置、车辆连接装置、受流装置和车辆设备的组成。

(一) 车体

坐落在转向架上的车体是城市轨道交通车辆最重要的组成部件之一，可分为有司机室车体和无司机室车体两种。车体一般由底架、侧墙、车顶、前端、后端等组成，是容纳乘客和司机驾驶的地方，又是安装与连接其他设备和部件的基础。车体最初由普通碳素钢制造。为了减少腐蚀，提高使用寿命，耐候钢制造的车体得到广泛应用。为实现车体的轻量化，现代城市轨道交通车辆多由不锈钢、铝合金制造。车体的个别部位（如前端等）也可采用有机合成材料制造。车体布置有隔音、减震、隔热、防火以及在事故状态下尽可能保证乘客安全的逃生门等设施。

(二) 转向架

转向架是支承车体并担负车辆沿着轨道走行的支承走行装置，可分为动力转向架和非动力（拖车）转向架两种类型。转向架一般由构架、轮对轴箱装置、弹簧悬挂装置和制动装置等组成，如图3-56所示。

图 3-56　转向架实图

转向架能够增加车辆的载重、长度和容积，减少运行阻力与噪声，提高运行速度；支承车体，承受并传递从车体至轮对之间或从轮轨至车体之间的各种载荷及作用力，并使轴重均匀分配；保证车辆安全运行，能灵活地沿直线线路运行，并顺利地通过曲线和充分利用轮轨之间的黏着，传递牵引力和制动力。

（三）制动装置

制动装置是保证列车运行安全所必不可少的装置，它可以保证运行中的列车按需要减速或在规定的距离内停车。

1. 制动概念

人为地使列车减速或阻止它加速，或使静止的列车保持静止叫做制动。为了施行制动而在机车车辆上装设的由一整套零部件组成的装置，称为制动装置。

2. 制动方式

制动方式指制动时列车动能的转移方式或制动力获取的方式。列车动能的转移方式可分为两类：一类称为“热逸散”，另一类把动能转变成可用能。热逸散的制动方式包括摩擦制动和动力制动等形式，其中，摩擦制动包括闸瓦（踏面）制动（图 3-57）、盘形制动（图 3-58）、轨道电磁（磁轨）制动和液力制动；动力制动包括电阻制动、旋转涡流制动和轨道（线性）涡流制动。属于列车动能转变成可用能的制动方式主要有再生制动（图 3-59）和飞轮储能制动两种形式。

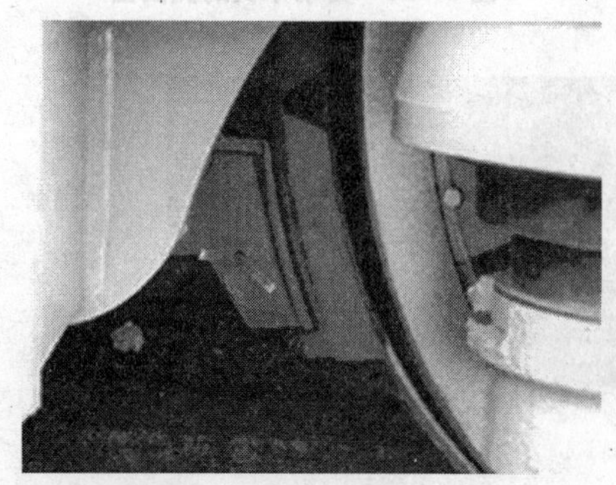

图 3-57　闸瓦（踏面）制动实图

图 3-58　盘形制动实图

图 3－59　再生制动实图

（四）车辆连接装置

车辆连接装置包括车钩缓冲装置、电气连接装置及车辆贯通装置。

1. 车钩缓冲装置

车钩缓冲装置的作用是供车辆编组连接成列，同时传递牵引力，缓和纵向冲击力（如启动、制动等）。车钩缓冲装置主要由密接式车钩、缓冲器、风管连接器等部分组成。其中，我国城轨车辆中应用的密接式车钩主要有自动车钩（图 3－60 和图 3－61）、半自动车钩（图 3－62）和半永久性车钩三种。通过车钩可将车辆之间的电路和空气管路进行连接。缓冲器装在钩身后部，是缓解车辆之间相互冲撞的部件。缓冲器由牵引杆、缓冲弹簧片、前从板、后从板、缓冲器体、后盖等组成。风管连接器由总风管、制动风管、解钩风管连接器组成，用来连接车辆间的气体管路，装设于钩头锥体的上下侧。

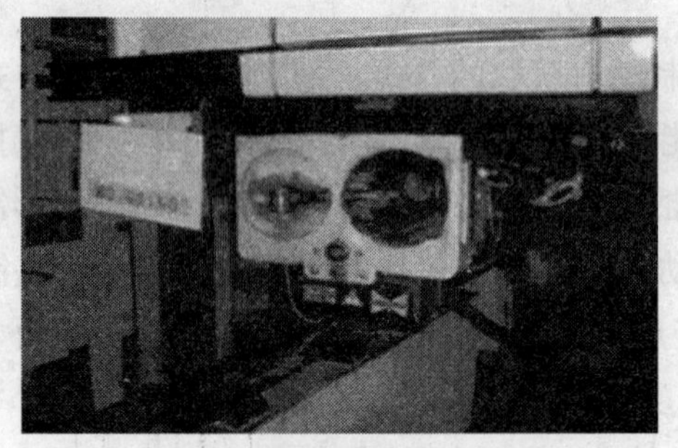

图 3－60　自动车钩的正面图

图 3－61　自动车钩的侧面图

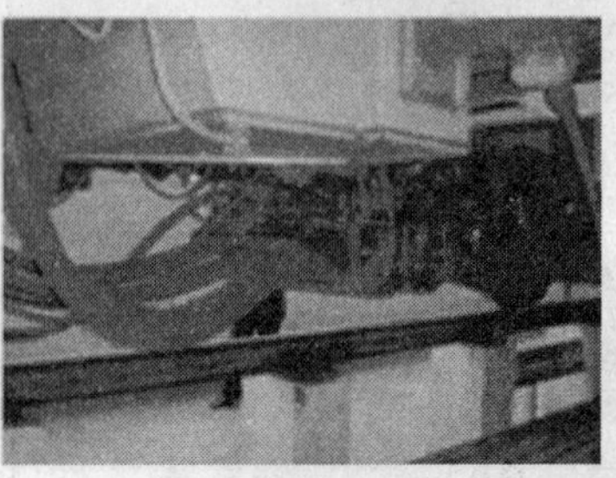

（a）　（b）

图 3－62　半自动车钩

2. 电气连接装置

电气连接装置有自动电气连接器和插头插座式连接器。自动电气连接器一般安装在车钩上，如图 3 - 63 所示；插头插座式连接器安装在车体后端墙上。

图 3 - 63 电路与气路连接

3. 车辆贯通装置

贯通道装置是车辆与车辆之间的客室连接通道，便于相邻车辆间乘客的流动，调节客室的疏密，采用全贯通式，设有风挡及渡板。贯通道实现两辆车之间的柔性连接，并且能使乘客均匀地在列车中分布成为可能。它不受天气影响，并且防水和隔音，是操作可靠的通道。如图 3 - 64 和图 3 - 65 所示。

图 3 - 64 车辆客室连接通道的渡板

图 3 - 65 贯通道的“半折棚”

(五) 受流装置

受流装置就是接受供电的装置。按其受流方式，受流装置可分为杆形受流器、弓形受流器、侧面受流器（图 3－66)、轨道式受流器和受电弓受流器（图 3－67）5 种形式。一般城市轨道交通车辆采用直流供电 750V 和 1500V 两种，个别有采用 600V 的。直流 750V 供电采用第三轨供电，在车辆的转向架上装有受流器，其接触方式分为上部受流和下部受流。上部受流就是受流器的滑块与第三供电轨上部接触滑行；下部受流就是受流器滑块与第三供电轨的下部接触。直流 1500V 供电采用架空线接触网式供电，有的轨道交通系统采用直流 1500V 供电，第三轨受流（如广州地铁 4 号线)。

图 3－66　受电靴实图

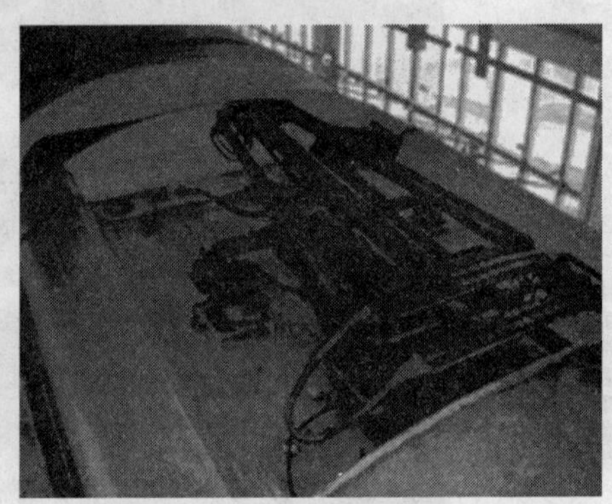

图 3－67　受电弓实图

(六) 车辆设备

车辆设备包括服务于乘客的设备和服务于车辆运行的设备。服务于乘客的设备有照明、广播、通风、空调、坐椅、吊环、扶手等。内部装饰及设备是城市轨道交通车辆必不可少的，其要求美观、舒适、实用、隔音、减震、坚固、防火。服务于车辆运行的设备一般不占车内空间，吊挂于车底的有蓄电池箱、斩波器、逆变器、继电器箱、主控制箱、接触器箱、空气压缩机组和气压缸等，安装于车顶的有空调单元和受电弓等。如图 3－68～图 3－75 所示。

图 3－68　列车照明

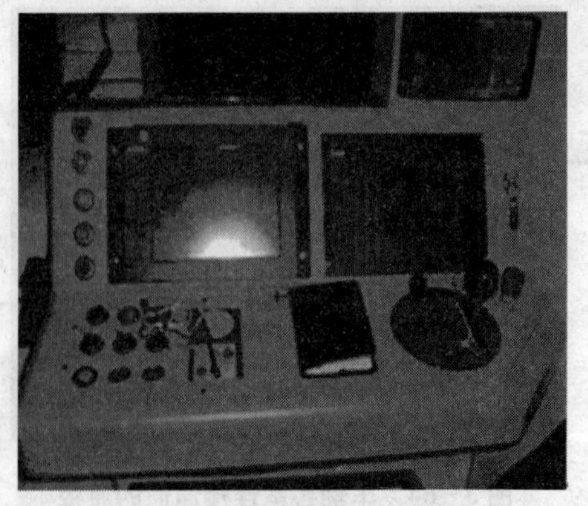

图 3－69　司机室的自控系统

图 3-70　车厢内的坐椅、吊环、扶手等

图 3-71　车厢内的乘客信息装置

图 3-72　空调风扇

图 3-73　蓄电池

图 3-74　空气压缩机

图 3-75　气压缸

五、车辆段

在一般情况下，一条线路设一个车辆段，当线路长度超过 20km 时，可以考虑设一个车辆段、一个停车场。车辆段主要分成三大部分：停车库、检修库和办公生活设施等。如图 3-76 所示。

图 3-76　车辆段的俯视图

（一）车辆的维修

车辆段的任务主要是承担车辆的运用及各种定期维修作业。城市轨道交通车辆的维修一般采用计划性维修和非计划性维修相结合，以计划性维修为主的维修制度。车辆检修流程如图 3-77 所示。

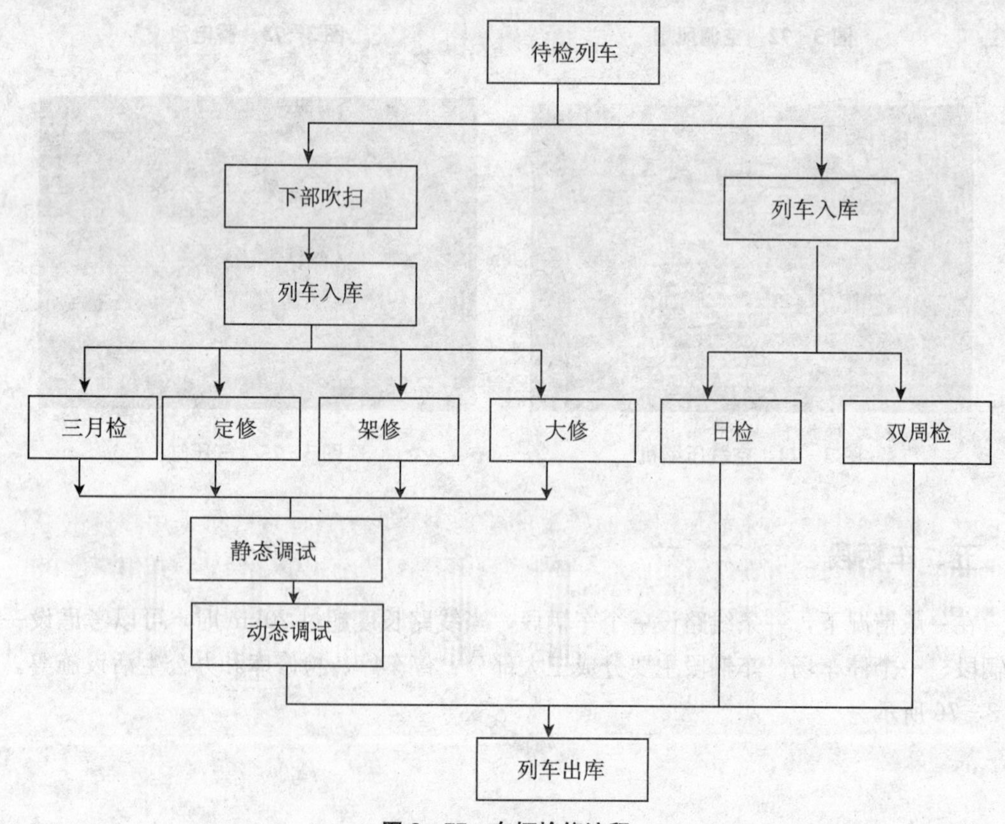

图 3-77　车辆检修流程

计划性维修是按固定的间隔，对车辆定期进行检修的维修方式，其目的是检查车辆运用技术现状和保持车辆运用技术条件。

非计划性维修是指故障或其他特别情况需要立即进行的检修，非计划性维修的目的是尽快恢复车辆运用技术状况。

城市轨道交通车辆的维修，依据其检修范围的大小，可分为以下几种不同维修级别。

1. 日检

日检指为保证车辆处于正常运用状态，对担当载客运营的车辆进行与安全行车部分相关的预防性检查。日检根据车辆当天是否上线运行由车厂控制中心决定，不列入计划编制之中。

2. 双周检

双周检主要对影响安全行车的车辆重要部件和重要系统功能进行重点检查，进行故障诊断，按状态修理。

3. 三月检

三月检是在双周检的基础上扩大检查范围，对车辆重要部件和影响安全行车的重要系统功能进行更加全面的检查，进行故障诊断，按状态修理。

4. 定修

定修是承接检查、检修的重要环节，在全面检查的基础上，对车辆的部分部件进行针对性的分解、检查、修理及更换，恢复车辆的运行可靠性。

5. 架修

架修是指除车体本身外，对车辆的绝大部分重点部件分解，进行全面检查、修理。对车辆各部件进行全面检测，达不到技术指标的一律更换，以恢复车辆的基本质量状况。

6. 大修

大修指地铁车辆在使用寿命期内进行的周期性全面恢复车况的修理，使地铁车辆基本上达到原有的动力性能、经济性能、预期可靠性能及良好的操作性能。

7. 临修

临修指地铁车辆在行驶过程中发生临时故障及局部损伤，为及时排除故障而进行的一种针对性修理工作。临修属于非计划性维修。

8. 事故修理

事故修理是指意外事故所引起的较大的修理工程。一般性事故可采用临修的办法解决，重大事故造成的大部件破损而进行的修理可结合或提前定修、架修、大修来解决。

城市轨道交通车辆的计划维修是按车辆的运营里程数或运营时间的不同而对车辆进行不同等级的周期性维修。表 3－2 为深圳地铁的车辆检修周期计划，其中维修间隔中时间或走行公里满足其中一项即进行相应的维修。

表 3－2　　车辆检修周期计划

维修级别	停时（天）	维修间隔	
		时间	走行公里（km）
日检	—	每个运营日进行	—
双周检	0.5	每 14 天进行一次	4000
三月检	3	每 3 个月进行一次	30000
定修	10	每年进行一次	120000
架修	30	每 5 年进行一次	600000
大修	30	每 10 年进行一次	1200000

（二）停车库

停车库兼有停车、整备、清扫、日常检查和驾驶员出乘等多种功能，如图 3－78 和图 3－79 所示。

图 3－78　停车库外观

图 3－79　停车库内部

为了实现这些功能，停车库除设有停车线外，还设有运用车间、运转值班室、驾驶员待班室等驾驶员出乘用房，以及列车和列车承载信号检修用房。停车线兼做车辆列检线，设有检查地沟。

（三）检修库

检修库的平面布置主要取决于车辆的配属量、车辆的修程、检修方式及其工艺流程，同时要综合考虑自然地形条件、工件运输线路以及安全、防火和环保要求等因素。如图 3－80所示为某地铁的检修库架修线图。

图 3－80　检修库架修线图

1. 双周、双月检修库

双周、双月检都要在库内对列车走行部、车体级车顶设备进行检查。为便于作业和保证安全，线路应采用架空形式。除线路中间设置地沟外，在检修线两侧应设 3 层立体检修场地，地层地坪低于库内地坪，可以对走行部以及车体下布置的电气箱、制动单元、蓄电池进行检查，主要对车辆顶部的受电弓、空调设备进行检修，车顶平台设有安全栏杆。

双周、双月检修库根据作业的要求可设悬臂吊，以便对需要进行拆、装作业的受电弓和空调设备进行吊装，还可以配置液压升降车、蓄电池电气箱搬运车等运输车辆。

为了对车辆进行双周、双月检以及定修阵检，还应设置受电弓、空调装置、车载信号、试验设备等辅助工具间以及备品工具间。如图 3－81 所示为工作人员正在维修受电弓的实图。

图 3－81　正在维修受电弓工作人员

2. 定修库

定修库和周、月检一样，线路采用架空形式，线路中间设遏制检修地沟，线路两侧设置 3 层检修场地。车库设起重机。车辆的定修和临修有时也可以在一个车库进行，合并为定修、临修库，这时必须根据列车编组在库内设置架车机组，在列车解钩后可以同步架起一个单元的车辆。车库内设有 10t 的起重机，其起重量可吊装车辆的大部件。其辅助工具间应和其他检修库统一考虑。

3. 架修、大修库

架修、大修的布置应根据车辆检修工艺流程确定。对车辆设备和零部件的检修方式采用互换修为主，作业流程根据实践情况，一般采用流水作业和定位修方式相结合。采用部件互换修可以减少列车的停库时间，并可以合理安排计划，做到均衡生产，避免因某一部件检修周期长而影响整列车的检修进度。

（四）办公生活设施

办公生活设施主要包括信号楼、管理人员和司乘人员的工作、休息场所。

车站是城市轨道交通线路的重要组成部分，是客流集散的场所，它必须具有供旅客乘降、换乘、人防的功能。同时它又是集中设置了轨道交通运用中很大一部分技术设备和营运管理系统，某些车站还必须提供折返、停车检修、临时待避功能。本章介绍了车站的作用与分类、车站的分布与设计原则、车站的组成及车站的设备系统，这是本章的重点。城市轨道车辆作为运载旅客的工具，要保证运行安全、准点、快速，为乘客提供良好的乘坐环境，是城市轨道交通系统的重要组成部分。因此，本章还对城市轨道交通车辆特点、类型、列车编组、车辆的基本组成和车辆段的主要构架及功能等作了简要介绍，重点要求掌握轨道交通车站的分类、站台的类型和车站的主要设备。

城市轨道交通车辆一般都由车体、转向架、制动装置、风源系统、电气传动控制、辅助电源、通风、采暖及空调、内装及设备、车辆连接装置、受流装置、照明、自控、监控系统和车辆设备等组成。

城市轨道交通车辆的维修依据其检修范围大小，可分为日检、双周检、三月检、定修、架修、大修、临修和事故修理。

中国香港地铁车站中有关细节设计的经验

1. 地铁设施细节设计

地铁设施包括售票亭、乘客资料小册子架、坐椅、垃圾桶、公共电话等，是构成公共区整体形象的重要细节。如图 3－82 和图 3－83 所示为中国香港地铁车站中地铁设施相关

的细节设计。

图 3-82　垃圾桶悬空，盲道直通闸机

图 3-83　报纸回收箱

2. 残疾人辅助设施细节设计

地铁设施包括垂直电梯、盲道、宽闸机等，通过细节能够体现对残疾人的人性化关怀。如图 3-84 和图 3-85 所示为中国香港地铁车站在残疾人辅助设施方面的细节设计。

图 3-84　楼梯口的盲道

图 3-85　屏蔽门上的残疾人标志

3. 安全保障系统细节设计

安全、高效是交通建筑最为重要的特征之一。如图 3-86 和图 3-87 所示为中国香港地铁车站中安全保障系统相关的细节设计。

图 3－86　短楼梯设扶手，出入口设梯级防涝

图 3－87　列车内的急救、逃生标志

4. 对乘客的引导及关怀的细节设计

如图 3－88 和图 3－89 所示为中国香港地铁车站中对乘客引导及关怀的细节设计。

图 3－88　楼梯处设栅栏分流人流

图 3－89　车站外的遮阳走道

经验总结："细节决定成败"，地铁车站建筑的装修、导向设计、设施布设同样如此，其细节设计的科学合理性、人性化等能够在一定程度上影响和决定其所能提供的服务水平、质量和运营成本。例如，站台宽度、地铁设施、安全保障系统、对乘客的引导及关怀等方面的细节设计都应该体现以下目标的追求。

（1）方便乘客使用。

（2）保障乘客安全。

（3）易于营运及维修。

（4）减低建筑成本。

(5) 减少长期维修支出。

(6) 建立现代化及鲜明形象。

练习题

一、填空题

1. 闸机按阻拦方式主要有________闸机和门式闸机。

2. 闸机又称________，安装在车站付费区和非付费区的分界处，用于乘客自助检票通行，能自动计算乘车费用并扣费。

3. 车站按功能分为终点站、换乘站、区间站、中间站等，其中最多的是________站。

4. 站台位于上、下行行车线路的两侧，这种站台布置形式称为________站台。

5. 城市轨道交通的屏蔽门系统的主要作用是________、节能和舒适。

6. 城市轨道交通的车站，按车站与地面相对位置及地下埋深情况，可以分为地下车站、________和________。

7. 地铁地下车站的出入口布置方式主要有“L”形、________形和“一”形。

8. ________系统是由计算机集中控制进行自动售票、自动检票及自动结算的自动化管理系统。

9. 屏蔽门按高度可以划分为________、开式和半高式。

10. 屏蔽门系统主要由________、应急门、固定门和端门组成。

11. 我国城轨车辆中应用的密接式车钩主要有________、半自动车钩和半永久性车钩3种。

12. 受流装置按其受流方式可分为________、弓形受流器、侧面受流器、轨道式受流器和受电弓受流器5种形式。

13. 一般来说，轨道交通系统直流________V供电采用第三轨供电，直流________V供电采用架空线接触网式供电。

14. ________指为保证车辆处于正常运用状态，对担当载客运营的车辆进行与安全行车部分相关的预防性检查。

15. ________是指地铁车辆在使用寿命期内进行的周期性全面恢复车况的修理。

二、选择题

1. 城市轨道交通在运营过程中，在线运行的列车有可能会发生故障，为了不影响后续列车的正常通过，一般在线路沿线每隔（　　）车站的端头加设渡线或车辆停放线。

A. 1～3个　B. 5～7个　C. 3～5个　D. 4～6

2. 地铁车站按照站台形式可以为分为岛式车站、侧式车站和（　　）。

A. 混合车站　B. 折返站　C. 地下车站　D. 明挖式车站

3. 地铁车站为方便乘客及疏散客流，一个车站都有多个出入口，一般不少于（　　）。

A. 1个　B. 2个　C. 3个　D. 4个

4. 高峰每小时客流量在2万～3万人次的地铁车站属于（　　）类型的车站。

A. 大车站　B. 中等车站　C. 小车站　D. 超级车站

5. 车站站厅层通常划分为（　　）。

A. 付费区和非付费区　　B. 购票区和候车区

C. 控制区和非控制区　　D. 隔离区和非隔离区

三、简答题

1. 城市轨道交通车辆的维修依据其检修范围大小可分为哪几种不同维修级别？

2. 城市轨道交通车辆的特点有哪些？

3. 城市轨道交通车站的设计原则有哪些？

第四章　城市轨道交通供电、信号、通信和环控

学习目标

1. 理解轨道交通电力牵引的优缺点。
2. 了解电流制与电压制的分类。
3. 掌握供电系统的组成及集中供电工作原理。
4. 掌握变电所的种类及特点。

案例导入

广州地铁停电事故

2009 年 8 月 7 日早上，广州 1 号线因故障停电，导致停运一个多钟头。当时在烈士陵园站等车的乘客，突然听到“砰砰”几声巨响，只见一根电线正发出夺目的火花，接着一段烧坏的电线“噗”的一声，掉到了地面，大家不知发生了什么，顿时四散奔逃。幸好工作人员及时广播，惊慌的乘客才慢慢在骚动中平静下来。

请你想一想，地铁停电，工作人员该如何处理呢？

（资料来源：http：//www. fuzhoumetro. com/html/dtzs/ditieanquanfuwu/2009/0902/35. html）

第一节　城市轨道交通供电系统

城市轨道交通的供电系统是为城市轨道交通的运营提供电能的。城市轨道交通的列车是电力牵引的电动列车，其动力是电能。此外，车站中的辅助设施，包括照明、通风、空调、排水、通信、信号、防灾报警、自动扶梯等，也都依赖电能。通过绘制城市轨道交通集中供电示意图，让学习者掌握供电系统的工作原理、供电方式以及供电系统的组成。本章主要学习供电系统的供电方式、系统组成及变电所的相关知识，再根据供电系统的工作原理绘制示意图。

一、城市轨道交通供电方式

城市轨道交通的供电电源要求安全可靠，通常由城市电网供给，通过城市电网一次电力系统和城市轨道交通供电系统实现输送或变换，然后以适当的电压等级供给城市轨道交通各类设备。目前，国内各城市对地铁及城市轨道交通的供电一般有三种方式，即分散供电方式、集中供电方式、分散与集中相结合的混合供电方式。

(1) 分散供电方式。分散供电方式是指沿城市轨道交通线路的城市电网（通常是10kV 电压等级）分别向各沿线的城市轨道交通牵引变电所和降压变电所供电。其前提条件是城市电网在城市轨道交通沿线有足够的变电站和备用容量，并能满足城市轨道交通牵引供电的可靠性要求。例如，早期的北京城市轨道交通采取的就是这种供电方式。

(2) 集中供电方式。集中供电方式是指城市电网（通常是 110kV 或 66kV 电压等级）向城市轨道交通的专用主变电所供电，主变电所再向城市轨道交通的牵引变电所和降压变电所供电，城市轨道交通自身组成完整的供电网络系统。近几年新建的城市轨道交通系统多采用集中供电方式，如上海、广州、深圳等城市的轨道交通系统等。

(3) 分散与集中相结合的混合供电方式。分散与集中相结合的混合供电方式是分散与集中供电方式的结合，可充分利用城市电网的资源，节约投资，但供电可靠性不如集中供电方式，管理也不够方便。

集中和分散两种不同供电方式的比较如表 4－1 所示，分散与集中相结合的供电方式的优缺点介于两者之间。

表 4－1　城市轨道交通供电方式的比较

供电方式	优　点	缺　点
集中供电方式	供电可靠性高，受外界因素影响较小；主变电所采用 110/35kV 有载自动调压变压器，并有专用供电回路，供电质量好；城市轨道交通供电可独立进行调度和运营管理；检修维护工作相对独立方便；可提高城市轨道交通供电的可靠性和灵活性；牵引整流负荷对城市电网的影响小；只涉及城市电网几个 220kV 变电站的增容改造，工程量较小，相对易于实现	投资较大

续　表

供电方式	优　点	缺　点
分散供电方式	投资较小；便于城市电网进行统一规划和管理	因同时受 110kV 和 10kV 电网故障影响，故受外界因素影响较多；10kV 电网直接向一般用户供电，引起故障的概率大，可靠性较低；与城市电网的接口多，调度和运营管理环节增多，故障状态下的转电不方便；牵引整流机组产生的高次谐波直接进入 10kV 电网对其他用户的影响较大；要求城市电网的变电所应具有足够的备用容量，以满足城市轨道交通牵引供电的要求；涉及较多 110kV 变电站的增容改造，工程量较大

对于某一城市究竟应采用哪种供电方式，需要根据地铁和城市轨道交通用电负荷，并结合该城市电网的具体情况进行分析。若该城市的电力资源缺乏，变电站较少，采用分散供电方式时，由于需要新建多个地区变电站而使投资增大，则在此情况下，采用集中供电方式就比较合适。该供电方式具有管理方便、供电可靠性相对较高等优点。若城市的电力资源较丰富，沿地铁和城市轨道交通线路的地区变电站较多，并且容量也足够给地铁和城市轨道交通供电，则采用分散供电方式可节约建设资金。当城市电网的情况介于上述两种情况之间时，可考虑采用分散与集中相结合的供电方式。

由于我国目前大多数地铁和城市轨道交通均采用集中供电方式，故本书将以集中供电方式为主，介绍城市轨道交通的供电系统和设备。

二、中压供电网络的电压等级

国外地铁和城市轨道交通的中压供电网络一般有 33kV、20kV、10kV 三个电压等级。国内现有地铁和城市轨道交通的中压供电网络有 35kV、33kV、10kV 电压等级。北京和天津的地铁和城市轨道交通的中压供电网络采用了 10kV 电压等级；上海地铁 1 号线的中压供电网络中牵引供电网络采用 33kV 电压等级，动力照明供电网络采用 10kV 电压等级；广州地铁 1 号线的中压供电网络采用了 33kV 电压等级；深圳地铁 1 号、4 号线和南京地铁南北线的中压供电网络均采用 35kV 电压等级。我国电力系统并未推荐过使用 33kV 电压等级，上海、广州城市轨道交通采用此电压等级有其特殊历史原因，其他城市很少采用。

不同电压等级的中压供电网络有不同的特点（表 4－2）。

（1）35kV 中压供电网络。输电距离和容量大，电能损失小，设备可实现国产化，但设备相对体积大，产品价格高，国内无环网开关柜。目前，国内城市配电网拟取消 35kV 电压等级，但国内地铁和城市轨道交通的中压供电系统仍在使用。

表 4－2 不同电压等级的中压供电网络的比较

序号	项　目	35kV	20kV	10kV
1	输电容量	大	中	小
2	输电距离	大	中	小
3	电能损耗	小	较小	大
4	设备价格	高	中	低
5	设备国产化	国产	国产	国产
6	设备体积及占地面积	大	中	小
7	国内生产环网柜	无	有	有
8	国内城市电网应用	拟取消	有，很少	广泛应用
9	国内城市轨道交通及城轨应用	有	无	有
10	适用标准	国家标准	国际标准	国家、国际标准

(2) 20kV 中压供电网络。输电距离和容量适中，电能损失较小，设备可完全实现国产化，设备体积小，产品价格适中，国内有环网开关柜。国外地铁和城市轨道交通大量采用，但国内地铁和城市轨道交通尚未使用此电压等级。

(3) 10kV 中压供电网络。输电距离和容量小，电能损失大，设备可完全实现国产化，设备体积小，产品价格低，国内有环网开关柜。国内城市配电网大量使用，部分国内地铁和城市轨道交通也使用此电压等级。

中压供电网络既可采用牵引和动力照明同用一个供电网络的方案，即牵引动力照明混合网络；也可以采用牵引和动力照明供电网络相对独立的两个供电网络的方案，即牵引供电网络、动力照明供电网络。由于电费在地铁和城轨交通的运营成本中占很大比例，所以从长远的角度考虑，中压供电网络宜选择较高的电压等级，即 35kV 或 20kV 为优选方案。

三、城市轨道交通供电系统的组成

根据用电性质的不同，城市轨道交通供电系统可分为两部分：由牵引变电所为主组成的牵引供电系统和以降压变电所为主组成的动力照明供电系统。

牵引供电系统主要由主变电所、牵引变电所、接触网、电力监控、供电缆网等组成，提供城市轨道交通车辆的牵引动力电源。

动力照明供电系统主要由降压变电所、低压母线排、配电设备、线缆、用电设备等组成。提供城市轨道交通机电设备动力电源和照明电源。

此外，还应设置城市轨道交通应急电源系统，如小型发电机、EPS 电源、UPS 电源等。下面重点介绍牵引供电系统。

四、牵引供电系统

(一) 牵引供电系统的制式

地铁和城市轨道交通的牵引供电系统通常均采用较低电压的直流供电制式，主要原因如下：

(1) 由于直流制供电无电抗压降，因而比交流制供电的电压损失小。

(2) 电网的供电范围（距离）、电动车辆的功率都不大，均不需太高的供电电压。

(3) 地铁和城市轨道交通的供电线路都处在城市建筑群之间，供电电压不宜过高，以确保安全。

(4) 直流制供电的对象，即早期使用的直流牵引电动机和近期采用的变频调速异步牵引电动机均具有良好的起动和调速特性，可充分满足电动车辆牵引特性的要求。

基于上述原因，世界各国城市轨道交通的供电电压均为550～1500V，其中间档级很多，这是由各种不同交通形式、不同发展历史时期造成的。现在国际电工委员会拟定的电压标准为600V、750V、1500V三种，后两种电压为推荐值。我国国标也规定为750V和1500V，不推荐600V电压等级。

我国北京的城市轨道交通采用的是750V直流供电电压，上海、广州、深圳的城市轨道交通等均采用的是1500V直流供电电压。究竟应选择哪种电压等级，这涉及供电系统的技术经济指标、供电质量、运输的客流密度、供电距离、车辆的选型等，必须根据各城市的具体条件和要求，通过综合技术论证后决定。

近年来，由于交流变频调速技术的发展，车辆的牵引电动机已逐步采用结构简单、运行可靠、价格低廉的鼠笼式交流异步电动机代替原先的直流电动机。在城市轨道交通中，采用交流变频调速异步牵引电动机是一项新技术，也是牵引动力的发展方向，具有非常广阔的发展前景。通常采用的“交—直—交”（AC—DC—AC）变频调速方式，尽管在电动车辆上采用的是交流异步电动机，但其接触网架线供电电压还是直流的。从供电的角度来分析，仍然可以认为属于直流供电制式的扩大运用范畴。

(二) 牵引供电系统的组成

牵引供电系统的组成如下：

发电厂
升压变压器
升压变压器
发电厂
高压输电网
主变电所（降压）
牵引变电所
整流装置
车　辆

电力网
馈电线
接触网
回流线
走行轨道
车　辆
接触网

由上述组成所示，从发电厂（站）经升压变压器、高压输电网、区域变电站至主变电所，通常被称为“一次（外部）供电系统”。主变电所可以由电力系统部门直接管理（如采用分散式供电的情况），也可归属于地铁或城市轨道交通单位管理（如采用集中式供电的情况）。

主变电所（属于地铁或城市轨道交通单位管理时）、牵引变电所、整流装置、馈电线、接触网、走行轨道、回流线等统称为“牵引供电系统”。城市电网的三相高压交流电110kV（或220kV）经主变电所降低为10～35kV作为牵引变电所的进线电压。牵引变电所再将10～35kV电压变成适合电动车辆应用的低压直流电。馈电线将牵引变电所的直流电输送到沿车辆走行轨架设的接触网（或接触轨）上。电动车辆通过其受流器与接触网（或接触轨）的直接接触而获得电能。走行轨道构成牵引供电回路的一个组成部分，回流线将轨道回流返回牵引变电所。

1. 主变电所

1）概述

城市轨道交通主变电所将城市电网的高压110kV（或220kV）电能降压后以35kV或10kV的电压等级分别供给牵引变电所和降压变电所。为了保证供电的可靠性，城市轨道交通线路通常设置两座或两座以上主变电所。主变电所由两路独立的电源进线供电，内部设置两台相同的主变压器。根据牵引负荷和动力负荷的不同情况，主变压器可采用三相三绕组的有载调压变压器或双绕组的变压器。当采用有载调压变压器在电源进线电压波动时，二次侧电压维持在正常值范围内。

主变电所为城市轨道交通线路的总变电所，承担整条城市轨道交通线路的电力负荷的用电。

(1) 可根据负荷计算确定在城市轨道交通线路上设置的主变电所数量。

(2) 每座主变电所设置两台主变压器，由城市电网地区变电站引入两路独立的110kV专用线路供电，两回路同时运行，互为备用，以保证供电的可靠性和供电质量。进线电源容量应满足远期时其供电区域内正常运行及故障运行情况下的供电要求。

(3) 低压35kV侧采用单母线分段接线，两段母线间设母联断路器，正常运行时，母联断路器打开。

(4) 正常运行时，每座主变电所的两路110kV电源和两台主变压器分列运行。通过35kV馈出电缆分别向各自供电区域的负荷和动力照明负荷供电。

2）主要设备

（1）主变压器。高压侧电压为110kV，低压侧电压为35kV（或10kV）。主变压器容量应能满足正常运行时每台变压器容量承担其所供区域内的全部牵引负荷和动力照明的供电。当发生故障时，应满足如下条件。

①当一台主变压器发生故障时，另一台主变压器应能满足该供电区域高峰小时牵引负荷和动力及照明一级、二级负荷的供电。

②当一座变电所因故解列时，剩余主变电所应能承担全线的动力和照明一级、二级负荷及牵引负荷。

主变压器容量的选择应考虑近期实际负荷和远期发展的需求。单台容量为20～40MVA，主要考虑相邻变电所故障解列时应满足向该段牵引负荷越区供电的要求。

（2）110kVGIS组合电器。主变电所采用110kV全封闭六氟化硫组合电器设备，SF6气体绝缘的金属封闭开关设备（gas insuLated metal－enclosed switchgear，GIS)。GIS是由各种开关电器，包括断路器GCB、隔离开关DS、接地开关ES、母线、现地汇控柜LCP以及电流互感器CT、电压互感器VT和避雷器LA等组成的电力设备，具有结构紧凑、抗污染能力强、运行安全、外形美观、设备占用空间小等特点，主要技术规格如下。

①额定电压：110kV。

②最高工作电压：126kV。

③额定绝缘水平：

额定雷电冲击耐受电压（峰值），相对地，650kV；

断口：650＋100kV（隔离开关）；

断口：650kV（断路器）；

额定1min工频耐受电压（有效值）：耐受电压，275kV；

断口：315kV（隔离开关）；

断口：275kV（断路器）。

④SF6气体零表压时耐受电压（相对地）：$1.3\times126\sqrt{3}$kV（5min）。

⑤局部放电量（1.1倍相电压下），

气隔绝缘子：小于3PC；

整体GIS：小于10PC。

⑥额定电流：2000A。

⑦额定热稳定电流及持续时间：40kA/3s。

⑧额定动稳定电流：100kA。

⑨额定频率：50Hz。

⑩相数：3。

⑪断路器操动机构和辅助回路的额定电压：直流220V。

（3）主变电所二次设备。

①主变压器保护。SR745数字式变压器管理继电器，用于变压器保护、控制、接口、

测量和监测，可实现以下功能：主变内部故障时的纵差保护，保护动作跳主变两侧；SR745 低压侧过流元件和 MIV 电压继电器配合，组成低压侧复合过流，依次跳本侧及主变两侧；按负荷起动风扇回路；联跳电容器回路；用于 2＃主变时，作主变及线路的纵差保护，动作跳主变两侧。

MIF 数字式馈线管理继电器（装于 110kV 侧），用于主变压器保护、接口、测量和监测，可实现以下功能：同 MIV 电压继电器共同组成 110kV 复合电压过流保护，第一时限跳本侧，第二时限跳两侧；同 MIV 电压继电器共同组成 110kV 零序过流方向保护，第一时限跳本侧，第二时限跳两侧；监视零序，保护动作经 0.3～0.5s 跳主变两侧；过负荷保护，发信号及闭锁有载调压开关。

MIV 电压继电器，共 2 台。一台装于 110kV 侧，可实现以下功能：同 MIF 共同组成复合电压过流保护，第一时限跳本侧，第二时限跳两侧；同 MIF 共同组成零序过流方向保护，第一时限跳本侧，第二时限跳两侧；零序过压保护保护动作经 0.3～0.5s 跳主变两侧。另一台装于 35kV 侧，可实现以下功能：利用 SR745 的过流保护功能共同组成复合电压过流保护，依次跳本侧及主变两侧。

②线路保护。配置 L90 线路差动继电器，实现线路保护要求。L90 光纤纵差保护用于跳闸输出的 A 型继电器动作时间小于 4ms，用于信号输出的快速 C 型继电器动作时间小于 0.6ms。L90 与电力监控系统的接口采用数字通信方式，实现控制、监视、测量和保护动作信号的数据交换。L90 光纤纵差保护的 3 个通信口，可以独立或同时运行。L90 具备完善的在线自检功能，在正常运行时一直进行自检，但不影响任何保护功能。如果检出异常，则发出警告信号并闭锁保护。

(4) 环网电缆（110kV 电缆、35kV 电缆、1500V 直流电缆）。环网电缆选用低烟、低卤、低毒、阻燃电缆；敷设于重要场所的电缆则选用无烟、无卤、无毒、阻燃电缆。

①敷设条件。布置于隧道（或地面）及变电所内电缆支架上或敷设于地面电缆沟槽的电缆支架上，可敷设于可能短时积水的电缆沟内。

②材料要求。电缆应具有低烟、低卤、阻燃等特性，部分电缆还应同时考虑防水、防紫外线要求；电缆的防水、防潮性能应满足：电缆样品在水中浸泡 72h，去除绝缘层外面的复合层后，用肉眼观察，绝缘层外表面应是干燥的；电缆燃烧时的阻燃性能、低烟或无烟、无毒性能应满足相关规定的技术要求；电缆具有防白蚁性能，按照 GB/T 2951.38—1986《电线电缆白蚁试验方法》中击倒法的规定进行测试，测试结果要求为 KT50 应不大于 250min；电缆的绝缘电阻应满足 GB 12706—1991 的规定。交联聚乙烯绝缘，在最高额定温度下，绝缘电阻常数 K_i 应不小于 3.67MΩ·km。

③电缆敷设要求。城市轨道交通电缆种类多、数量大、敷设空间条件恶劣。电缆敷设是否达到要求，不仅影响供电系统的可靠性，而且还影响故障发生率和事故范围。

上下行环网电缆分别敷设在线路两侧，电缆支架上的电缆按电压等级由高到低分层敷设，以减少相互间的干扰，特别是电力电缆与弱电电缆应保持 0.5m 以上的间距要求。

变电所电气设备多，相互间连线密集，因此，应在设备室下设置电缆夹层，以便于电

缆敷设。电缆夹层设置进人孔，其位置和数量应满足电缆敷设和后期运营维护的要求。

在车辆段和停车场内，电缆采用在电缆沟内敷设方式，由于车辆段和停车场的管线多，所以设置电缆沟要注意与其他管线的协调。

在电缆敷设施工完成后，应严格封堵预留管、孔、洞，减少小动物进入设备房造成事故的可能及控制火灾蔓延范围。

2. 牵引变电所

1）概述

牵引变电所将城市轨道交通主变电所（或城市电网区域变电所）送来的 35kV 电能经过降压和整流，变成车辆牵引所要求的直流电能。牵引变电所的容量和设置的距离是根据牵引供电计算的结果，并经过经济技术分析比较后所决定的。变电所的间隔一般为 2～3km，牵引变电所按其所需的总容量设置两组整流机组并列运行。如果沿线任一牵引变电所故障，则由两侧相邻的牵引变电所承担其供电任务。

2）主要设备

（1）牵引整流机组——整流变压器与整流器。单台变压器为六相 12 脉波整流变压器，两台变压器并联运行构成等效 24 脉波整流变压器。整流变压器的设计应与整流器相匹配，构成牵引整流机组。

城市轨道交通采用两套 12 脉波整流机组匹配构成一套 AC35kV/DC1500V 等效 24 脉波整流机组。单机组 12 脉波整流电路由两个三相全波整桥并联组成。每台整流变压器的二次绕组有一个星形绕组和一个三角形绕组，分别向两个三相整流桥供电。因为整流变压器二次侧星形绕组和三角形绕组相对应的线电压相位错开 30°，于是可以得到两个三相整流桥并联组成的 12 脉波整流电路。当供给两台 12 脉波整流器的整流变压器高压网侧并联的绕组分别采用±7.5°外延三角形连接时，两套整流器并联运行即可构成 24 脉波整流器。

①电路特点。各绕组线电压相位错开，直流输出电压波顶在时间上重合，也错开，因此，总的直流输出电压便有 12 相脉波。

考虑到牵引负荷的特殊性，整流变压器与整流器应具有相应的过载能力，其过载能力应符合 GB3859Ⅵ类负荷标准。

②整流器技术参数及性能特点。

额定频率：50Hz；

额定交流电压：1180V；

直流标称电压：1500V；

直流最高电压：1800V；

额定电流 1467A（2200kW）/2300A（3450kW）；

直流空载电压≤1670V；

整流器负荷性质：反电动势、再生；

整流器负荷类型：Ⅵ级（GB3859）；

100％额定负荷——连续；

150%额定负荷——2h；

300%额定负荷——1min；

整流器耐压：

工频耐压：整流器主回路对地、对辅助回路：5kV/1min；

辅助回路和主回路应电气隔离，并能承受2kV/1min；

冲击电压：12kV（标准冲击波1.2/50μs）。

③整流器承受短路电流能力如表4-3所示。单台整流器应能承受由于直流侧短路而产生的短路电流的冲击。

表4-3　整流器承受短路电流能力

整流器功率（kW）	2200	3450
短路电流（kA，2s）	25	40

④整流器额定功率损耗如表4-4所示。

表4-4　整流器额定功率损耗

整流器功率（kW）	2200	3450
短路损耗（kW）	≤5	≤8

(2) 35kV交流开关柜。35kV交流开关柜采用六氟化硫SF6气体绝缘开关柜，断路器采用真空断路器。

①主要技术参数如下：

额定电压：35kV；

额定电流：1250A；

动稳定电流（峰值）：63kA；

热稳定电流（3s）：25kA。

②额定绝缘水平：

对地、相间及普通断口工频耐压值：85kV；

隔离断口间的绝缘工频耐压值：95kV；

对地、相间及普通断口冲击耐压值（峰值）：185kV；

隔离断口间的绝缘冲击耐压值（峰值）：215kV；

额定短路开断电流：25kA；

额定关合电流（峰值）：63kA；

分、合闸机构和辅助回路的额定电压：DC220V。

(3) 1500V直流开关柜。直流开关柜采用户内式。直流进线柜及直流馈电柜采用手车

式直流快速开关，负极柜开关为手动隔离开关。主要技术参数如下：

额定电压：1500V；

最高工作电压：1800V；

额定电流：3150A、4000A。

3. 主变电所向牵引变电所供电的接线方式

供电系统的安全性、可靠性是城市轨道交通正常运行的重要保证。为此，牵引变电所均由两个独立的电源供电，考虑到城市轨道交通线路分布范围广，通常需要在沿线设置多个牵引变电所。向牵引变电所供电的接线方式有多种方式，现归纳成以下几种典型形式。

(1) 环形供电接线方式。环形供电按线方式如下所示：

主变电所 1

主变电所 2

牵引变电所 1

牵引变电所 2

牵引变电所 3

牵引变电所 4

城市轨道交通轨道

优点：供电线路工作可靠。如果一个主变电所或一路输电线发生故障，均不导致中断牵引变电所的工作。

缺点：投资较大。

(2) 双边供电接线方式。双边供电接线方式如下所示：

主变电所 1

牵引变电所 1

牵引变电所 2

牵引变电所 3

牵引变电所 4

主变电所 2

城市轨道交通轨道

优点：双路供电线路，每路均按输送功率计算，工作可靠。

缺点：投资较大。

(3) 单边供电接线方式。单边供电接线方式如下所示：

主变电所

牵引变电所 1

牵引变电所 2

牵引变电所 3

牵引变电所 4

城市轨道交通轨道

优点：设备相对较少，投资小。

缺点：单边供电的可靠性不如环行供电和双边供电方式。为了提高可靠性，仍应采用双路输电线供电。

（4）幅射形供电接线方式。幅射形供电接线方式如下所示：

牵引变电所 1

城市轨道交通轨道

主变电所

牵引变电所 2

牵引变电所 3

优点：接线简单，投资小。

缺点：若主变电所发生故障，则将全线路停电。

实际应用时，通常都是上述某些典型接线方式的综合，变配电接线图的设计选择原则是：当供电系统中的某一个元件发生故障或损坏时，它应能自动解列而不致破坏牵引供电。

4. 继电保护装置

微机继电保护装置采用多功能测控保护单元，并采用多 CPU 结构方式，以实现监控、保护、通信等功能。

（1）微机继电保护装置应满足可靠性、选择性、灵敏性、速动性的要求。

（2）35kV 交流开关柜（XZ2 型）采用 REF542＋和 REL551 智能控制/保护单元。与电力监控系统（变电所综合自动化系统监控网络）的接口采用数字通信方式，使用光纤接口或 RS485 接口，实现控制、监视、测量、保护动作信号的数据交换，并可实现保护定值的修改和切换。通信规约应满足电力通信系统的通信接口要求，对前置机的通信响应时间不大于 1s。

（3）各种微机型继电保护装置都应配置时钟元件，并与变电所综合自动化系统实现时钟同步对时。所有输出的信息都带有时标（ms 级）并能上传。

（4）各种微机型继电保护装置的软硬件都应采取必要的抗干扰措施，实现高抗干扰性。

（5）应具有在线自检功能，同时监测硬件和软件，当检测到内部故障时即发出报警信号。

（6）各种微机型继电保护装置都应具有可靠的硬件闭锁功能，以保证在任何情况下不误动，只有在保护区内发生故障时，才允许开放跳闸回路。

（7）各种微机型继电保护装置都应具有自复位电路，因干扰而造成的“死机”应能通过复位电路恢复正常工作。

（8）REF542＋和 REL551 智能控制/保护单元所有的保护设定参数、状态数据、实时时钟信号及其他主要动作信号均储存在非易失性存储器中。在外部电源故障或失电时，上述各种数据、信号不应丢失。在外部电源恢复时，应能恢复其正常功能，重新正确显示和输出。

(9) 各种微机型继电保护装置的输入输出均可扩展并具有 PLC 编程特性。

(10) 各种微机型继电保护装置均采用多 CPU 处理方式，控制、保护、通信等功能应采用不同的 CPU 进行处理。

(11) 各种微机型继电保护装置的控制输出采用继电器接点方式。

(12) 微机型继电保护装置应能将故障信息储存并送往电力监控系统。

(13) 微机型继电保护装置的输入输出均具有过压、过流保护措施。

5. 防雷与过电压保护

电气设备在运行中承受的过电压包括雷电过电压和内部操作过电压，因此，应采取下述保护措施。

(1) 地面牵引变电所直流馈线出口处设置避雷器，限制雷电波的入侵，保护牵引变电所的设备。

(2) 在接触网由地面进入隧道处设置避雷器，限制雷电波的入侵，保护地下牵引变电所的设备。

(3) 牵引变电所的 35kV 母线设置避雷器。

(4) 地面牵引变电所应考虑防雷措施，要求防雷接地电阻≤10Ω。

6. 接地系统

(1) 设计原则。

①城市轨道交通车站由于受到地形的限制，供电系统单独作一个接地网相当困难，并且很难满足接地电阻的要求，故接地应采用综合接地系统方案，使全线形成统一的高低压兼容、强弱电合一的接地系统，以满足车站内各类设备的工作接地、安全接地和防雷接地的功能要求。

②每个车站单独设置一个高低压兼容、强弱电合一的综合接地网，接地网的接地电阻≤0.5Ω（或 1Ω）。设置强电设备接地母排和弱电设备接地母排，两种接地母排各自通过绝缘导线（2 根以上）分别引接至综合接地网。强、弱电电气设备中需接地的设备通过接地线分别接至强、弱电接地母排上。在有牵引变电所的车站，接触网的接地线接到变电所强电设备接地母排上。

③接地系统应满足以下要求：保护运营人员和乘客安全，防止电击；保护轨道交通设备、设施，防止其损坏；保护弱电设备，防止电磁干扰；当接地系统设计与杂散电流腐蚀防护设计发生矛盾时，应优先考虑接地安全。

(2) 接地网实施方案。

①采用综合接地系统，每个车站设置一个综合接地网。综合接地网可由两部分构成：一个是利用车站基础的桩基、承台、基础梁内的钢筋组成自然接地体；另一个是在变电所周围设置人工接地体。

②强电系统在电缆夹层中设接地端子排，用于变压器的中性点接地和各机电设备的保护接地；在设备房的侧墙上敷设接地扁铜干线，用于汇接变电所设备的接地线；弱电系统在设备房中设接地端子排，并与接地引出线可靠连接。

③沿城市轨道交通线路电缆支架上敷设一条贯通的接地扁钢，供沿线区间电气、通信、信号等机电设备安全接地。

1. 地铁停电八项注意

(1) 即使停电，被困在地铁内的乘客也不用担心车门打不开，更不要出现打砸车门、车窗的举动，而应等待工作人员将指定的车门打开，并从指定的车门向外撤离。

(2) 乘客不必担心在隧道里行走看不清路，停电一旦发生，除了引路的工作人员外，每隔一段路还会有工作人员手执照明灯为乘客引路，乘客同时还可以利用自己的手机等随身物品取光照明。

(3) 乘客不必担心人多时被关在密闭的地铁车厢里会出现呼吸困难，因为列车迫停隧道内时，地铁调度人员会及时开启隧道通风系统。

(4) 不要直接跳到隧道里，因为列车距离地面有一米多高且地面情况复杂，直接跳下容易崴脚并造成局面的混乱。

(5) 站台的容量足够乘客安全有序地撤离，千万不要盲目乱跑。

(6) 如无其他意外发生，停电时一般不要拉动报警装置。

(7) 在隧道内行走时要小心脚下，以免摔伤或者被障碍物碰伤。

(8) 乘客疏散过程中受伤时，请及时与抢险队员取得联系，等候救治。

2. 地铁停电脱险要诀

(1) 当乘客在地铁里遭遇照明系统停电时，首先应保持冷静，切勿惊慌，因为在停电发生后地铁的应急照明系统会立即启动，在等待工作人员进行广播解释和疏散前，应原地等候，不要随便走动。

(2) 如果乘客在站台候车时遭遇停电，应听从地铁工作人员的指挥，按照站台内的疏散指示标志，安全有序地撤离至地面。

(3) 如果列车在隧道中运行时遭遇列车动力电源停电，此时乘客千万不可扒门、拉门，自作主张离开列车车厢进入隧道，应耐心等待救援人员到来。需要疏散乘客时，救援人员将打开无接触轨一侧的车门，并悬挂临时梯子，乘客应该按照救援人员的指挥顺次下到隧道中，并向指定的车站或方向疏散。

第二节 城市轨道交通信号系统

城市轨道交通信号系统是保证列车运行安全，实现行车指挥和列车运行现代化，提高运输效率的关键系统设备。

城市轨道交通信号系统通常由列车自动控制（automatic train control，ATC）系统组成，ATC 系统包括三个子系统：列车自动监控（automatic train supervision，ATS）子系统；列车

自动防护（automatic train protection，ATP）子系统；列车自动运行（automatic train operation,ATO）子系统。这三个子系统通过信息交换网络构成闭环系统，实现地面控制与车上控制结合、现地控制与中央控制结合，构成一个以安全设备为基础，集行车指挥、运行调整以及列车驾驶自动化等功能为一体的列车自动控制系统。

一、ATC 系统分类

1. 按闭塞布点方式

按闭塞布点方式，可分为固定式和移动式。

(1) 固定闭塞 ATC 系统。固定闭塞 ATC 系统是指基于传统轨道电路的自动闭塞方式，闭塞分区按线路条件经牵引计算来确定，一旦划定将固定不变。列车以闭塞分区为最小行车间隔，ATC 系统根据这一特点实现行车指挥和列车运行的自动控制。固定闭塞 ATC 系统按控制方式，又可分为速度码模式（台阶式）和目标距离码模式（曲线式）。

①速度码模式（台阶式）。例如，北京地铁和上海地铁 1 号线分别引进的英国西屋公司和美国 GRS 公司的 ATC 系统均属此类 ATC 系统，该系统属 20 世纪七八十年代的产品，技术成熟，造价较低，但因闭塞分区长度的设计受限于最不利线路条件和最低列车性能，故不利于提高线路运输效率。固定闭塞速度码模式 ATC 基于普通音频轨道电路，轨道电路传输信息量少，对应每个闭塞分区只能传送一个信息代码。从控制方式可分成入口控制和出口控制两种；从轨道电路类型划分，可分为有绝缘和无绝缘轨道电路两种。

以出口防护方式为例，轨道电路传输的信息即该区段所规定的出口速度命令码，当列车运行的出口速度大于本区段的出口命令码所规定的速度时，车载设备便对列车实施惩罚性制动，以保证列车运行的安全。由于列车监控采用出口检查方式，故为保证列车安全追踪运行，需要一个完整的闭塞分区作为列车的安全保护距离，限制了线路通过能力的进一步提高和发挥。能提供此类产品的公司有英国 WSL 公司、美国 GRS 公司、法国 ALSTOM公司和德国 SIEMENZ 公司等。

②目标距离码模式（曲线式）。目标距离码模式一般采用音频数字轨道电路或音频轨道电路加电缆环线，或音频轨道电路加应答器，具有较大的信息传输量和较强的抗干扰能力。通过音频数字轨道电路发送设备或应答器向车载设备提供目标速度、目标距离、线路状态（曲线半径、坡道等数据）等信息，车载设备结合固定的车辆性能数据计算出适合于列车运行的目标距离速度模式曲线（最终形成一段曲线控制方式），保证列车在目标距离速度模式曲线下有序运行。这不仅增强了列车运行的舒适度，而且列车追踪运行的最小安全间隔缩短为安全保护距离，有利于提高线路的通过能力。例如，上海地铁 2 号线引进美国 US&S 公司、明珠线引进法国 ALSTOM 公司、广州地铁 1 号、2 号线引进德国西门子公司的 ATC 系统均属此类。

(2) 移动闭塞 ATC 系统。移动闭塞 ATC 系统通常采用无线通信、地面交叉感应环线、波导等媒体，向列控车载设备传递信息。列车安全间隔距离根据最大允许车速、当前停车点位置、线路等信息计算得出，信息被循环更新，以保证列车不间断收到即时信息。

移动闭塞ATC系统利用列车和地面间的双向数据通信设备，使地面信号设备可以得到每一列车连续的位置信息，并据此计算出每一列车的运行权限，动态更新发送给列车。列车根据接收到的运行权限和自身的运行状态，计算出列车运行的速度曲线，实现精确的定点停车和完全防护的列车双向运行模式，更有利于线路通过能力的充分发挥。

移动闭塞ATC系统在我国还未有应用实例，国外能提供此类系统的公司有阿尔卡特公司交叉感应电缆作为传输媒介的ATC系统，在加拿大温哥华“天车线”和中国香港KCRC西部铁路等应用，技术比较成熟，但交叉感应轨间电缆给线路日常养护带来不便；美国哈蒙公司基于扩频电台通信的移动闭塞应用在旧金山BART线，其系统结构、系统运用尚不成熟；阿尔斯通公司基于波导传输信息的移动闭塞正在新加坡西北线试验段安装调试。

2. 按机车信号传输方式

按机车信号传输方式，可分为连续式和点式。

3. 按各系统设备所处地域

按各系统设备所处地域，可分为控制中心子系统、车站及轨旁子系统、车载设备子系统和车场子系统。

二、ATS子系统

ATS子系统由控制中心、车站、车场以及车载设备组成。ATS子系统在ATP系统的支持下完成对列车运行的自动监控，实现以下基本功能。

(1) 通过ATS车站设备，能够采集轨旁及车载ATP提供的轨道占用状态、进路状态、列车运行状态以及信号设备故障等控制和监督列车运行的基础信息。

(2) 根据联锁表、计划运行图及列车位置，自动生成输出进路控制命令，传送至车站联锁设备，设置列车进路、控制列车停站时分。

(3) 列车识别跟踪、传递和显示功能。系统能自动完成正线区段内列车识别号（服务号、目的地号、车体号）跟踪，列车识别号可由中央ATS自动生成或调度员人工设定、修改，也可由列车经车——地通信向ATS发送识别号等信息。

(4) 列车计划与实迹运行图的比较和计算机辅助调度功能。系统能根据列车运行实际的偏离情况，自动生成调整计划供调度员参考或自动调整列车停站时分，控制发车时间。

(5) ATS中央故障情况下的降级处理，由调度员人工介入设置进路，对列车运行进行调整，由ATS车站完成自动进路或根据列车识别号进行自动信号控制，由车站人工进行进路控制。

(6) 在计算机辅助下完成对列车基本运行图的编制及管理，并具有较强的人工介入能力。通过设在车辆段的终端，向车辆段管理及行车人员提供必要的信息，以便编制车辆运用计划和行车计划。

(7) 列车运行显示屏及调度台显示器，能对轨道区段、道岔、信号机和在线运行列车等进行监视，能在行调工作站上给出设备故障报警及故障源提示。

(8) 能在中央专用设备上提供模拟和演示功能，用于培训及参观；能自动进行运行报

表统计，并根据要求进行显示打印。

(9) 能在车站控制模式下与计算机联锁设备结合，将部分或所有信号机置于自动模式状态。

(10) 向通信无线、广播、旅客向导系统提供必要的信息。

三、ATP子系统

ATP子系统由地面设备和车载设备组成，监督列车在安全速度下运行，确保列车一旦超过规定速度，立即施行制动，主要实现以下功能。

(1) 自动连续地对列车位置进行检测，并向列车发送必要的速度、距离、线路条件等信息，以确定列车运行的最大安全速度；提供列车速度保护，在列车超速时提供常用制动或紧急制动，保证前行与后续列车之间的安全间隔；满足正向行车时的设计行车间隔和折返间隔；对反向运行列车能进行ATP防护。

(2) 确保列车进路正确及列车的运行安全；确保同一路径上的不同列车之间具有足够的安全距离以及防止列车侧面冲撞。

(3) 防止列车超速运行，保证列车速度不超过线路、道岔、车辆等规定的允许速度。

(4) 为列车车门的开启提供安全、可靠的信息。

(5) 根据连锁设备提供的进路上轨道区间运行方向，确定相应轨道电路发码方向。

(6) 任何车——地通信中断以及列车的非预期移动（含退行），任何列车完整性电路的中断、列车超速（含临时限速）、车载设备故障等均将产生安全性制动。

(7) 实现与ATS的接口和有关的交换信息。

(8) 实现系统的自诊断、故障报警、记录。

(9) 实现列车的实际速度、推荐速度、目标速度、目标距离等信息的记录和显示，具有人工或自动轮径磨耗补偿功能。

四、ATO子系统

ATO子系统是控制列车自动运行的设备，由车载设备和地面设备组成，在ATP系统的保护下，根据ATS的指令实现列车运行的自动驾驶、速度的自动调整、列车车门控制。

(1) 自动完成对列车的启动、牵引、巡航、惰行和制动的控制，以较高的速度进行追踪运行和折返作业，确保达到设计间隔及旅行速度。

(2) 在ATS监控范围的入口及各站停车区域（含折返线、停车线）进行车一地通信，将列车的有关信息传送至ATS系统，以便于ATS系统对在线列车进行监控。

(3) 控制列车按照运行图进行运行，达到节能及自动调整列车运行的目的。

(4) ATO自动驾驶时，实现车站站台定点停车控制、舒适度控制及节省能源控制。

(5) 能根据停车站台的位置及停车精度，自动地对车门进行控制。

(6) 与ATS和ATP结合，实现列车自动驾驶、有人或无人驾驶。

五、信号系统运营模式

（一）ATS自动监控模式

在正常情况下，ATS系统自动监控在线列车的运行，自动向连锁设备下达列车进路命令，列车在ATP的安全保护下由司机按规定的运行图时刻表驾驶列车运行。控制中心行车调度员仅需监督列车和设备的运行状况。每天开班前，控制中心调度员选择当日的行车运行图、时刻表，经确认或作必要的修改，作为当日行车指挥的依据。

（二）调度员人工介入模式

调度员可通过工作站发出有关行车命令，对全线列车运行进行人工干预；调整列车运行计划，包括对列车实施“扣车”“终止站停”、改变列车进路、增减列车等。

（三）列车出入车场调度模式

车辆调度员根据当日列车运行图、时刻表编制车辆运用计划和场内行车计划，并传至控制中心。车场信号值班员按车辆运用计划设置相应的进路，以满足列车出入段作业要求。

（四）车站现地控制模式

除设备集中站其他车站不直接参与运营控制外，车站连锁和车站ATS系统结合实现车站和中央两级控制权的转换。在中央ATS设备故障或经车站值班员申请，中央调度员同意放权后，可改由车站现地控制。

在现地控制模式下，车站值班员可直接操纵车站连锁设备，可将部分信号机置于自动模式状态，也可将全部信号机设为自动模式状态，控制中心行车调度员应通过通信调度系统与列车驾驶员、车站值班员保持联系。

（五）车场控制模式

列车出入场和场内的作业均由场值班员根据用车计划直接排列进路。车场与正线之间设置转换轨，出入场线与正线间采用连锁照查联系保证行车安全。

（六）列车运行控制模式

列车在正线、折返线上运行作业时，常用ATO自动驾驶模式和ATP监督下的人工驾驶模式，限制人工驾驶和非限制人工驾驶模式均为非常用模式。

1. ATO自动驾驶模式

列车启动后，在ATP设备安全保护下，车载ATO设备自动控制列车加速、巡航、惰行、制动，并控制列车在车站的停车位置、开关车门，司机仅需监督ATP/ATO车载设备的运行状况。

2. ATP监督下的人工驾驶模式

列车启动后，车载ATP设备根据地面提供的信息，自动生成连续监督列车运行的一次速度模式曲线，实时监督列车运行。司机根据ATP显示的速度信息驾驶列车，当列车运行速度接近限制速度时，提出报警；当列车运行速度超过限制速度时，ATP车载设备将对列车实施制动。

3. 限制人工驾驶模式

司机以不超过车载 ATP 的限制速度行车，列车运行安全由司机负责。当列车超过该限制速度时，ATP 车载设备则对列车实施制动。

4. 非限制人工驾驶模式

在车载 ATP 设备故障状态下运用，ATP 将不对列车运行起监控作用。列车运行安全由司机、调度员、车站值班员共同负责。

（七）列车折返模式

当列车在 ATP 监督人工驾驶模式下折返时，列车由人工驾驶自到达股道牵出至折返线，由司机转换驾驶端，并折返至发车股道。

在 ATO 有人驾驶模式下折返时，列车能以较合理的速度从到达股道牵出至折返线，由司机转换驾驶端和启动列车，然后从折返线进入发车股道。

信号 ATC 系统依据控制方式以及信息传输方式的不同，系统结构组成和配置方式也完全不同。在工程设计中选择何种配置，须根据行车组织、车辆性能、车站规模、线路条件等，以安全性、可靠性为基本原则，兼顾成熟性、经济性、合理性，以发挥最大效能为目标，并需适当考虑先进性等。

第三节　城市轨道交通通信系统

一、传输子系统

传输子系统是通信系统最重要的子系统，是连接行车调度指挥中心与车站、车站与车站之间信息传输的主要手段，是组建轨道交通通信网的基础和骨干，为通信系统各子系统以及列车控制（ATS）系统、电力监控（SCADA）系统、自动售检票（AFC）系统、主控系统（MCS）、办公自动化（OA）系统等提供语音、数据和图像信息的传输通道。业务类型通常有模拟用户、2M 数字业务、宽音频广播业务、各种低速数据业务、图像业务、10/100Mbit/s 以太网业务等。

1. 采用 SDH 光传输＋综合业务接入设备组网

在控制中心、车辆段和各车站设置 SDH 设备和接入设备（AN），在控制中心设备网管系统，用于传输网络的管理；由 SDH 光传输设备组成光纤数字环路自愈网，各类业务由 SDH 设备和接入设备接入。

2. 采用 ATM 传输系统组网

由 ATM 设备组建传输网，网络分两级：一级网络为控制中心到车辆段和各个分站组成环路，属于网络骨干部分；二级网络为接入部分，主要是各车站通过 ATM 接入设备接入各站业务，网络管理设置在控制中心，用于传输系统的管理。各类业务由 ATM 接入设备接入。

3. 根据用户需求集成国内外先进技术和产品。

二、无线通信系统

无线通信系统为轨道交通内部固定工作人员与流动工作人员之间提供高效短信息和话音通信。系统为运营控制指挥中心的行车调度员、环境控制调度员、公安值班员、维修调度员等对列车司机、运营人员、维护人员和现场工作人员等无线用户分别实施无线通信；为车辆段值班员对段内的无线用户实施无线通信；以及相应的无线用户之间必要的无线通信。同时，还具有相应的呼叫、广播、录音、储存、显示、检测和优先权等功能。系统以调度组为通信为主，同时还可实现用户间一对一的单独通信。系统可以传递数字信息，根据列车的需要实时地传递列车的状态信息。

1. 采用无线数字集群方式

系统通常由多基站的集群系统组成，主要设备包括控制中心设备（中心控制设备、调度操作控制台、系统网络管理终端）、车站（基站、基地台、直放站）、便携设备（车载台、便携电台、手持台）和配套设备（漏泄同轴电缆、天线）。中心控制设备到基站之间采用有线传输系统所提供的通道连接，基站到移动台之间采用无线连接，无线电波通过漏泄电缆和空间辐射传播。系统在正常运行时，各基站由设置在中心的主控制器控制。当基站与控制器失去联系时，以单站集群方式支持单站系统的正常运行。

2. 无线通信系统以专用频道方式

系统由控制中心设备（中心无线设备、调度操作控制台、系统网络管理终端）、车站（车站电台、固定台、直放站设备）、便携设备（车载台、便携电台、手持台）和配套设备（漏泄同轴电缆、天线）组成。

三、公务电话子系统

公务电话子系统为轨道交通管理部门、运营部门、维修部门提供一般公务联络（电话业务和非话业务），系统具备 PSTN 基本业务，具备各种新业务功能（热线、呼出限制、呼入限制、闹钟、呼叫等待、呼叫转移、缩位拨号、追查恶意呼叫、会议、ISDN），能够识别非话业务，并与无线系统连接，与当地公用电话网互联，可实现国内、国际长途通信，实现与市话局间的全自动呼入呼出，能够与当地 119、120 和 110 等特服业务相连。

系统主要由数字程控交换设备和电话终端设备组成。在控制中心、车辆段设置数字程控交换设备，在各车站设置程控交换机远端模块，各站电话业务通过远端交换模块接入。控制中心设置系统维护终端、测量台和计费终端等用于公务电话系统的网络管理、话务测量和系统计费。

四、专用通信系统

专用电话子系统是调度员和车站（车辆段）值班员指挥列车运行和指导设备操作的重要通信工具，是为列车运营、电力供应、日常维修、防灾救护提供指挥手段的专用通信系

统。系统可为控制中心指挥人员，如行调、电调、环调等提供专用直达通信，并且具有单呼、组呼、全呼、紧急呼叫和录音等功能，同时可为站内各有关部门提供与车站值班员之间的直达通话，并且车站值班员可以呼叫相邻车站的车站值班员。

专用电话系统分为控制中心主系统和站段分系统设备。

1. 控制中心主系统

控制中心主系统设备包括数字程控调度主机、调度台和调度分机，其中，数字程控调度主机是专用电话系统的核心设备，可根据用户需求设置列车调度、电力调度、防灾环控调度等多个调度系统；同时设置行车值班调度台、电力调度和防灾环控调度台等；在控制中心设置网管系统，实现专用电话系统的集中维护管理。

2. 站段分系统

站段分系统设备包括站段分系统主机、站内直通电话、站间行车电话和轨旁电话机(区间电话)。站段分系统主机是各站段分系统的核心；站内直通电话提供车站（车辆段）值班员与本站作业人员之间的呼叫通话；站间行车电话实现车站（段）值班员与相邻车站值班员、联锁站值班员或车辆段值班员进行直接相邻通话；轨旁电话机实现轨道交通有关作业人员在轨道区间与相邻站车站值班员进行通话。

五、电视监控子系统

闭路电视监视系统是调度员和车站值班员监视列车运行，掌握客流大小和流向，提高行车指挥透明度的辅助通信工具，是列车司机在车站停车后监视旅客上下车和掌握开关车门时间的重要手段。当车站发生灾情时，电视监视子系统可作为防灾调度员指挥抢险的指挥工具。系统由控制中心调度员行车监视、车站值班员客运管理监视和列车司机发车监视三部分构成。

控制中心主要设备有彩色监视器、操作键盘、多媒体网络管理终端以及系统维护监视器、长时录像机、网络管理接口转换模块等。

车站系统分为上行站台、下行站台、站厅三个区域，主要由彩色摄像机、监视器、视频分配放大器、画面分割插入器、车站视频矩阵切换控制设备、光纤传输设备的发送端等部分组成。

1. 采用数字方式

在各车站，各电视监控摄像机视频信号通过同轴电缆将图像上传至本站控制室，控制信号通过双绞线实现对摄像机的控制。视频图像经过视频分配器、视频控制矩阵传送至车站控制室的监视器（本地监控用）和城市轨道交通通信统一传输平台后，再传送至控制中心（控制中心远程监控）；在控制中心和各车站均需设置视频编解码设备；利用轨道交通通信的传输平台，视频图像经过编解码设备，将模拟视音频信号转换为数字信号传输，通常采用 M-JPEG 和 MPEG -2 方式。

2. 采用模拟方式

在各车站，各电视监控摄像机视频信号通过同轴电缆将图像上传至本站控制室，控制信号通过双绞线实现对摄像机的控制。视频图像经过视频分配器、视频控制矩阵传送至车站控制室的监视器（本地监控用）和视频复用光端机，再传送至控制中心（控制中心远程监控）；在控制中心和各车站均需设置视频光端机；各站图像的传送都需要占用单独的光纤，与轨道交通通信系统的传输平台独立。

六、广播子系统

为中心调度员、车站值班员提供对相应区域进行有线广播，并实现事故抢险、组织指挥和疏导乘客安全撤离时的中心防灾广播。

1. 广播系统由中心设备、车站设备和车辆段设备组成。

①中心设备：中心广播操作台（信源：话筒、语音合成、CD 机等）、中心广播机柜（含电源、接口及控制模块等）、中心网管终端。

②车站设备：车站广播操作台（行车、客运、防灾广播用）、车站广播机柜（含功放、电源、接口及控制模块等）、噪声传感器、扬声器、音柱。

③车辆段设备：车辆段广播操作台、通话柱、车辆段广播机柜（含功放、电源、接口及控制模块等）、号筒扬声器。

2. 控制中心行车调度员和环控调度员可对全线各站进行监听及选站和选区广播。当城市轨道交通发生故障或灾害时，广播系统自动转为抢险通信设备，环境调度员具有最高优先权。

3. 车站广播区分为上行站台、下行站台、售票区、站厅、出入口和办公区等。车站行车值班员和环控值班员可通过广播控制台对本站区进行选区广播或全站广播。

七、时钟子系统

时钟子系统主要由控制中心设备，包括中心母钟、监控系统、车站（车辆段）主备二级母钟、子钟、传输接口及系统网管等构成。下面介绍其中几个。

1. 中心母钟

中心母钟接收 GPS 标准时间信号、CCTV 标准时间信号，将自身的时间精度与标准信号同步，中心母钟通过传输通道向各车站的二级母钟传送，统一校准二级母钟，并将同步信号通过接口送给监测系统及其他系统，为其他系统提供时间信号。

2. 二级母钟

二级母钟接收中心母钟发出的标准时间码信号，实现与中心母钟随时保持同步，并产生输出时间驱动信号，用于驱动本站所有的子钟，并能向中心设备回馈车站子系统及本站子钟的工作信息。

3. 子钟

子钟接收二级母钟发出的时间驱动脉冲信号，进行时间信息显示，并将自身状态信息回馈给二级母钟。

4. 系统网管

系统网管实现时钟系统的网络管理。

八、电源子系统

电源子系统为通信系统设备提供高质量、高可靠的电源供应，保证在主电源中断或发生超限波动的情况下，通信设备在规定的时间内仍能正常工作，等待主电源恢复正常。

电源系统包括－48V 直流电源和 UPS220V 交流电源，由直流高频开关电源、UPS、蓄电池组、电源设备监控系统构成。

加油站

2005 年 7 月 7 日早晨上班高峰时间，4 名恐怖分子在伦敦 3 列地铁列车和 1 辆公共汽车上实施了人体炸弹袭击，共造成 52 人死亡，700 多人受伤，致使整个城市交通一度瘫痪。事后，议会下院和政府组织的专门委员会分别对事件进行了调查，并均于上月发表了调查报告。伦敦市政府当天发表的报告是关于这次恐怖袭击事件的第三份官方报告。

调查发现一：通信不畅

爆炸事件调查委员会主席巴恩斯告诉记者，通信不畅致使紧急救援部门在地铁中的工作受阻，这是他们此次调查发现的一个重大问题。

调查人员发现，袭击发生后，除英国交警之外，许多紧急救援机构的无线电接收装置以及手机在地铁中无法正常使用，不少救援人员只能依靠士兵向外传递信息。

其实，通信不畅问题早就有专家向有关部门反映过。18 年前（1987 年），地铁国王十字站发生大火，当时负责调查这起事故的专家芬尼尔就曾在他提交的报告中指出这一问题，但是时至今日，伦敦市政府仍未对此引起重视。

正如伯恩斯说的那样："如果恐怖分子今天在伦敦地铁中再制造一次恐怖袭击，通信依旧会如 9 个月前一样混乱。"据悉，伦敦市政府已经采取措施，有关方面预计将在 2007 年年底之前解决这个问题。

调查发现二：医疗救助混乱

通信问题产生的一个严重后果就是阻碍了救援工作，由于指挥中心无法派遣正确数目的救护车前往确切地点，许多人因此而延误了治疗。

爆炸发生后伦敦地铁一度中断，地面交通也随后陷入一片混乱，救护车因此而无法及时到达指定地点救援。然而，调查人员发现，救护车上的工作人员当时面临的另一个难题是无法及时和医院取得联系，将伤员转移到人数相对较少的医院，从而避免伤员等待的时间。

巴恩斯称，救援人员过度依赖他们的行动电话。他举例说，伦敦的一家医院上午10：10就告诉指挥中心，他们医院已经人满为患，不要再向他们医院输送伤员，但是

25min 后，仍有 3 辆救护车满载着伤员抵达该医院。

调查发现三：缺乏部门间协调

尽管美国“9·11”袭击发生后英国政府各部门随即制订了紧急应对方案，但是他们却并未做到彼此配合，导致相互之间的救援工作缺乏协调。

爆炸发生后，许多无辜者受到不同程度的外伤。家庭救助中心和国民健康保险机构等部门均建立了各自的伤者统计单。但是受到一些法律法规的限制，各部门之间却无法相互沟通，建立起一套完整的伤者资料库。因此，爆炸受害者的确切人数至今仍得不到确认。

报告公布后，许多英国人认为，报告在回答国民心中的种种疑问时却又引出了更多的问题。一位名叫思韦特的英国人在接受记者采访时曾表示，他虽然对爆炸发生时人们的勇敢表现感到钦佩，但是，报告却让他意识到政府在管理上存在很多被忽视的漏洞。

其他发现：

伦敦警察在户外执行紧急救援工作时关闭了行动电话，原因是繁多的通信信息“妨碍”了他们的救援工作。

太多救援队伍临时改变既定的计划，他们更注重的是如何配合救助部门的工作，而不是以伤者为最优先考虑。

有关部门没能及时对那些在袭击中受伤的民众提供相应的心理辅导。统计数字显示，大约有 1000 名成年人和 2000 名儿童可能患上了心理疾病。

（资料来源：http：//www.sina.com.cn2006 年 06 月 07 日 10：11 中国日报网站）

第四节　城市轨道交通环控系统

一、环控系统概述

1. 地下车站环控系统组成

(1) 大系统：车站站厅、站台公共区的制冷空调及通风（兼排烟）系统。

(2) 小系统：车站管理及设备用房空调通风（兼排烟）系统。

(3) 水系统：为冷水机组提供冷冻水、冷却水系统。

(4) 隧道通风系统：区间隧道机械通风（兼排烟）系统。

2. 环控系统的运行模式

(1) 空调季节：空调全新风、空调小新风。

(2) 非空调季节：全新风。

(3) 站厅火灾：开启站厅排风机、隧道风机，其他大系统设备停止运行。

(4) 站台火灾：开启站厅排风机、隧道风机，其他大系统设备停止运行。

(5) 列车阻塞在区间隧道：开启推力风机。

3. 系统设备

(1) 风系统主要有空调机、空调新风机、全新风机、调节阀、回/排风机、隧道风机、

推力风机、射流风机、防火阀等。

(2) 水系统主要有冷水机组、冷冻水泵、冻却水泵、冷却塔、集水器、分水器等。

二、车站环境空气调节与通风

空气的温度、湿度、风流速度三者结合起来被称为环境气象条件。人们对轨道交通车站的环境条件有一定的要求。与地面广泛性大气条件相比，轨道交通车站的环境条件具有局部性和多变性。例如，在地铁车站，处于地下，比较封闭，空气较混浊，湿度较大，而在高架车站则又是另一种状况。地铁车站进出乘客、工作人员不断散发出的热量、湿量或因地热、矿岩化热使地下空气温度升高。地铁内各种发热源产生量热量的比例为：人员15%，列车74%，设备及外界带入11%。夏季地表的热空气进入地下而凝结成露，或因无风而感到闷热等，或因列车的活塞风造成气流的波动，造成车站内的空气温度、湿度和风流速度不断发生变化。自从日本东京发生毒气事件后，各国地铁车站还要考虑到毒气的因素，韩国大邱车站火灾的惨案还使我们把火灾列为重要的防护要素。为了保证车站各类人员的安全舒适，同时防止车站各类机械、电气设施因腐蚀面损坏，必须通过强制通风进行散热、除湿和进行必不可少的车站内空气调节。

(一) 轨道交通系统车站通风的基本任务

(1) 在正常情况下，向车站各工作地点供给足够数量的新鲜空气，稀释和排除有害物质，降温、除湿调节车站内部的气象条件，为乘客提供一个舒适的乘车环境。

(2) 对设备用房及管理用房提供正常所需的温湿条件。

(3) 列车堵塞在区间时，向其提供一定的送风量和冷量。

(4) 发生火灾时，提供迅速有效的排烟手段，为乘客提供逃生的环境。

(二) 关于空气的温度、湿度和舒适度

1. 空气的温度

轨道交通系统车站一般设在离地表不深的地带（离开地表面7～20m），所以车站内的空气温度受地面气温的影响较大。例如，在北京地铁，由于其建筑年代较早，车站内没有空调系统，故车站内空气温度基本上和地面温度的变化同步。另外，地下车站内的空气温度还受到下列因素的影响：

(1) 空气受到压缩或膨胀的影响。一般每垂直度上下100m，气温变化值在1℃左右，但这一因素对地下车站来说影响不大。

(2) 地下岩石温度的影响。一般在0～15m深度内为地层温度变化带，夏天岩石由空气吸热而增温，冬天岩石向空气放热而降低岩石本身的温度。根据地表构造，可把地下岩石温度的变化分成三带，即前述的温度变化带（地深0～15m）、常温带（地深20～30m）、增温带（地深>30m）。

(3) 地下水温度的影响。由于地下车站的相对封闭性，这一变化可忽略不计。

(4) 地下机电设备发热的影响。大量的车站工作设备，尤其是动力设备、照明设备，将产生大量热量，从而使车站内空气升温。

2. 空气的湿度

自然界中的空气都是含有水蒸气的空气，称为湿空气。湿空气由数量基本稳定的干空气（不含水蒸气的空气）和水蒸气两部分组成，其中水蒸气的含量较少，并且经常随着外界环境的变化而变化。

湿空气中水蒸气含量的变化对人体的舒适感、产品质量、工艺过程和设备的维护会产生直接的影响。例如，夏天气温高，在我国南方地区，由于水蒸气含量较高，人体会因闷热而觉得不舒服；而北方地区，由于水蒸气含量不太高，人体并不会感到太不舒适。因此，在描述喘气状态时，除了压力、温度等参数外，还需要对空气中水蒸气的含量和空气的含热量进行描述。

(1) 湿度。空气中水蒸气的含量称为湿度。湿度有以下几种表示方法。

①绝对湿度。绝对湿度指单位容积的湿空气中含有水蒸气的质量。

②含湿量。含湿量指单位重量的干空气中所含的水蒸气质量。

③饱和绝对湿度。空气在一定的温度下只能容纳一定的水蒸气量，所容纳的水蒸气含量达到最大值时的空气称为饱和空气；反之，水蒸气含量未达到最大值时的空气称为未饱和空气。空气达到饱和状态时，水分就不会再向空气中蒸发，这时人们就会感到潮湿，洗晒的衣服也不易晾干。

饱和空气的绝对湿度称为饱和绝对湿度，它反映出在一定的温度下，单位容积（$1m^3$）的湿空气所能容纳的水蒸气含量的最大值。饱和绝对湿度与温度有关，温度下降时，饱和绝对湿度减小；温度上升时，饱和绝对湿度增加。

如果将饱和空气的温度降低，则由于饱和绝对湿度减小，多余的水蒸气将凝结成水，这一现象称为结露。

④相对湿度。空气的绝对湿度与同温度下饱和空气的绝对湿度之比称为相对湿度，以ϕ表示。相对湿度表明了空气中水蒸气的含量接近于饱和状态的程度，即表示空气的干湿程度。显然，ϕ值越小，表明空气越干燥，吸收水分的能力越强；ϕ值越大，表明空气越潮湿，吸收水分的能力越弱。

(2) 影响空气中湿度变化的因素。影响地下车站空气中湿度变化有许多因素，如季节、气温、雨季、地下含水层和地下水位等。

3. 空气的舒适度

地下车站的空气舒适度主要是指地下车站的气象条件是否使车站工作人员和大量乘降旅客感到舒适。它取决于车站内空气的温度、湿度和流速以及它们之间的相应关系。一般地，在相同气温下，湿度大的空气要比湿度小的空气使人感到闷热；在相同温度与湿度条件下，有风要比无风感到凉爽。因此，舒适度是空气温度、湿度和风速三者综合作用的结果，是人体感应周围空气环境的适应指标。

(三) 空气调节系统

空气调节对国民经济的发展和人民物质文化生活水平的提高有着重要作用，其主要应用是创造合适的室内气候环境，以利于工业生产和科学研究，保证某些需要特定气候的工

业生产和科学实验的进行；创造舒适的“人工气候”，以利于人们的生活、学习和休息；改善火车、汽车、飞机等的内部气候条件，为人们提供合适的旅途环境，保证健康旅行；提供适应于特殊医疗的气候条件，以利于病员的有效医治及手术、医疗过程的安全。良好的空气调节为珍贵物品、图书、字画等的收藏创造条件，以期长久保存。一些公用建筑设置空气调节后，为文娱活动、艺术表演、体育比赛等提供了良好条件。

为了对空气环境进行调节和控制，需对空气进行加热、冷却、加湿、减湿、过滤、输送等各种处理，空调系统就是完成这一工作的设备装置。

图 4－1 为空调系统的基本结构图，它由冷热源系统、空气处理系统、空气能量输送与分配系统和自动控制系统 4 个子系统组成。

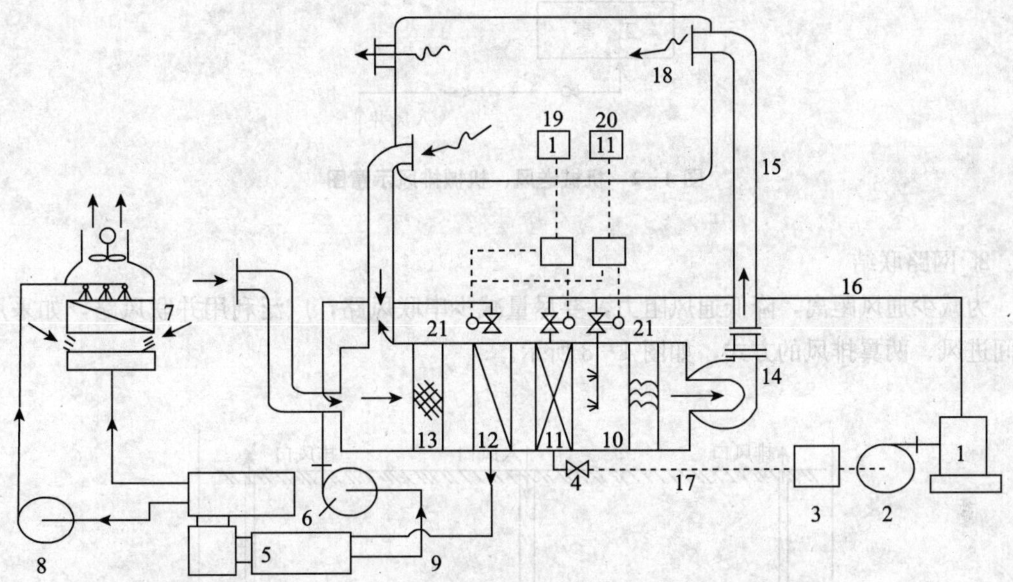

冷热源系统：1—锅炉；2—给水泵；3—回水滤器；4—疏水器；5—制冷机组；
6—冷冻水循环泵；7—冷却水塔；8—冷却水循环泵；9—冷冻水管
空气处理系统：10—空气加湿器；11—空气加热器；12—空气冷却器；13—空气过滤器
空气能量输送与分配系统：6—冷冻水循环泵；14—风机；15—送风管道；16—蒸汽管；
17—凝水管；18—空气分配器
自动控制系统：19—温度控制器；20—湿度控制器；21—冷、热能量自动调节阀

图 4－1　空调系统的基本构成

空气处理系统和空气能量输送与分配系统负责完成对空气的各种处理和输送，是空调系统的主要环节。从图 4－1 中可见，在风机 14 产生的风压作用下，室外空气从新风管进入系统，与从回风管引入的部分室内空气混合，经空气过滤器 13 进行过滤处理，再经空气冷却器 12。

(四) 地下车站环境通风系统

地下车站环境通风系统就是依照风流流动的路线，从进风口到排风口，以通风机为动

力，包括管道网络、三防设施和消音装置等组成的空气流动系统。

1. 通风方式

常见的通风方式有机械送风、自然排风，机械通风、排风和自然送排风三种，其中，机械送排风（图 4－2）一般用于对通风要求较高的地下设施。地下车站是各类人员密集聚集的地方，一般应采用此方式。按照通风机所在的位置又有压入式送风、抽出式排风和抽压混合式通风。具体采用哪一种，要根据地下车站的实际通风量和通风要求决定。为了保证地下车站内有一定的超压，抽出的风量必须小于压入的风量。

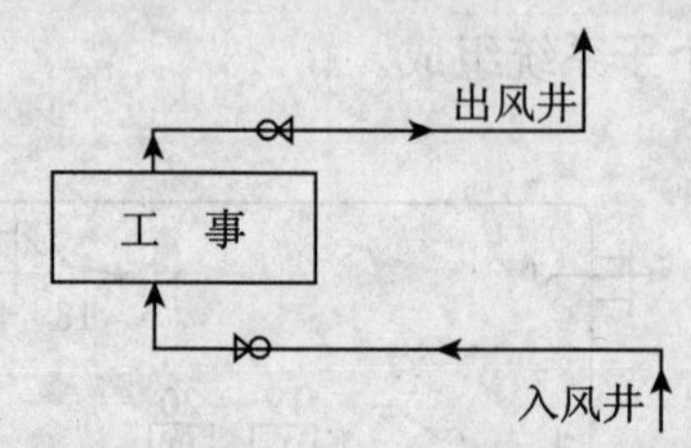

图 4－2　机械送风、机械排风示意图

2. 网路联结

为减少通风距离，降低通风阻力，要尽量减少串联风路，广泛利用并联风路，如采用中间进风、两翼排风的方式，如图 4－3 所示。

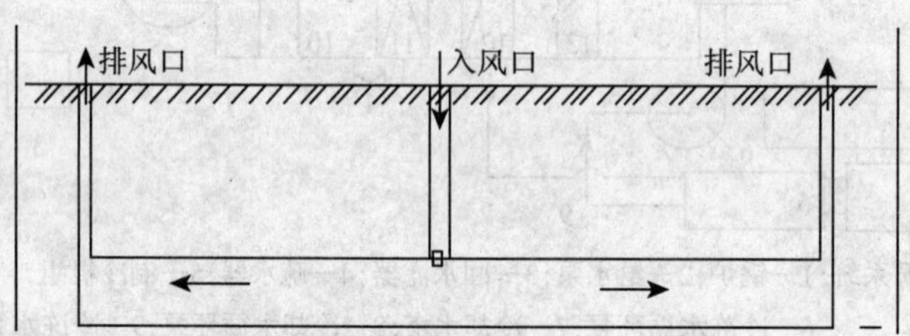

图 4－3　中间进风两翼排风方式

3. 通风系统组成

通风系统主要有空调机、空调新风机、全新风机、调节阀、回/排风机、隧道风机、推力风机、射流风机、防火阀等。

如图 4－4 所示为一般地下工程通风系统组成示意图。在通风系统中，通风动力设备的工作性能好坏将起到决定性的作用。

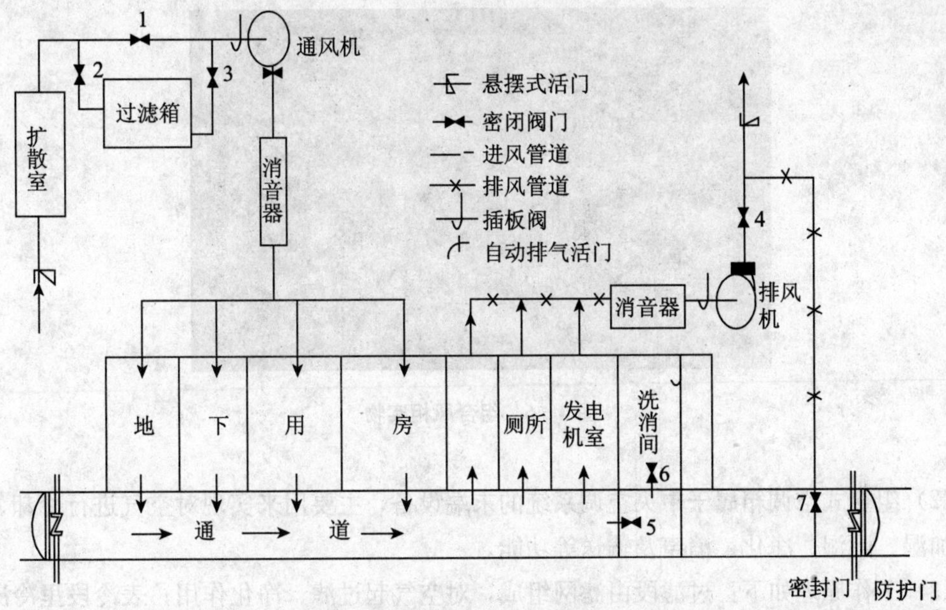

图 4-4　地下工程通风系统构成

三、风系统设备

(一) 组合风柜

(1) 组合式空调箱的主要组成部分有过滤段、表冷段、风机段和消声段，如图 4-5 和图 4-6 所示。

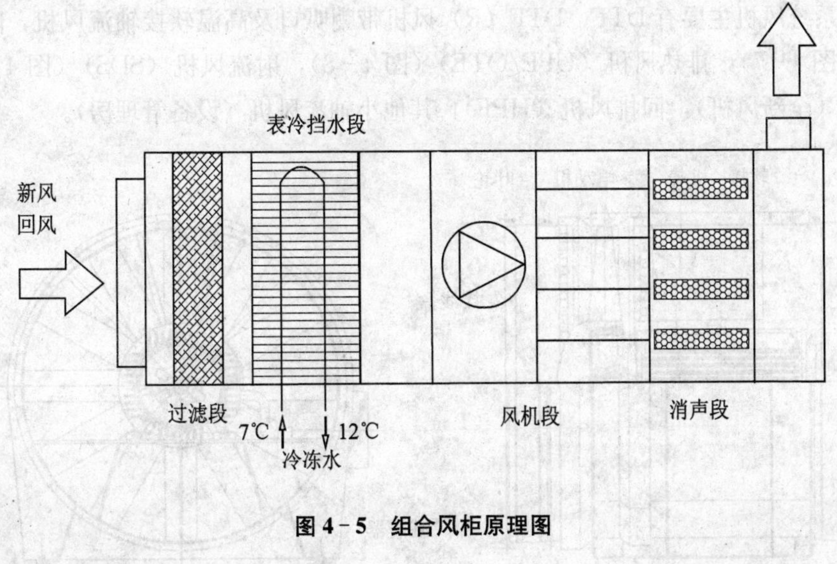

图 4-5　组合风柜原理图

图 4-6　组合风柜实物

(2) 组合式空调箱属于中央空调系统的末端设备，主要用来实现对空气进行冷却、加热、加湿、除湿、净化、消声及输送等功能。

(3) 工作原理如下：过滤段由滤网组成，对空气起过滤、净化作用；表冷段里冷冻水循环流动，对空气起冷却作用；风机段对空气进行加压，为输送冷空气提供动力；消声段消除风机产生的震动和噪声。

(二) 风机

地下车站所用的风机形式应根据车站环控系统的特性和地下工程的特定条件来决定。一般地下车站环控系统具有通风量大、风压低的特点，同时所用风机长年累月地运转，负荷大。而地下工程的特点决定了地下车站空间小，要求采用结构紧凑、效率高、安装检修方便的风机。

环控系统风机主要有 DTF、DTF (R) 风机带喇叭口及高温软接轴流风机，隧道风机 (TVF) (图 4-7)，排热风机 (UPE/OTE) (图 4-8)，射流风机 (SDS) (图 4-9)，空调新风机 (全新风机)，回排风机 (HPF)，其他小轴流风机 (设备管理房)。

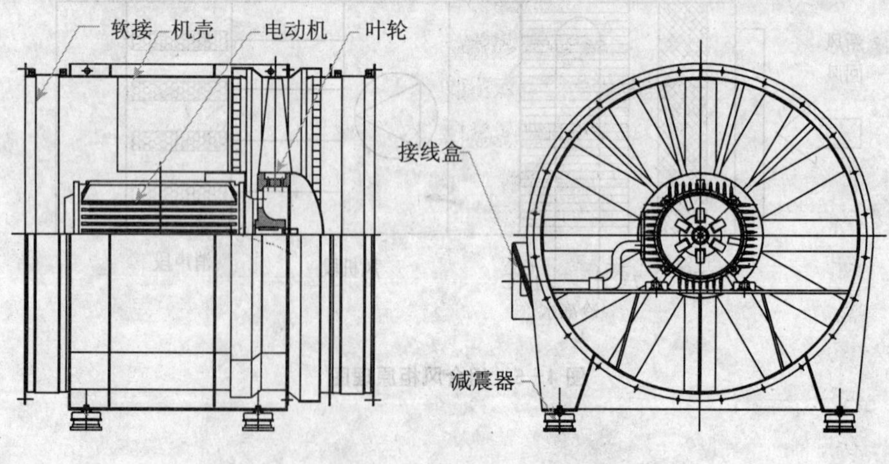

图 4-7　隧道风机 (TVF) 结构简图

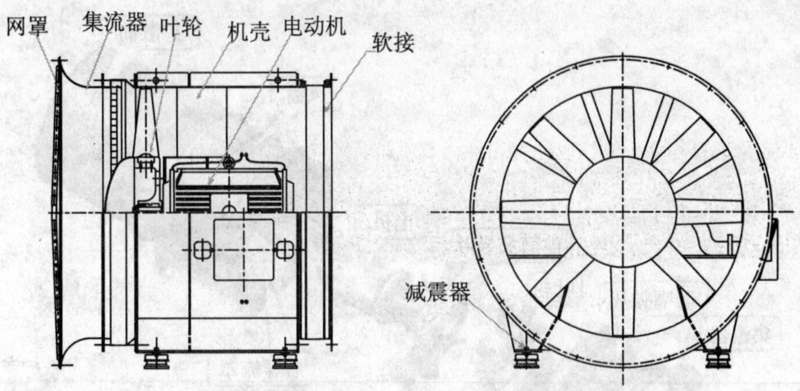

图 4-8 排热风机（UPE/OTE）结构简图

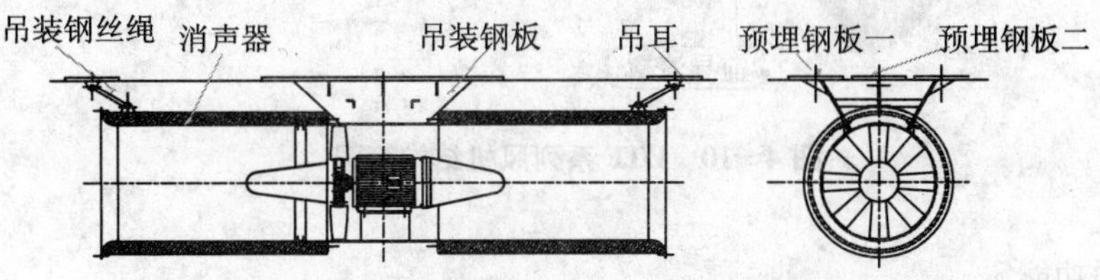

图 4-9 射流风机（SDS）结构简图

1. 风机的主要结构和特点

DTF、DTF（R）风机主要由下列部件构成：风筒、叶轮、电机、机壳、防喘振装置、耐高温软接、钟形管、静叶支撑、整流罩等，如图 4-10 所示。接线盒在风机外壳，按安装位置的不同布置在左侧或右侧，除风机本体外，一般随机提供配套减震器，叶片调整角度用专用量角器和修理用拆装工具，还可按业主的要求提供扩散筒、轴承温度传感器、定子绕组温度传感器、定子绕组加热装置、振动报警装置等。

（1）机壳、防喘振装置、静叶支撑。该三个零件都由优质钢板焊接而成，其中防喘振装置是可拆的。壳体涂装可按业主的要求采用镀锌或喷漆处理。

（2）电机。电机为风冷鼠笼式全封闭湿热型产品。电机和风机叶轮直接驱动，电机裸露于空气中，电机还可按业主的要求配备轴承温度传感器、定子绕组温度传感器、定子绕组加热装置、振动报警装置等。

（3）风机叶轮和整流罩。叶轮由轮毂和不同数量的叶片组成，用防松动高强度螺栓连接。轮毂和叶片均采用 ZL114A 优质高强度铝合金压铸而成，通过 X 光探伤、时效处理、拉伸试验和金加工，静、动平衡校验。整流罩置于叶轮进风口处，如要调整风机叶片的角度，可先拆卸整流罩，用拉力扳手松动叶片与轮毂的连接螺栓，再按反方向顺序操作固定叶片，所有叶片进行全部调整。

其他小轴流风机由机壳、叶轮、软接、电机、静叶支撑等组成。

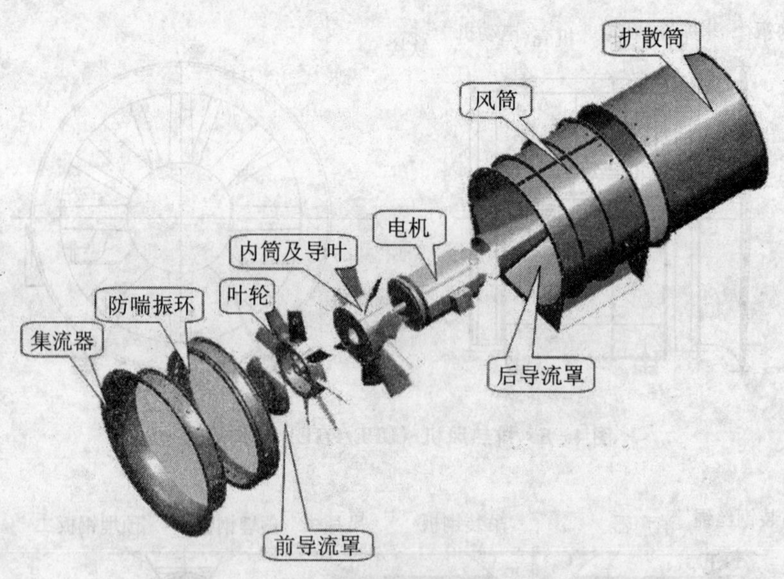

图 4－10　DTF 系列风机结构简图

2. 风机的功能

(1) DTF、DTF (R) 风机主要用于地铁道的区间通风、列车阻塞、火灾时高温通风和排烟。

(2) 隧道风机 (TVF) 也即逆转耐高温双速轴流风机，用于早晚时段换气通风（使用低速挡，以降低对外噪声值）和列车阻塞或火灾工况时通风或排烟（使用高速挡），并根据运行模式要求作正转或逆转运行，以达到向区间隧道送风或排风、排烟的目的。

TVF 风机一般设置在车站两端和中间风井内，车站每端设置 2 台，分别对应上行线和下行线区间，通过组合式风阀的开关控制实现 2 台风机并联运作或互为备用的功能。中间风井内也设置 2 台 TVF 风机，实现对特长区间隧道排烟功能。如图 4－11 所示为浙江上风风机。

图 4－11　浙江上风风机

(3) 排热风机 (UPE/OTE) 主要用于抑制车站屏蔽门外区温度的升高，以利于列车空调系统的运行和隧道道线设备的防护。

(4) 射流风机 (SDS) 能在阻塞、火灾工况下，配合 TVF 风机对区间通风形成有效

的推挽式通风。射流风机安装在区间隧道的顶部。

(5) 空调新风机（全新风机）用于在最小新风空调季节向车站乘客提供必要的新风量。

(6) 回排风机（HPF）用于在最小新风空调季节与空调箱联合运作，保证车站的温、湿度条件。

(7) 设备管理房轴流逆/排风机全年为车站设备管理用户提供工作人员必需的新风量和设备用房换气要求，排风机兼管理用房的排烟功能。

(8) 轴流风机一般用在地下车站，轴流风机具有风量大、风压低，工作效率高，可节省能耗和车站运营成本，能十分方便地实现双向转动，在必要时可实现排烟排热的功能。

(三) 风阀

组合风阀是由几个小单元体组成一个大流通面积的风阀，通过连杆的机械传动使其各单元体做同步运动 ，如图 4-12 和图 4-13 所示。

图 4-12　风阀

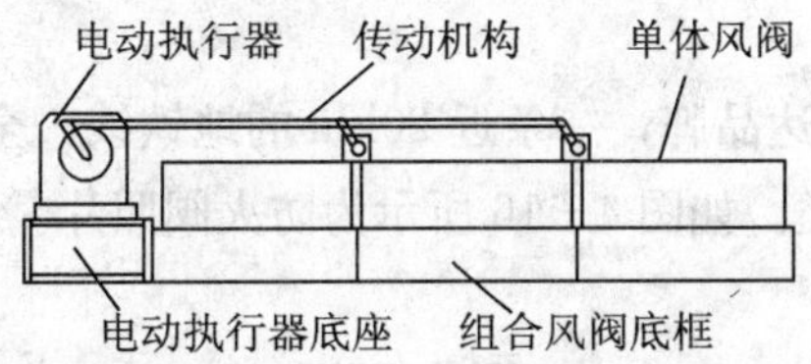

图 4-13　组合风阀结构示意图

联动组合式风阀（组合风阀）由底框、若干单体风阀、传动机构及电动执行机构等部分组成。底框部分是由槽钢、工字钢焊接而成，它由两个或两个以上的单元框架连接而成，底框是组合风阀的骨架，它的作用是加强组合式风阀的刚度和强度。单个风阀用螺栓连接在底框上。如图 4-14 所示为北京仪表机床厂生产的组合式风阀。

图 4-14　北京仪表机床厂生产的组合式风阀

(四) 运营维护

(1) 负载运行前，应仔细检查框架的固定是否牢固可靠。

(2) 仔细检查运动件及支撑件是否安装牢固。

(3) 仔细检查风阀与框架联结是否可靠。

(4) 仔细检查组合阀周围有无影响运动的障碍物。

(5) 检查指标灯信号是否与组合阀启闭一致。

(6) 组合阀执行机构采用全密封结构，内部结构使用高级润滑脂润滑，无须运营前的维护，如图 4－15 所示为电动执行机构。

图 4－15 电动执行机构

(五) 防火阀

防火阀主要为耀安、飞达品牌，一条近 20km 的地铁线，全线各种规格约需 3000 台。如表 4－5 所示为防火阀种类。如图 4－16 所示为防火阀照片。

表 4－5 防火阀种类

<table>
<tr><td rowspan="7">防火类阀门</td><td rowspan="4">电动防火阀</td><td>电动防烟防火阀 DF（气消无关）</td><td>用于大系统送风管路，熔断片动作温度为 70℃，关闭时间小于 16s</td></tr>
<tr><td>电动排烟防火阀 DP（气消无关）</td><td>用于大系统回排风管路，熔断片动作温度为 280℃，关闭时间小于 16s</td></tr>
<tr><td>全电动防烟防火阀 AF（气消相关）</td><td>用于气体灭火房间的送风支管上，熔断片动作温度为 70℃，能实现 2s 内快速关断的要求</td></tr>
<tr><td>全电动排烟防火阀 AP（气消相关）</td><td>用于气体灭火房间的回/排风支管上，熔断片动作温度为 280℃，能实现 2s 内快速关断的要求</td></tr>
<tr><td rowspan="3">自动防火阀</td><td>自动防烟防火阀 ZF</td><td>用于风管穿越防火分隔处，熔断片动作温度为 70℃</td></tr>
<tr><td>自动排烟防火阀 ZP</td><td>用于风管穿越防火分隔处，熔断片动作温度为 280℃</td></tr>
<tr><td>手动防火调节阀 STZP</td><td>多用于隧道通风系统轨顶风道，熔断片动作温度为 280℃，同时具备调节风量和防烟防火的功能</td></tr>
</table>

图 4-16 防火阀照片

四、环控系统的特点和分类

地铁环境与设备监控系统（BAS）的设计应针对地铁的特点和各城市的气候环境、经济情况设置不同的水平，以达到营运良好的舒适环境、降低能源消耗、节省人力和提高管理水平的目的。地铁的通风与空调系统应保证内部环境空气质量、温度、气流组织、气流速度和噪声等均能满足人员的生理和心理条件要求以及设备的正常运转需要。

地铁线路是一座狭长的地下建筑，除各车站出入口和通风道口与大气沟通外，可以认为地下铁道基本是与大气隔离的。由于列车运行、乘客交换等会散发大量热量，空气湿度大，并且有有害气体产生，若不及时排除，隧道和车站内的温度就会升高，乘客无法忍受，因此，必须建立通风系统，才能给乘客创造一个舒适的环境。

当列车因非火灾事故阻塞在区间隧道时，因为没有“活塞效应”，停留在车厢内的乘客及向安全地区疏散的乘客会因为没有足够的新鲜空气而难以忍受。因此，要维持车厢内空调的正常运行，同时需要通风系统为出事地点送、排风。

（一）地铁环境控制要求不同的环境

地铁环境控制有以下 4 个要求不同的环境。

（1）地铁车站的站厅和站台。

（2）地铁车站内的管理用房和设备用房。

（3）区间隧道。

（4）车厢内。

这 4 个不同的环境所要控制的温度、湿度也不一样。通常，站厅、站台可作为过渡区，而车厢和管理用房作为舒适区来考虑。区间隧道可由事故风机在夜间抽压风来解决排热问题。

（二）地铁环境控制的主要特点

地铁环境控制的主要特点如下。

（1）地铁车站和区间隧道除出入口与外界相连通外，基本上与外界隔绝，只有营造人工气候环境才能满足乘客的要求。

（2）由于地铁需要不分昼夜地照明，因此，车站和车厢的照度、色调、装饰和布置都成为影响乘客心理的重要因素。

(3) 列车各种设备的运行和乘客都将释放出大量的热，若不及时排除，将使车站和区间的温度上升，使乘客在此环境中难以忍受。

(4) 地铁是狭长的地下建筑物，列车及各种设备的运行产生的噪声不易消除，对乘客影响较大。

(5) 地铁列车运行时产生“活塞效应”，若不能合理应用，则会干扰车站的气流组织，使乘客感到不舒适，并影响车站的负荷。

(6) 发生事故，尤其是火灾事故时，将导致环境恶化，不易救援，要采取有效措施。

因此，要建立一个能满足乘客、工作人员生理和心理要求的人工环境，这是一项复杂的系统工程，它包括环境中空气的温度、湿度、空气流动速度、空气质量和环境照度、色调、装饰、布置以及噪声控制、安全措施等诸多因素。

通风空调的作用是采用人工的方法，创造和维持满足一定要求的空气环境。它包括空气的温度、湿度、空气流动速度和空气品质。当列车阻塞在区间隧道内时，应保证阻塞处的有效通风功能，能维持车厢内的乘客短时间能接受的环境条件；当地铁发生火灾事故时，能提供有效的排烟手段和通风功能，给乘客和消防人员输送足够的新鲜空气，形成一定的风速，引导乘客迅速撤离现场。

(三) 地铁环控系统的种类

地铁环控系统一般分为开式系统、闭式系统和屏蔽门式系统。根据使用场所不同、标准不同，又分为车站环控系统、区间隧道环控系统和车站设备管理用房环控系统。

1. 开式系统

开式系统是应用机械或“活塞效应”的方法使地铁内部与外界交换空气，利用外界空气冷却车站和隧道。这种系统多用于当地最热月平均温度低于25℃且运量较小的地铁系统。

2. 闭式系统

闭式系统使地铁内部基本上与外界隔断，仅供给满足乘客所需的新鲜空气量。车站一般采用空调系统，而区间隧道的冷却是借助于列车运行的“活塞效应”携带一部分车站空调冷风来实现的。

3. 屏蔽门式系统

在车站的站台与行车隧道间安装屏蔽门，将其分隔开，车站安装空调系统，隧道用通风系统。若通风系统不能将区间隧道的温度控制在允许值以内，则应采用空调或其他有效的降温方式。

(四) 车站通风空调系统的划分

1. 车站大系统

各站大系统设备的配置基本一致。例如，深圳地铁1号线，除国贸、老街外，各站大系统配置了组合空调机、新风机、回/排风机（兼排烟机），分别设于站厅两端的环控机房内，通过风阀和风管向站厅和站台中心方向均匀送、排风，各担负半个车站的空调负荷。

各站设备配置及其不同点如下。

(1) 各站公共区面积不同，配置设备的容量不同。

(2) 深圳 4 号线福民站大系统组合空调机、回/排风机的电机采用了变频调速，具有节能的特点。

(3) 国贸站大系统空调设备分别设于负二层、三层站台南、北两端的环控机房内，各担负半个车站的空调负荷。

2. 车站小系统

根据设备管理用房的功能要求，分为空调、非空调和机械排风三种类型若干个小系统。空调小系统配有空气处理机、新风机、回/排风机（兼排烟）；通道或小管理用房设风机盘管；非空调小系统配置机房送、排风机；不太重要的、面积较小的机房仅设排风机或排气扇。

3. 隧道通风系统

在每段区间隧道的两端，即每座车站两站的隧道风机房内配置了射流风机，悬挂式安装在隧道顶板上。

车站屏蔽站隧道通风系统，深圳地铁除国贸、会展站外，各站均在站台层两端排热风机房内设 1 台排热风机，各负责轨顶结构风管及站台下排风道内 1/2 的热量。

五、水系统

水系统主要有冷水机组、冷冻水泵、冻却水泵、冷却塔、集水器和分水器等。如图 4－17所示为水系统的工作示意图。

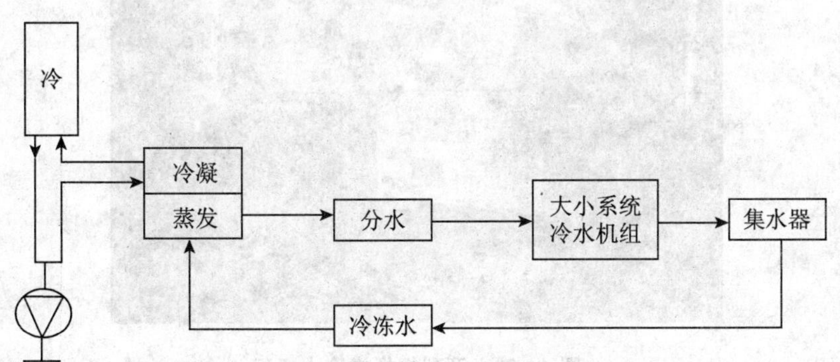

图 4－17 水系统工作示意图

(一) 冷水机组

1. 组成

冷水机组主要由压缩机、冷凝器、膨胀阀和蒸发器 4 个部分组成，如图 4－18 所示。如图 4－19 和图 4－20 所示分别为顿汉布什螺杆式冷水机组和开利螺杆式冷水机组。

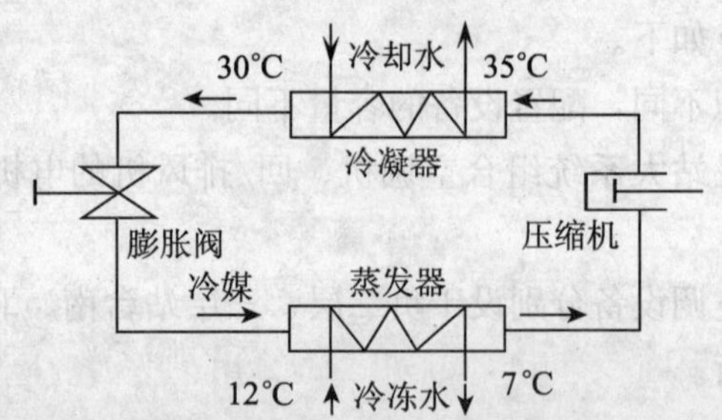

图 4－18　冷水机组组成

图 4－19　顿汉布什螺杆式冷水机组

图 4－20　开利螺杆式冷水机组

2. 工作原理

（1）压缩机起压缩和输送制冷剂蒸气的作用，促使制冷剂沿箭头方向不断循环流动，是制冷系统的动力装置。经过压缩机的压缩作用，蒸发器里的制冷剂蒸气压力下降，冷凝器里的制冷剂蒸气压力上升。

（2）在冷凝器里，制冷剂由气态变成液态，需要释放大量的热量被冷却水吸收，致使冷却水温度由 30℃上升到 35℃。

(3) 膨胀阀对制冷剂起节流降压作用，并调节进入蒸发器的制冷剂的流量。

(4) 在蒸发器里，制冷剂由液态变成气态，需要从冷冻水中吸收大量的热量，致使冷冻水温度由12℃下降到7℃。

(二) 冷却塔

地铁站内所用都为方形横流式冷却塔，其特点是水自上而下，空气从水平方向流入。

1. 横流式冷却塔的主要组成部分

横流式冷却塔的主要组成部分有玻璃钢外壳、洒水盆、集水盆、填料、电机、风扇、进水管和排水管。

2. 横流式冷却塔的工作原理

如图 4－21 所示，冷却水流动方向为进水管（35℃）—洒水盆—两边填料—集水盆（30℃）—排水管。冷空气流动方向为冷却塔外部—两边填料—冷却塔内—风扇排出。

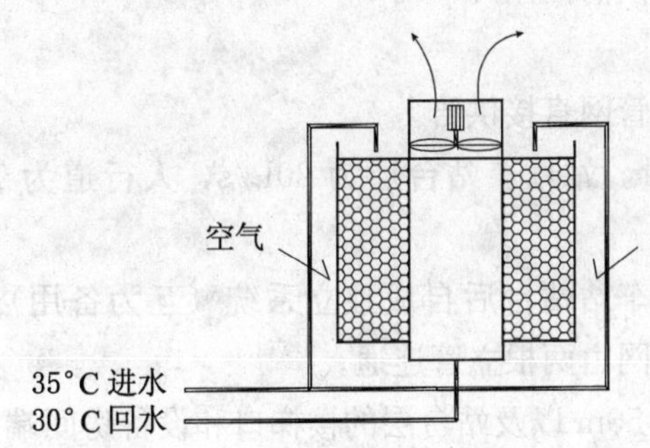

图 4－21　横流式冷却塔工作原理

3. 冷却塔的散热原理

如图 4－22 所示，高温的循环水进入冷却塔，在“热交换器”——填料处与外界来的冷空气发生水气热交换（主要为蒸发散热和接触散热，辐射散热可忽略），从而使高温的循环水降温以达到冷却散热的目的。其中填料的作用是扩大水气热交换面积，延缓水气热交换时间，使循环水温度下降，接近环境空气的湿球温度。

图 4－22　地铁站处的菱电横流式冷却塔

4. 冷却塔补水

这主要用于补充蒸发散热损失、飞水溅水损失以及为保证水质稳定而补充放空损耗量。由冷却塔的散热原理可知，在一定设计或运行状况下，冷却塔水蒸发损失率基本上是一定的和必不可少的（在通常设计工况下，降5℃冷却塔的水量蒸发损失率为8.33‰，一般讲为≤9‰）。

5. 冷却塔易损件

冷却塔易损件有各种锁节、浮球阀、风扇皮带、门锁和各种蝶阀。

（三）给水系统

1. 生产、生活给水系统

（1）生活用水为洗、淋浴、饮用及厕所清洁用水，供水设备设在卫生间。

（2）生产用水主要为环控系统补充水。另外，在站厅、站台公共区的两端分别设置冲洗栓，箱内设水龙头（也供清洁用）。

2. 消防用水系统

消防用水由市政给水管网直接供给。

（1）设计消防用水量。站厅、站台层为20L/s，人行道为10L/s，由城市给水管网供水。

（2）两条市政管引入车站站台后自成独立系统（互为备用）。在站厅层布置成环状，站厅层和站台层的环状管网由两根立管连通。

（3）站厅层两侧每隔50m以及站台层的楼梯口和设备房间端头设消防箱，内设DN65单头单阀消火栓2个，25m长的水龙带2盘，DN19多功能水枪2支，DN25自救式软管卷盘1套，灭火器4个，并在消防箱上设手动报警按钮和电话插孔各1个。

（4）区间隧道每隔50m设消防箱1个，内设DN65单头单阀消火栓2个，25m长的水龙带2盘，DN19多功能水枪1支，并在消防箱上设电话插孔。

（5）消防管道布置。站厅层的干管布置在顶棚内，站台层的干管布置在站台板下，进入区间隧道的消防干管布置在区间隧道线路前进方向的右侧，并固定在主体结构上。

（6）车站设备用房内设置手提式1211灭火器。

（7）消火栓口中心距地面1.1m。

（8）2条给水引入管上的电动蝶阀由车站控制室BAS系统实行监控，定期互为备用。

（9）消防管网工作压力0.3MPa，试验压力1.0MPa。

（10）消火箱操作。

①火灾时，按下手动报警或打开箱门后电话报警。

②取出水带，连接消火栓及水枪，打开阀门，持枪喷水。

③灭火结束后，关闭消火栓阀门，取下水枪、水带，冲净晾干。清洁箱体后将器材复位，并在转盘的摇臂、箱锁、阀门等处加些2号钙基脂。

(四) 排水系统

1. 排水系统的种类

(1) 雨水系统。雨水来自隧道入口处过渡段；雨水泵设在隧道入口处；雨水泵房直径6m，深10.5m，泵房内设10LP型雨水泵3台（其中1台备用），雨水经抽升至压力排水检查井后再排入排洪渠。

(2) 污水系统。大部分地下车站在站台层设污水泵房，污水泵房下设污水池（站台板下方），厕所位于站厅层，供工作人员使用。污水池容积不大于6h的污水量，内设污水泵2台，互为备用。

(3) 废水系统。

①车站废水系统。车站废水系统用于排除车站内的废水，泵房设在车站端头线路下坡道的最低处，泵房下设废水池，废水池容积30m³，内设废水泵2台，平时互为备用，消防时同时使用。

对于出入口废水，在人行通道自动扶梯底部和局部低洼处设集水坑，坑内设集水泵2台，互为备用。

②区间废水系统。区间排水系统用于排除区间内的废水，泵房设在区间隧道线路下坡道的最低处，明挖施工区段废水泵房设在隧道外侧边，盾构施工区段则利用联络通道作为废水泵房。

废水泵房下设废水池，废水池容积30m³，内设废水泵2台，平时互为备用，消防时同时使用。

2. 排水方式

排水方式原则上采用分流制排水方式。雨水、污水、废水就近集中，分别由泵将水抽升至压力排水检查井消能后排入城市下水道或河涌（其中，生活污水是经污水泵抽升至压力排水检查井消能后流入化粪池，再排入城市下水道；车辆段及其他基地的粪便污水经化粪池处理后与其他生活污水汇合，直接排入城市下水道）。

3. 排水泵

(1) 排水机器水泵的构造。如图4-23所示，排水机器水泵的构造主要由以下几部分组成。

①泵体。泵体为蜗壳形，以确保流体在蜗壳内流速均匀；泵体须以1.5倍工作压力的试验压力进行水压试验。

②叶轮。叶轮对整个泵的转子进行动平衡，以确保泵的运行平稳。

③轴。轴径在两轴套螺母之间的名义尺寸须相同，以减少由尺寸差造成的应力集中。

④轴承。可使用开放式轴承，也可使用封闭式轴承；可使用深沟形球轴承，也可使用推力轴承。

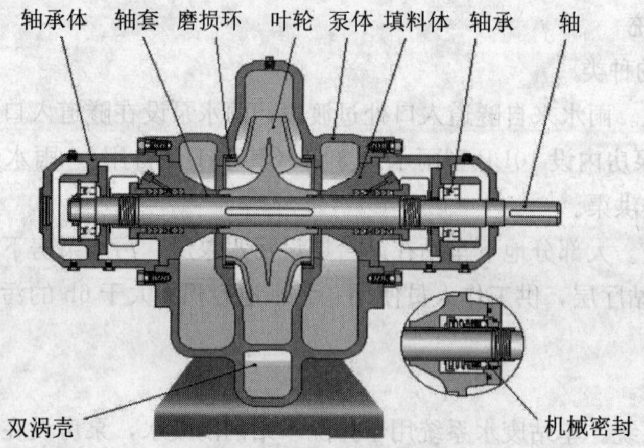

图 4－23　水泵构造

(2) 离心泵的工作原理。一般离心泵启动前，泵壳内要灌满液体，当原动机带动泵轴和叶轮旋转时，液体一方面随叶轮作圆周运动，另一方面在离心力的作用下自叶轮中心向外周抛出，液体从叶轮获得了压力能和速度能。当液体流经涡壳到排液口时，部分速度能将变为静压力能。当液体自叶轮抛出时，叶轮中心部分造成低压区，与吸入液面的压力形成压力差，于是液体不断地被吸入，并以一定的压力排出。如图 4－24 所示。

图 4－24　无锡产亿志离心式水泵

(3) 水泵的作用。水泵能克服管道摩擦损失，使供水系统保持压力，提高液体的势能。

(4) 水泵的参数。

①流量 Q。在单位时间内由水泵出口排出液体的体积量，以 Q 表示，单位是 m^3/h 或 L/s。

②扬程 H。单位重量的液体通过泵后获得的能量，以 H 表示，单位是 m，即排出液体的液注高度。

③转速 n。泵轴单位时间内的转数，以 n 表示，单位是 r/min。

④有效功率 Pu。单位时间内泵输送出的液体获得的有效能量，也称输出功率。

(5) 排水泵的控制方式。泵房设终端控制器，根据水位高低自动控制排水泵的启停。当水位超出报警水位时，BAS 系统能发出报警信号，并由站长指令站务员启动排水泵。排水泵房由所在（或附近）车站控制室 BAS 系统实现监视。

六、车站环境监控设备的使用与管理

BAS 系统的作用是对车站、区间的通风与空调（称为环控）、给排水、照明及自动扶梯等设备进行自动化管理，以确保地下铁道内环境的安全与舒适。

(一) BAS 系统的组成

BAS 系统一般由以下三部分组成。

(1) 中央控制室。中央控制室主要负责监视全线的环境状态及监控设备的运行状态，必要时可向车站控制室发出控制指令。

(2) 车站控制室。车站控制室主要负责监视本车站所管辖区间的设备状态，并控制设备运行。

(3) 就地控制装置。就地控制装置设在设备机房内，可直接操纵设备运行。

(二) BAS 系统的主要功能

BAS 系统的主要功能是对所控设备实施有效、安全、可靠的监控，由设在控制中心（OCC）内的 BAS 系统中央控制室来实施。它利用 EMCS（环控系统）主要监控隧道系统、大系统、小系统、冷水机组、给排水系统、照明、电扶梯、屏蔽门及其他。

1. 利用 EMCS 对隧道系统的监控

(1) 区间隧道通风系统，有三种运行模式。

①正常模式。

早间运行：早间运营前 30min，TVF 风机进行纵向推挽式机械通风（相邻车站两端 TVF 一排一送），使隧道内充盈新鲜空气。

正常运行：TVF 风机停止，打开旁通风阀，利用列车的活塞作用进行通风换气，排除隧道余热余湿。

夜间运行：夜间收车后 30min，TVF 风机进行纵向推挽式机械通风，完毕后打开所有风阀，使隧道内充盈新鲜空气。

②阻塞模式。当列车故障或前方车站不允许进站，列车停留在区间超过 4min 时，TVF 风机按行车方向通风，保障人员及列车空调器的安全。

③火灾事故模式。根据列车着火点（车头、中部或车尾）、停车位置不同的火灾情况，启动相应的火灾控制模式。控制原则是 TVF 风机的风向应迎着逃生人群，尽量防止烟雾蔓延。

(2) 车站隧道通风系统。

①正常工况。UPE/OTE 低速运转，旁通风阀关闭，机械通风排除列车驻留车站时列车底部、顶部排出的热风及废气。

②火灾事故工况。列车着火并停在车站隧道或站台公共区发生火灾时，控制 UPE/OTE 高速运转，排出烟雾。

2. 利用 EMCS 对大系统的监控

大系统是车站公共区空调通风系统的简称。监控对象为组合式空调机组、新风机、回/排风机（兼排烟功能）和相关风阀。

（1）正常模式，如表 4－6 所示。

表 4－6　　正常模式工况表

1 工况	最小新风量降温除湿工况	特点：降温除湿，保证最小新风量，部分回风循环减耗
2 工况	全新风降温除湿工况	特点：降温除湿，全新风，无回风循环
3 工况	全新风等温除湿工况	特点：等温除湿，全新风，无回风循环
4 工况	通风工况	特点：全新风通风，冷水系统停止

（2）火灾事故模式。

①站台层火灾。停止车站冷水系统，控制风管相关风阀的开/闭，向站厅层送风，停止向站台层送风，站台层进入排烟状态（高速排烟），使得站台层对站厅层形成负气压，阻止了烟雾向站厅层蔓延，并形成了楼梯（扶梯）通道的逃生气流通道。

②站厅层火灾。停止车站冷水系统，控制风管的相关风阀开/闭，向站台层送风，停止向站厅层送风，站厅层进入排烟状态，使得站厅层对地面、站台层形成负气压，阻止了烟雾向站台层蔓延，并形成了地面楼梯通道的逃生气流通道。

a. 站厅层火灾时大系统送、排风动作及原理

大系统的动作：关闭站厅层送风管道，保持站台层送风，站厅层排风转为高速模式，关闭站台层排风管道。

原理：保证站台层相对站厅层为正压，防止烟气扩散到站台层、回/排风机转为排烟工况（调整运行）。

b. 站台层火灾时大系统送、排风动作及原理

大系统的动作：关闭站台层送风管道，保持站厅层送风，站台层排风转为高速模式，关闭站厅层排风管道。

原理：保证站厅层相对站台层为正压，防止烟气扩散到站厅层，回/排风机转为排烟工况（调整运行）。

3. 利用 EMCS 对小系统的监控

小系统是设备用房通风空调系统的简称。监控对象为小型空调机组、送风机、抽风机（兼排烟功能）和相关风阀。

（1）正常模式。与大系统的正常模式类似，有 3～4 种工况。

（2）火灾事故模式。设备用房发生火灾事故时，一般按单独房间情况处理。若房间安

装有FAS系统，则关闭送风、排风阀，以便FAS释放气体灭火。若没有安装GAS系统，则同样要停止送风，进行排烟，防止烟雾蔓延。

火灾时小系统的动作方式如下。

①管理用房及无气体灭火保护的设备用房火灾，将排烟风机转为高速运行。

②有气体灭火保护的设备用房火灾，关闭通向火灾房间的送风和排风管道，利用惰性气体灭火后，再开启通向火灾房间的送风和排风管道，排风机转为高速运行。

4. 利用EMCS对冷水机组的监控

监控对象为冷水机组、冷却塔、冷冻水泵、冷却水泵和蝶阀。

5. 利用EMCS对给排水系统的监控

监控对象为电动蝶阀（市政引入管、区间给水管）、各类水泵（排水泵、污水泵、雨水泵、废水泵）和液位传感器。

（三）EMCS系统的日常操作

1. 小系统的操作

用鼠标点击需要开始或者关闭的空气处理机，在弹出的界面里点选“启动”或“停止”即可启动或停止该空气处理机，如图4－25所示。

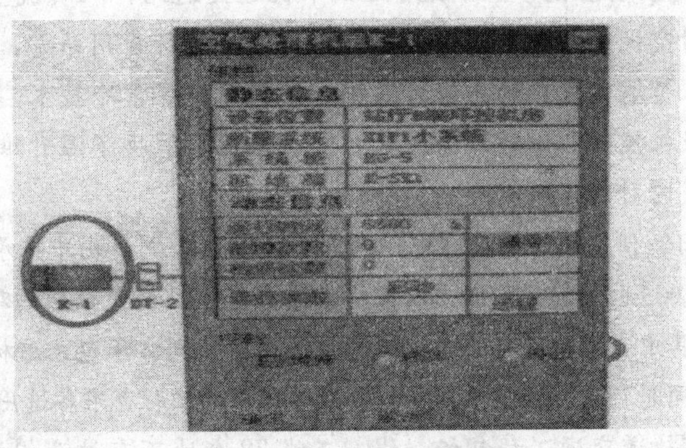

图4－25　小系统的操作

2. 冷水机组阀门的操作

（1）在日常情况下，点击需要调节的阀门，在“自动调节”选项框内打钩，即表示该阀由系统自动调节。

（2）若需要手动调节，则将“自动调节”选项框内的钩去掉，然后单击“应用”，即表示取消自动调节功能。然后，在手动设定框内设定需要设定的值。

（3）确认设定好后点击“确定”即可。

3. 系统报警处理流程

（1）当测温主机发出报警声，同时系统计算机人机界面上对应报警地点的图标颜色发生变化时，表示隧道温度异常（红色图标表示火警，粉红色图标表示二级预警，紫色图标表示一级预警）。车控室工作人员应立即在计算机上查看报警信息，并报告给OCC环调，如图4-26所示。

图4-26 隧道温度监测系统

(2) 如果确认属于系统误报，则点击工具栏中的“静音”按钮，进行报警消音。随后，向维修工程部自动化车间调度通报相关报警信息。

(3) 如果确认发生火灾，则按照OCC环调指令执行。

加油站

城市轨道交通温度逐年升高，如不加以人为控制，将会形成公害，这是世界性的难题。北京西单城市轨道交通站是全国最大的城市轨道交通站，人员流量大，内部设备多，发热量大。如果采用空调设备控制温度，则投资巨大，运行费用昂贵，能源浪费严重。清华同方公司的设计人员通过复杂的系统计算机，采用建筑窖蓄冷技术，合理配置了通风设备（风机等）加以微机控制。以通风系统代替空调系统，解决了温升难题，投资少，见效快，在国内外该领域内引起了较大反响。

1996年3月24日，伊朗总统批准，中伊两国正式签订合同，由中方承包建设德黑兰的城市轨道交通机电工程。这也是新中国成立以来，我国机电项目最大数额的对外承包工程，工程合同额3.3亿美元。其中城市轨道交通通风控制系统由清华同方承包，这标志着清华同方已经迈出国门走向世界，同时乌克兰、俄罗斯和叙利亚等国家的工程也准备选用RH系统。

伊朗德黑兰城市轨道交通工程包括一线、二线32个地下车站及相关隧道、地面车站、大修厂、变电站的几乎所有机电设备的设计、制造、供应、包装、运输、安装、调试、运行等。同方公司在该项目中主要负责地下32个车站及相关隧道的机电设备的计算机集中监控和通信系统的建立，包括RH分布式微机监控系统的设计、生产制造、供货、调试、投入运行等及运行维护人员的培训，提供操作、维护手册、竣工图纸及相关的技术说明等。被控的机电设备包括车站、隧道通风系统，整流站通风系统，电梯、自动扶梯，照明系统，排水、排污系统。同时还保留了增加其他系统的能力，如防火、防灾报警系统，自动售检测票系统，中控室HVAC系统等。该系统不仅能够实现对机电设备的就地监控，还能够在车站的站长室及控制中心实现远程监控，同时在火灾情况下，能够自动运行防、排烟程序，使通风系统及其他机电设备运行在防、排烟工况下。

32个车站共设32个中央监控室——站长室，各站长室之间用光纤联网，形成一个大型监控网络，由控制中心负责监控。

本系统约有700台RH现场控制机，监控对象达14000个。由于工程规模大，又是国际承包工程，所以整个工程分阶段进行，目前首期工程已经通车，BAS系统运行良好。

城轨车站设备监控系统（BAS）主要用于对全线车站及区间的环境进行控制，使相关的冷水机组、风机等众多设备及其他机电设备安全、高效、协调地运行，保证地铁车站及区间环境的良好舒适，产生最佳的节能效果，并在突发事件（如火灾）时指挥环控设备转向特定模式，为地铁乘车环境提供安全保证。本章介绍了车站环控系统相关设备的基本功能及原理，并分别介绍了大系统、小系统、水系统、隧道通风系统相应的设备，重点要求掌握大小系统各种工况时设备的动作。

上海地铁10号线列车追尾事故致40多人轻伤

中新网2011年9月27日电，据上海地铁官网消息称，今日下午，上海地铁10号线发生一起列车追尾事故。经初步统计，目前约有伤员40余名，大部分为轻微伤乘客，未发现重伤。

今日下午14：10，上海地铁10号线新天地站设备故障，交通大学至南京东路上下行采用电话闭塞方式，列车限速运行。期间14：51，列车豫园至老西门下行区间两列车不慎发生追尾。14：51虹桥路站至天潼路站9站路段实施临时封站措施，其余两端采取小交路方式保持运营。

据了解，经车站工作人员、武警、消防部门疏散组织，两列事故列车内500多名乘客已经全部撤离车站。受伤乘客已受到及时的医护处理，有关情况正在进一步处理中。

经验总结："电话闭塞，简单地说，就是两个车站区间通过打电话的方式联系、调度。"轨交专家说，电话闭塞后两站间会分成多个闭塞分区，"一般是一公里多一点"；而闭塞分区中前后车之间将有红灯、黄灯、黄绿灯三个"不能驶入"的区间，"等于是'三保险'。"专家表示，即便电话闭塞后ATP系统不再介入，但正常操作下行车应该是可以保证安全的。

据介绍，地铁两站间的区段相对较短，一般在一公里左右，电话闭塞时两站间可能只允许一辆列车进入，也因此，对此次发生的10号线追尾，专家坦承"无法理解"。而究其原因，专家称不排除应急状态下处理不当等人为因素导致。

此外，轨道交通专家表示，中国的地铁信号系统比较乱。

地铁信号系统不同于中国的铁路信号系统，铁路信号系统是由铁道部统一管理招标的，有统一的标准。而地铁由各个地方的国资委负责，信号系统由各个地方自主负责招标建设，面临着标准乱、信号乱、监管乱等问题，需要国家进行强有力的规范管理。上海地铁1号线和10号线的信号系统就是卡斯柯公司承包的。

基于这样的地方自主管理方式，地铁信号系统有日本的技术，也有德国的技术，而且是多家公司，每个国家的标准不一致，中国各个城市的地铁信号标准也是不一致的。

公共交通安全涉及人们的根本利益，政府与社会应高度重视，及早消除安全隐患。

练习题

一、填空题

1. ________是分散与集中供电方式的结合，可充分利用城市电网的资源，节约投资，但供电可靠性不如集中供电方式，管理也不够方便。

2. 牵引供电系统主要由主变电所、________、接触网、电力监控、________等组成，提供城市轨道交通车辆的牵引动力电源。

3. 列车自动控制系统________按________可分为连续式和点式。

4. 列车在正线、折返线上运行作业时，常用ATO自动驾驶模式和ATP监督下的人工驾驶模式，________和________均为非常用模式。

5. 专用电话系统分控制中心主系统和________。

6. 地下车站环境通风系统就是依照________的路线，从进风口到排风口，以通风机为动力，包括管道网络、三防设施、消音装置等的空气流动系统。

二、选择题

1. 与地面广泛性大气条件相比，轨道交通车站的环境条件具有局部性和（　　）。

A. 多变性　　B. 固定性　　C. 全面性　　D. 差异性

2. 当列车因非火灾事故阻塞在区间隧道时，因为没有（　　），停留在车厢内的乘客及向安全地区疏散的乘客会因为没有足够的新鲜空气而难以忍受。

A. 大气效应　　B. 气流效应　　C. 活塞效应　　D. 流动效应

3. （　　）是应用机械或“活塞效应”的方法使地铁内部与外界交换空气，利用外界空气冷却车站和隧道。这种系统多用于当地最热月平均温度低于25℃且运量较小的地铁系统。

A. 屏蔽门式系统　　B. 开式系统　　C. 闭式系统　　D. 风系统

4. 区间隧道每隔（　　）设消防箱一个，内设DN65单头单阀消火栓2个，25m长的水龙带2盘，DN19多功能水枪1支，并在消防箱上设电话插孔。

A. 100m　　B. 150m　　C. 20m　　D. 50m

5. （多选）地下车站环控系统的组成主要有（　　）。

A. 大系统　　B. 小系统　　C. 水系统　　D. 隧道通风系统

6. （多选）空气的（　　）结合起来被成为环境气象条件。

A. 温度　　B. 水分　　C. 湿度　　D. 风流速度

7.（多选）冷水机组主要由（　　）等部分组成。

A. 压缩机　　B. 冷凝器　　C. 膨胀阀　　D. 蒸发器

8.（多选）在地下车站中一般采用轴流风机，轴流风机具有以下一些特点（　　）。

A. 主要用于在最小新风空调季节，向车站乘客提供必要的新风量

B. 工作效率高，可节省能耗和车站运营成本

C. 能十分方便地实现双向转动，在必要时可实现排烟、排热的功能

D. 风量大、风压低

三、简答题

1. BAS系统一般由哪几部分组成?

2. 简述冷水机组的工作原理。

3. 地下车站环境通风系统主要由哪几部分组成?

第五章　城市轨道交通运营组织

1. 了解城市轨道交通运营组织的特点。
2. 了解城市轨道交通运营的管理模式。
3. 掌握城市轨道交通运营票务管理的相关作业内容。
4. 理解城市轨道交通运营的客流组织。
5. 掌握城市轨道交通运营站务管理的相关作业内容。
6. 掌握城市轨道交通突发事件的处理与预防办法。

北京地铁事故

2011年7月5日，北京地铁发生事故，致1名男童死亡，20余乘客受伤。身亡男童的父亲称已和地铁方商谈赔偿事宜但未谈妥，他们索赔120万元，但地铁方认为要价过高。京港地铁公司相关负责人表示，赔偿金额还未最后定论。

请你想一想，事故发生的原因是什么？如何防范？发生事故后应如何处理？

第一节　城市轨道交通运营组织概述

一、城市轨道交通运营组织的特点

轨道交通系统作为城市重要公共交通基础设施，是为了最大限度地满足居民的出行需要，迅速、舒适、安全、便利地在城市范围内运送旅客，使乘客能便利地进站购票乘车，安全而舒适地旅行，快速而准确地到达目的地。城市轨道交通同城市间铁路一样，具备轨道交通的特点；又同城市地面公交系统一样，具备适应城市公共交通要求的各项条件。由于必须兼顾到两个方面，因此，城市轨道交通的运输组织与运营管理工作与铁路运输和城市公交运输不同，有其独特的方面。

1. 城市轨道交通系统是一种大运量的快运系统，行车密度高、运量大

（1）现代城市轨道交通的列车运行速度在市中心一般设计为35～40km/h，市郊高速可达60～80km/h，最小行车间隔（行车密度）为2min。以上海地铁为例，每一地铁列车可载客2400人，单向每小时可运送60000人左右，旅行速度可达35km/h左右，这是地面公共交通很难做到的。在列车的运行方面，与城市常规公交相比，城市轨道交通系统的车站和线路一旦建成，就很难迁移和变动，不能像地面常规公交那样，可以机动地调整行车路线和站点设置，以适应乘客流量和流向的变化。

（2）全日客流在时间分布上有较为明显的高峰（早、晚高峰）和低谷之分。在高峰时段，客流量集中，时间性强；在空间上，又有不同的区间客流密度分布，如在某个时段、某个区间的客流量特别大。

（3）列车运行间隔时间短，发车密度高。

2. 具有高度集中和计划性强的特点

城市轨道交通系统安全运行和优质服务的基础是三大系统（列车运行系统、客运服务系统和检修保障系统）同时正常、协调、可靠地运转。如何保证系统各不同工种岗位及设备连续、协调统一运转是运营组织工作最基本的内容，需要很强的计划性、统一性和高度集中性。

城市轨道交通是多工种、多专业联合运营的系统，需要一体化统一调度指挥，由控制中心（调度所）为调度指挥中心。控制中心通过信号系统（ATS）、供电系统（SCADA）、环控系统（FAS、BAS），由行车调度员、电力调度员和环控调度员担任调度指挥，按设定的列车运行图、供电及环控模式自动控制信号、供电及环控系统的正常运行。

3. 具有严格的技术规范和管理制度

轨道交通系统运营管理的核心是规章制度，它是规范人员生产活动的行为准则，各岗位人员只有严格执行规章制度，才能使得规模庞大且技术复杂的系统有序、高效和安全运转，其中《技术管理规范》（简称技规）是最基本的技术规范，另外还有各子系统的专业性规范，如《行车组织规则》、《客运组织规则》、《调度规则》、《安全规则》、《事故处理规则》以及《设备运行检修规则》等。此外，还有各专业、各工种、各单项作业更为具体、详细，操作性更强的制度、工艺、办法等，如《车站管理细则》、《调度员岗位职责》等。

4. 城市轨道交通服务于城市居民出行，安全可靠的优质服务体现在运营过程的每一环节

城市轨道交通系统均采用双线运行（即上、下行分线运行），一般只有客运，没有货运业务（除了少数线路承办邮件运输之外），运输服务对象单一，平均运距7～10km，其运输组织和运营工作比铁路运输系统简单。

城市轨道交通每天运送几十乃至上百万位乘客，必须在运输的每一环节为乘客提供优良的服务。首先，列车必须按列车运行图的规定安全、准时运行；其次，应根据市场需求和客流变化，适时调整运行图；再次，应提供方便的换乘条件，在乘客出入站、通道、站厅等处提供引导及人性化设施，实现智能化信息服务。

5. 运营组织技术集成度高，自动化、信息化技术应用广泛，信号系统和调度指挥信息系统是运营组织技术的核心

二、城市轨道交通运营的管理模式

(一) 城市轨道交通运营管理模式分类

1. 有竞争条件下的官办官营模式

在这种模式下，线路为政府所有，两家或两家以上的运营单位通过招标方式获得运营权。例如，韩国首尔就采用了这种模式。

2. 无竞争条件下的官办官营模式

在这种模式下，线路为政府所有，一家单位独家经营或两家以上单位按行政区域划分经营范围。例如，伦敦、纽约、北京、广州、柏林、巴黎的地铁运营管理都属于这种模式。

3. 官办半民营模式

在这种模式下，线路为政府所有，交由政府股份占主导地位的上市公司经营。例如，中国香港地铁的运营管理就采用这种模式。

4. 官办民营模式

在这种模式下，线路为政府所有，交由民间股份占主导地位的上市公司经营。例如，新加坡的地铁运营管理就属于这种模式。它的主要特点如下：

(1) 地铁作为福利项目由政府负担建设费用。

(2) 淡化运营公司的职能，运营公司无线路的所有权，政府不干涉运营收入，也不对运营开支进行补贴。

(3) 运营公司完全民营，第一大股东为私人投资公司。

(4) 由政府制定运营水平和规则，以保证城市轨道交通的公共福利性质。

5. 多种经济成分构成的模式

在这种模式下，线路归政府和地方公共团体所共有，同样由政府和地方公共团体共同组织人员经营。例如，东京的城市轨道交通系统很早就引入了多种经济成分。

6. 私办私营模式

在这种模式下，线路由私人集团投资兴建，由私人集团经营，政府无权干涉私人工作。例如，曼谷轻轨就属于这种模式。

(二) 各种运营管理模式的适用性

不同模式均存在优势与不足，有自己的适应范围。

(1) 强调地铁福利性质的城市，如纽约、新加坡，政府承担了过多的责任，都存在后续投资困难的危机；在选择营利性的城市，如曼谷，难以保证城市轨道交通项目本身的有序发展；而在中国香港、日本东京和韩国首尔，城市轨道交通的发展已逐渐走上良性循环，其福利性和营利性得到了良好的融合，基本上能够自给自足，以线养线，政府的角色也在逐渐淡出之中。

(2) 客流量和线路类型是影响城市轨道交通管理模式的重要依据。

当客流密度在0~1.5万人/（km·日）时，城市轨道交通运输缺乏营利所需的必要客流，因此，需要在政府的扶持下存活。这种类型的城市轨道交通系统适宜采用官办官营的管理模式。

当客流密度在1.5万~2.5万人/（km·日）时，城市轨道交通运输系统基本具备维持运营成本所需的客流且能略有赢利。这种类型的城市轨道交通系统可考虑采用有竞争条件下的官办官营、公私合营和官办半民营的模式。

当客流密度达到2.5万人/（km·日）以上时，可采用官办半民营和官办民营的模式。

当政府独自承担城市轨道交通建设费用，而不从运营收入抵扣时，在大于1.0万人/（km·日)的客流密度时，就可尝试官办民营的管理模式。

考虑到市中心地区修建城市轨道交通的成本和物业开发的难度较高，市中心区城市轨道交通线路不宜采用私办私营的管理模式，必须有公共资本参与。私办私营的模式最好用于市郊铁路。在市郊铁路的条件下，客流密度达到1.7万人/（km·日）以上时，就可采用私办私营的模式。

(三) 城市轨道交通运营方案

城市轨道交通工程建设投资巨大，每公里轨道线路的资金都需要数亿元，难以一次性建成投入使用，无论采用哪种管理模式，一般都采取边建设边运营的方法。

有代表性的运营方案有以下三种。

1. 共线运营方案

这种方案的特点是对前期建造线路的运营组织不会产生太大的干扰，对于后期的线路运营方案也很容易实施，并且使前后期线路上任意两车站的旅客乘车方便。

2. 独立运营方案

这种方案的特点是要求在交会点或衔接点设换乘站，一、二期信号设备及车辆系统要能相互兼容。这样，部分旅客要换乘两次或更多次。

3. 部分独立、部分共线运营方案

这种方案的特点是部分线路共线运营，另一部分线路独立运营和联合运营相结合。这种组织有利于分段建成的线路，依据其客流各区段均匀与否，选择部分线路共线运营、部分线路独立运营和联合运营相结合，这样既满足了部分乘客的换乘直达，又减少了完全共线运营所造成的乘客虚乘及其能力浪费。

第二节　城市轨道交通票务管理系统

一、票务系统概述

城市轨道交通是承载城市客运的主干交通体系，它能有效地解决大客流、远距离、快速准点等城市交通难点，提供“畅达、安全、舒适、清洁”的交通服务，具有人性化、捷运化、信息化和生态化等基本特征。其最典型的特点如下。

（1）提供高效的中、远距离客运服务。

（2）适应频繁的瞬间大客流冲击。

（3）单项交易金额较小，但总交易量大，导致总交易金额巨大。票制和票价是轨道交通系统票务管理中相辅相成的两项内容。

如图 5－1 所示为地铁检票口。

图 5－1　地铁检票口

二、票务系统的意义

城市轨道交通票务系统是轨道交通票务收入和结算的基础，只有通过安全、可靠和完备的自动售检票系统，才能有效地实施票务的结算和清分。在设计票务系统时，应本着“以人为本”的宗旨，充分考虑以下因素。

（1）有利于提升城市轨道交通行业的社会形象和服务区域形象。

（2）有利于提高运营管理水平，保障票务收益。

（3）有利于管理责任落实，保证交易数据和票务信息的安全。

（4）有利于简化操作，方便出行，提高乘客的出行效率。

（5）有利于提供准确的客流及票务统计分析数据。

（6）有利于减少现金交易、人工记账及统计工作，提高准确率和效率。

三、自动售检票系统运营管理模式

（一）自动售检票系统运营管理模式定义

自动售检票系统包括三种运营管理模式：正常运营模式、降级运营模式和紧急放行

模式。

在通常情况下，自动售检票系统在正常运营模式下自动运行。正常运行模式是系统默认模式，包括正常服务模式和关闭服务模式。正常服务模式下进行正常的售票、补票、检票等处理；关闭服务模式下，不对车票进行任何处理。

(二) 紧急放行模式

在运营过程中，当车站或列车发生火灾、爆炸等危及乘客和工作人员安全的紧急情况，需要乘客紧急撤离车站时，启用紧急放行模式。

1. 设备的表现

(1) 中央计算机工作站上要明显地显示设置为该模式的车站名称，如字体或颜色闪烁等，以便进行监控。

(2) 设置了该模式的车站计算机应在显著的位置，用明确的文字或符号显示所设置的模式，并用明确的文字或符号显示车站内的哪些设备已进入该模式。

(3) 在收到车站计算机下达的命令后，车站终端设备按模式要求进入相应的状态，按模式要求对车票进行处理。

(4) 半自动售票机可正常运作，但操作员显示器上显示紧急状态的信息，自动售票机应处于暂停服务的状态。

(5) 检票机所有扇门都处于打开状态，保证乘客无阻碍地离开付费区。同时，所有检票机（包括进、出站检票机）的乘客显示器显示紧急信息；所有面向付费区的导向指示器闪烁，显示“通行”标志；所有面向非付费区的导向指示器闪烁，显示“禁止通行”标志。

2. 对车票的处理

所有检票机不对车票进行写处理，如有车票放于读卡器上，不对车票进行写操作，城市轨道交通专用票不回收。

(1) 设置运营故障模式的出站检票机应根据车票的票种及进站地点作不同处理。

①对本站进的单程票及乘次票不扣除车费或乘次，单程票不回收，并写入此模式的标志信息。

②对本站进的其他车票不扣任何车费，并写入出站码和此模式的标志信息。

③对其他车站进站的单程票及乘次票不扣除车费或乘次，单程票不回收，并写入此模式的标志信息。

④对其他车站进站的其他类型车票不扣车费，写入出站码和此模式的标志信息。

(2) 模式结束后，所有车站的自动检票机对车票的处理。

①若单程票或乘次票具有列车故障模式标志信息，并在规定时间段内（系统设置），则允许在任何车站进站使用，出站时根据实际车费进行检查。若车费不足，则应到半自动售补票机进行超程更新处理。

②储值票等其他车票正常使用和扣费。

（三）出站免检模式

出现下列情况之一时，车站可设定为出站免检模式。

（1）出站及双向检票设备全部故障。

（2）客流集中出站，检票设备能力严重不足，危及乘客安全时。

在出站免检模式下，乘客出站不需检票，直接出站。持非回收类车票的乘客在规定日期内再次进站时，进站检票机依据车票内进站信息和模式信息扣除上次乘车费用后，按照正常检票进站；回收类车票作废不可再次使用。

（四）日期免检模式

若由于轨道交通运营的原因导致车票过期，则根据运营工作的需要及相关规定的要求设置日期免检模式。

1. 设备的表现

中央计算机工作站上要明显地显示设置为日期免检模式的车站名称，如字体或颜色闪烁等，以便进行监控。

（1）设置了该模式的车站计算机应在显著的位置，用明确的文字或符号显示所设置的模式，并用明确的文字或符号显示车站内的哪些设备已进入该模式。

（2）在收到车站计算机下达的命令后，车站终端设备按模式要求进入相应的状态，对车票进行处理。

2. 对车票的处理

设置此模式的出站检票机对所有车票不检查车票上的有效日期，但是仍检查车票的其他信息，如进站码、车票票值等，所有车票按正常票价扣费。

（五）超程免检模式

由于某个车站因为事故或者故障而关闭，导致列车越过该站后才停车，可根据相关规定的要求设置超程免检模式。

1. 设备的表现

（1）中央计算机工作站上要明显地显示设置为该模式的车站名称，如字体或颜色闪烁等，以便进行监控。

（2）设置了该模式的车站计算机应在显著的位置，用明确的文字或符号显示所设置的模式，并用明确的文字或符号显示车站内的哪些设备已进入该模式。

（3）在收到车站计算机下达的命令后，车站终端设备按模式要求进入相应的状态，按模式要求对车票进行处理。

2. 对车票的处理

设置此模式的出站检票机不检查车票的余值，但检查车票的其他信息，如车票的进站码、时间、日期等，储值票扣最低票价，乘次票扣一个乘次，轨道交通专用票回收。

四、车票的使用范围与管理流程

（一）车票的使用范围

在城市轨道交通系统中，所使用的车票种类较多。可回收类的车票包括单程票、福利票和出站票；非可回收类的车票包括纪念票、储值票、员工卡和车站工作票等；此外，还有应急纸票。表 5－1 中列出了车票的类别及其使用方法。如图 5－2 所示为北京地铁早期使用的纸质车票。

表 5－1　车票的类别及其使用方法

类别	票种	介质	提供单位	使用方法	备注
可回收车票	单程票	非接触式IC卡	ACC	进站刷卡，出站回收	当日一次乘车使用
	福利票				适用于持可免票证件的乘客在半自动售/补票设备换取的车票，使用方式同单程票
	出站票			出站回收	用于乘客在付费区补票出站，仅限发售出站票的车站当日出站时使用
非可回收车票	定值纪念票			进站刷卡，出站经回收、扣费后原处退还给乘客	已限定票值总额，在有效期内，每次一人使用有效
	车站工作票			进、出站均刷卡	由车站工作人员持有，仅限指定车站使用，不检查进出站次序
	其他预留票种			—	带行李单程票、往返票、一日票、区段票、计次纪念票、定期纪念票、员工票、储值票
	普通储值卡		一卡通公司	进、出站均刷卡	（1）有效期内限单人使用，收取押金、可充值 （2）异形卡的使用方法相同，以一卡通公司提供的样式为准
	学生卡				
	纪念卡				
	员工卡				只限系统内部员工使用，每次扣除次数一次
	其他预留卡种		—	—	定期卡、计次卡等
应急纸票	单程票	纸质车票	运营企业	进站经人工检票、出站无须验票	根据 ACC 相关规定，满足应急启动条件时使用

图 5－2　北京地铁早期使用的纸质车票

（二）车票管理流程

车票的管理流程如图 5－3 所示。

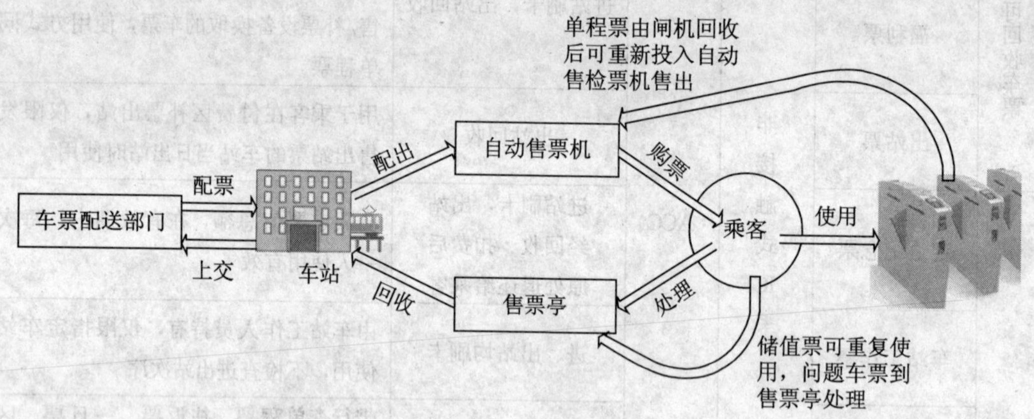

图 5－3　车票管理流程

（三）车票管理工作要点

1. 车票的安全管理规定

为了保证车票的安全，原则上车票只能存放于专门的安全管理区域，主要包括点钞室（通常设置在车站设备区内，专门用于保管车站现金、车票及结算票款的工作间）、售票亭、临时售票亭、自动售票机、半自动售票机、出站闸机以及车票回收箱等。

车站需根据车票的性质、票种在点钞室内划分区域，对车票实行分类存放，建立专门的台账，对车票的分类存放、配发、回收等流通情况进行记录，并定期安排专人对各类车票进行全面盘点，以确保台账的记录情况与实际清点情况相符。点钞室内存放车票的票柜、保险柜在无人值班时应处于锁闭状态。票务员在售票亭处理车票时，应将车票放在乘客接触不到的地方，尤其存放于临时售票亭的车票必须做好防盗工作。

2. 车票的交接要求

为了保证车票在各岗位之间交接过程中的安全，车站在进行车票交接时，需建立车票

的交接凭证和统计台账，交接人员依据交接凭证办理交接手续，并做好书面交接记录，详细记录交接车票的种类、数量、状态、信息等。若交接时发现车票数量或信息有误，则交接双方需及时核查更正。对于不能及时查明原因的，应按实际数量进行签收，车站在交接记录本上记录相关情况，并将情况立即报告上级组织调查。

3. 车票的加封

为了避免车票零散存放而导致遗失、混淆和重复劳动等问题，车票在经相关工作人员清点并确认数量后，可按一定数量进行加封保管，以保证车票保管的安全、准确。

用扎把带直接加封的车票主要是一些票面面积较大、便于用扎把带缠绕的车票，如纸票等。加封时，将扎把带十字形缠绕过车票，将车票固定在十字形内，用胶水将扎把带末端粘贴住，并在粘贴封口骑缝处加盖加封人员私章，以达到扎把带一经破封无法复原的目的。如图 5-4 所示。

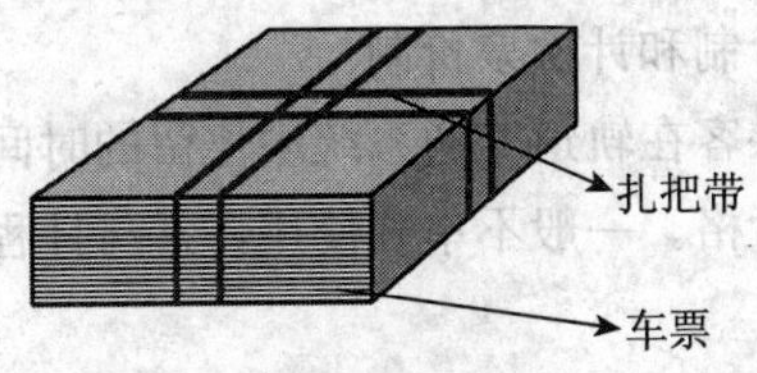

图 5-4　车票的加封

加封时，需在扎把带空白处注明加封内容（加封内容指车票类型、票种、数量、金额等，预制票尚需注明售出期限）、加封车站和加封日期。

用信封加封时，把车票放入信封后，将信封口封住，再用扎把带将信封背面的接缝处封住，在信封的正面注明加封内容、加封车站、加封人和加封日期，并在信封背面扎把带骑缝处加盖加封人员私章。

五、票款管理

(一) 票价策略与计价方式

目前，在城市轨道交通行业采用的票价制式主要有基本 票价制和辅助票价制。

1. 基本票价制

(1) 基本票价制主要有单一票价制和计程票价制。

单一票价制是指不论乘客乘坐里程长短或站点数多少都实行一种价格的票价制度。

(2) 计程票价制又分为按区间分段计价和按里程分段计价两种。

①按区间分段计价是指按乘客乘坐的车站区间数量实行多级票价，根据设定的基本起步价、起价区间、每个计价段所包含的区间数、每一计价段价格等进行票价的计算。

②按里程分段计价是指按乘客乘坐的运营里程长短实行多级票价，根据设定的基本起步价、起价里程、每个计价段所包含的里程数、每一计价段价格等进行票价的计算。

表 5-2 列出了单一票价制和计程票价制的优缺点比较。

表 5-2 单一票价制和计程票价制的优缺点比较

	单一票价制	计程票价制	
		按区间分段计价	按里程分段计价
优点	易于管理和操作，服务人员相对较少	考虑了长、短途客流的需求。票价相对合理，乘客可根据乘坐的区间数计算票价	充分考虑了长、短途客流的不同需求，按乘坐里程与票价的关系制定合理的票价，适用于站间距有较大差异的线网
缺点	长、短途客流费用支出不合理，无法充分体现企业的经济效益	不适用于站间距有较大差异的线网	管理难度较大，对自动售检票系统提出更高要求

2. 辅助票价制

辅助票制主要有计时票价制和计次票价制。

(1) 计时票价制是按照乘客在轨道交通系统中停留的时间计费的票价制，可用来在不同的时间段实习不同的收费价格。一般不单独使用，常与计程票价制结合起来用，即计程计时票价制。

(2) 计次票价制是按照乘客通过轨道交通验票口的次数计费的票价制，一般不单独使用，常与计时票价制结合起来用，即计次计时票价制。

如图 5-5 所示为城市轨道交通票价制式。

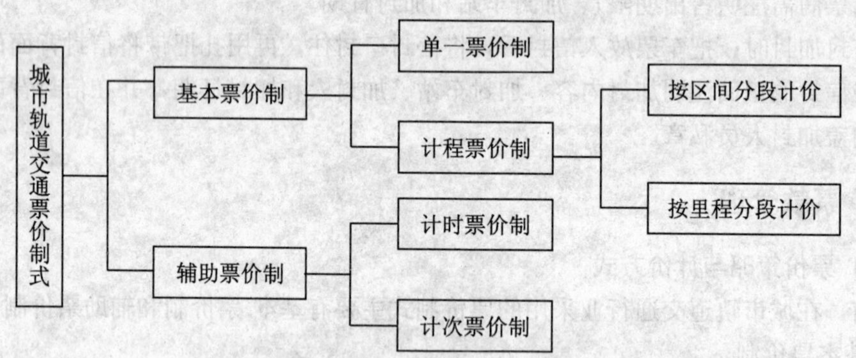

图 5-5 城市轨道交通票价制式

(二) 票价制定的考虑因素

票价制定需要考虑如下因素。

(1) 轨道交通特点。

(2) 乘客出行距离差异。

(3) 轨道交通线路长度。

(4) 城市交通其他交通方式的票价水平。

(5) 城市公交“一体化”。

(6) 城市轨道交通系统运营成本。

(7) 城市经济以展水平、市民生活水平以及乘客承受力。

(8) 政策因素、物价因素、交通费补贴政策等。

(三) 票价的制定

1. 票价的制定方法

(1) 基于运输成本的定价方法。其核心是票价必须以成本为基础，在此基础上再加上平均利润，侧重于投资的回收。

(2) 基于运输市场供需关系的定价方法。其侧重于谋取最大利润。

(3) 基于乘客出行支付能力的定价方法。其目的是为了占据客运市场，获取长期利润的增长。

基于运输成本的定价实际上是一种供给票价，而基于乘客出行支付能力的定价则是一种需求票价。

2. 票价制定程序

目前，我国城市轨道交通定价和听证程序如下。

(1) 由运营商根据需要制定票价机制和票价水平，并向市政府价格主管部门提交定价书面申请报告。

(2) 根据相关法律法规，价格主管部门对申请报告进行初步审查、核实，并对合乎听证条件的组织进行票价听证。

(3) 市政府进行定价决策时，要充分考虑听证结果，协调申请单位根据需要调整价格，必要时可以重新组织听证。

(4) 价格主管部门公布票价，并对票价执行情况进行检测和跟踪调查。

六、票务作业

一般情况下的票务作业包括：人工售票和充值，福利票换领，补票，发票、报销凭证换领，车票分析，发售出站票，单程票批处理，票卡注销，退票，行政处理，车票激活，故障票卡回收，退卡，退资，一票通票异常情况处理和一卡通卡异常情况处理等。目前，国内城市轨道交通采用的售、检票系统有人工售检票和自动售检票两种。下面将主要介绍其中的几种。

(一) 人工售票和充值作业的定义与程序

1. 人工售票和充值作业的定义

人工售票和充值指车站工作人员使用 BOM 发售单程票、一卡通卡以及为一卡通卡充值的业务。

2. 人工售票和充值作业的程序

(1) 一卡通卡发售押金为 20 元/张，同时须进行充值，最低 20 元；充值金额为 10 元的整数倍；单次充值金额不得大于 500 元；卡内余额不得大于 1000 元。

（2）作业人员应严格遵守售票和充值作业程序，不得拒收硬币及破旧能用的纸币。

（3）车站工作人员进行作业时，须使用相关设备辨别钞票真伪，当发现假钞或无法确认真伪的钞票时，应立即将钱币退予乘客更换。

（4）车站售票人员换岗前，应将全部单程票售出，未售出的车票须进行注销。

（二）福利票换领作业的定义与程序

1. 福利票换领作业的定义

福利票换领指车站工作人员使用 BOM 为符合免费乘车条件的乘客发放福利票的业务。

2. 福利票换领作业的程序

（1）根据北京市政府相关规定，离休干部持《离休证》、残疾军人持《残疾军人证》、伤残人民警察持《伤残人民警察证》、现役士兵（含武警士兵）持《士兵证》可免费乘坐地铁，盲人持《残疾证》及其一名陪同人员可免费乘坐地铁。以上人员可持证换领福利票，其他可换领福利票的人员及所持证件以票务收益室通知为准。

（2）在为乘客换领福利票时，车站工作人员须遵守下列规定：①核对乘客所持有的免费证件是否有效；②如实填写《福利票换领记录》；③如遇持《残疾证》（视力残疾）的盲人乘客，须向其一名陪同人员发放福利票。

（3）车站售票人员换岗时，不得留有已发行但未向乘客发放的福利票。

（三）补票作业的定义与程序

1. 补票作业的定义

补票指当乘客由于票卡超时、进出站次序错误等原因无法正常进站或出站时，车站工作人员使用 BOM 对票卡进行补齐记录、扣费等处理，使之能够正常使用的业务。

2. 补票作业的程序

（1）车站工作人员在进行补票前，须确认所用 BOM 的费区设置是否正确。

（2）车站工作人员不得随意修改补票费用。

（四）发票、报销凭证换领作业的定义与程序

1. 发票、报销凭证换领作业的定义

发票、报销凭证换领指车站工作人员为购票或充值后有报销需求的乘客发放一卡通发票与一票通报销凭证的业务。

2. 发票、报销凭证换领作业的程序

（1）车站工作人员须凭乘客出具的储值卡（一卡通）售卡、充值机打印单据向乘客发放发票或报销凭证。

（2）车站工作人员根据售卡、充值金额如实开具发票，不得虚开发票，在交给乘客发票的同时在机打水单上注明“已开发票”。

（3）车站工作人员应妥善保管储值卡（一卡通）发票存根。

（五）单程票批处理作业的定义与程序

1. 单程票批处理作业的定义

单程票批处理指为应对大量购票乘客集中到达或其他特殊情况，车站工作人员使用

BOM 提前批量发售单程票的业务。

2. 单程票批处理作业的程序

(1) 车站工作人员进行一次批处理的单程票数量不得超过 20 张。

(2) 在车站售票人员换岗前，应将全部批处理单程票售出，未售出的车票须进行注销。

(3) 车站工作人员应根据需要进行单程票批处理，避免车票发售过多。

(4) 在一般情况下，不允许批处理福利票。

(六) 票卡注销作业的定义与程序

1. 票卡注销作业的定义

票卡注销指车站或票务收益室工作人员使用 BOM 或 E/S 对已发行或预赋值但未售出的单程票或预赋值单程票进行注销的业务。

2. 票卡注销作业的程序

(1) 单程票注销须于当日在发行该车票的 BOM 上进行。

(2) 预赋值单程票注销须于规定时间内在发行该车票的 E/S 上进行。

(3) 当出现下列情形之一时，允许进行注销业务：①操作失误导致错误发售的单程票；②当日本岗进行批处理业务后未售出的单程票；③未能在预定日期内售卖完毕的预赋值单程票。

(4) 对于已向乘客售出的车票，不允许进行注销。

七、现金的管理

(一) 现金的管理流程

现金的管理流程如图 5-6 所示。

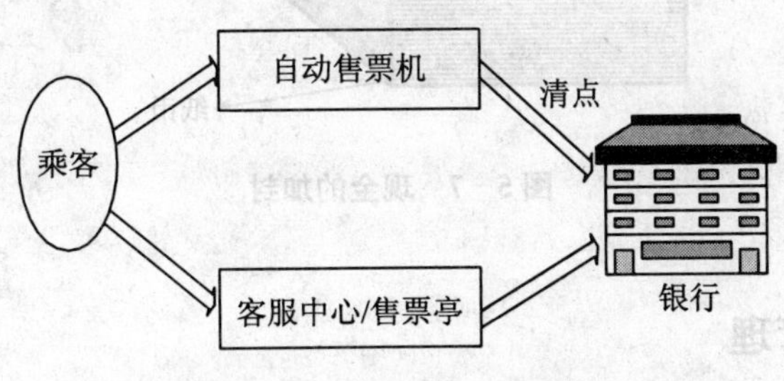

图 5-6　现金的管理流程

(二) 现金的安全管理规定

票务收益室、客服中心应设有防盗门，并随时保持锁闭状态，门钥匙由专人保管及使用。

室内应配置监视设备，能对所有现金操作环节进行实时监视和实时录像，并留存一定时间段的录像可供回放查看。

除车站当班票务工作人员及其他指定票务工作人员外，其他人员不得随意进入票务收益室、客服中心。当确需进入时，必须得到当班值班站长或以上级别人员的许可，并由当班值班员陪同方可进入。

车站需设立台账，记录批准人员和进入人员姓名、进入原因、进入时间以及离开时间等，当班值班员离开点钞室或站务员离开票务处时，票务收益室、客服中心内所有人员必须随同离开，不得逗留。

除现金交接、钱箱清点之外，其他时间票务收益室内的所有现金只能保管在保险柜、补币箱、待清点钱箱或已锁闭的尾箱内，站务员在处理现金时，应将现金放在乘客接触不到的地方。

(三) 现金的交接

为了保证备用金、票款在各岗位之间交接过程中的安全，车站在进行备用金、票款交接时，需建立交接凭证和统计台账，交接人员依据交接凭证办理交接手续，并做好书面交接记录。若交接时发现实点金额与交接凭证有误，则交接双方需及时核查更正。对于不能及时查明原因的，应按实点金额进行签收，车站在交接记录本上记录相关情况，并将情况立即报告上级组织调查。

(四) 现金的加封

为了保证车站现金管理的安全、有序，车站现金应加封进行保管，可用扎把带直接加封，或将现金装进钱袋、信封后，用扎把带加封钱袋、信封的方式进行加封，如图 5-7 所示。

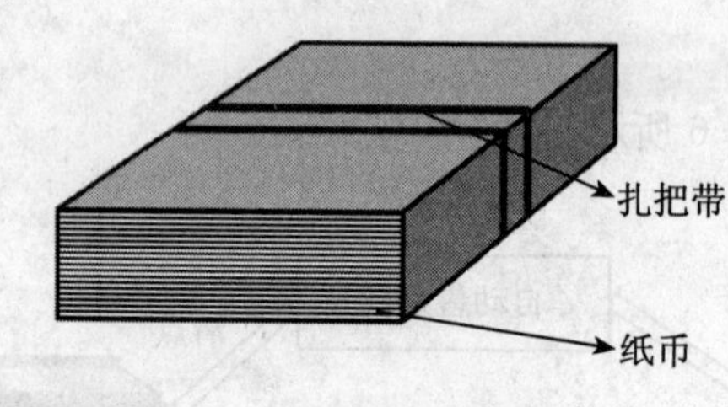

图 5-7 现金的加封

八、票款清分管理

(一) 清分概念

清分又叫清算，指自动售检票系统清算管理中心（aum fare collection clearing center，ACC）按照一定的清分规则，将合法交易数据对应的资金（即清分对象）在各利益相关方之间进行分配，并将清分的结果详细列示出来。具体来说，就是把服务接受者（包括乘客、票卡等运营对象和收益，是利益的贡献者，即系统的清分对象）所上缴的全部收益，按照各服务提供者（包括车、站、线、运营分部等运营实体，是利益的分配者，即利益的分配主体）的贡献进行有效的利益分配。

简单地说，轨道交通票务清分的实质就是依据一定的原则，计算并分配轨道线网中各运营实体的贡献。

(二) 清分对象

广义的清分对象包括 ACC 根据清分规则处理的所有数据，包括票款收入、票卡制作成本等各种类别。狭义的清分对象是指城市轨道交通票款收入所划拨给各线路运营主体那一部分运费总和，包括可能产生的运费损失。

(三) 清分方法

在清分处理中，可以根据起、止站预定的换乘路径进行清分，也可以根据积累的换乘规律和算法进行。

1. 无标记换乘的清分

在路网中，乘客从进站到达出站，经过的路径和运营线路有多种选择。由于路径的不确定性，清分时可以采用路径算法、数理统计算法或者模糊算法等，确定各运营线路的票款收益。

2. 有标记换乘的清分

乘客在换乘时，记录了乘客的进站交易数据、出站交易数据和路径数据。在自动售检票系统中，可以获得换乘交易的一条完整的路径数据。根据路径数据，清分系统能够精确地清分各运营线路的收益，但在换乘站必须在车票上留有换乘标志信息，并经过车站计算机上传给有关系统集中处理。

天津市轨道交通票务规定（津滨轻轨实施细则）

前言

为了加强津滨轻轨交通运营工作管理，根据《天津市轨道交通票务管理规定》，特制定《天津市轻轨交通票务规定（津滨轻轨实施细则）》。

第一章　释义

“车票”由津滨轻轨或经津滨轻轨授权代理人发出，供乘客在轻轨车站乘搭列车用途的各种形式的磁卡、IC卡或代票券。

“押金”津滨轻轨向购买IC卡储值票的乘客收取的车票低押金。

“付费区”津滨轻轨在轻轨车站范围，设有闸机或栏障供已付车费乘客进入使用的区域。

“车票余额”IC卡储值票中，不包含押金在内的乘客实际可使用的金额。

“最低票价”乘客所使用车票种类的起步票价。

“最高单程票价”乘坐轻轨的全程票价。

第二章　票价政策

第一条　津滨轻轨计程票价按照市物价部门批准的人公里运价率为0.13元实施。起步票价为2元，递增票价为1元，中山门站至东海路站全程票价为6元。

第二条　津滨轻轨AFC系统票价矩阵图。

第三章　车票类型

第三条　车票类型：津滨轻轨AFC系统使用磁卡票和IC卡票两种类型的车票。

第四条　车票种类。

（一）普通磁卡单程票

由津滨轻轨发售的用于单次乘坐轻轨的车票，普通磁卡单程票适用于所有乘客，出站时由闸机回收。

（二）出站票

用于乘客补票出站时的车票，该车票只用于乘客使用车票在入站后丢失或损坏，在付费区所补车票。仅限发售出站票的车站当日出站时使用，出站时由闸机回收。

（三）普通IC卡储值票

普通IC卡储值票适用于所有乘客。该储值票为循环使用车票，可在轻轨车站内进行购买、充值、退卡、问题票处理等。

（四）磁卡免费票

伤残军人可凭有效《中华人民共和国残疾军人证》申请磁卡免费票免费乘坐轻轨，此票出站时由闸机回收。

（五）磁卡纪念票

由津滨轻轨不定期发售的供所有乘客使用的磁卡纪念车票，此票须在规定的有效期内使用，出站时不回收。

（六）IC卡纪念票

由津滨轻轨不定期发售的供所有乘客使用的IC卡纪念车票，此票须在规定的有效期内使用，乘客购买此卡后，所属权归乘客，不断退卡，余额为零后不可再乘车使用，不可充值。

（七）会员IC卡储值票

此票适用于与津滨轻轨签订相关协议的企事业单位员工，此票可循环使用。购买会员IC卡储值票须携带本人相关证件。

（八）员工及外委承包商车票

此票为IC卡票，适用于津滨轻轨全体员工及外委承包商的员工，可循环使用。

（九）访客VIP车票

此票为IC卡票，由津滨轻轨接待部门申请，适用于国家政府机关、有关专家乘轻轨视察、指导我公司工作的相关人员、媒体、合作商等外界与我公司临时来往的相关人员，使用后由申请部门统一收回交保管部门，可循环使用。

（十）测试票

用于对 AFC 设备进行维修诊断的特殊车票，只能在设备处于维修模式时使用。

（十一）老年票

60 岁及以上老年人可凭《天津市老年人优待证》在轻轨各站办理老年票，使用时须与《天津市老年人优待证》同时使用。60～70 岁的老年人使用老年票可享受 8 折优惠，70 岁以上的老年人使用老年票可享受 7 折扣费优惠。

（十二）其他车票种类

津滨轻轨有权根据实际运营的需求设置新的车票种类，并报轨道交通主管部门务案。

第四章　车票使用规定

第五条　一般使用规定

（一）乘客持 IC 卡储值票在轻轨同一车站进出时，系统将以最低票价自动扣除车费。

（二）所有乘客（享受免费的乘客除外）乘坐津滨轻轨时必须交付车费，凭有值、有效车票通过入闸机进入付费区乘车，并凭同一张车票出闸。

（三）乘客持普通磁卡单程票乘车，没有到达目的地车站而在其他车站提前下车时，实际发生的乘车费用与普通磁卡单程票票价的差额部分将不予退返，出站时闸机回收车票。

（四）普通磁卡单程票只限在发出当日、当站使用，限乘单程一次，出站时车票由闸机回收。

（五）由于乘客自身原因造成磁卡单程票损坏或磁卡单程票信息无法读取的，须交纳车票工本费 2 元，然后按照距本站最高单程票价补票后，给予出站票出站。

（六）车票售出后概不退换。乘客需要报销凭证，可凭车票在车站客服中心领取。纪念车票须在本公司规定的有效期内使用，出站时纪念车票由闸机退还乘客。

（七）为确定乘客有使用特殊车票的资格证明，津滨轻轨工作人员可要求乘客提供有效的身份证明文件及资格证明文件。对拒不出示有效证件或不具备持票资格者，按无票乘车处理。

（八）乘客持有车票在规定的有效期内乘车，非乘客自身原因造成车票损坏或车票信息无法读取的，须到车站客服中心办理有关手续后给予出站。

（九）办理 IC 卡储值票时，乘客须缴纳 10 元押金。购卡 7 天之内，津滨轻轨将不予办理退卡手续。当 IC 卡储值票内余额小于一次交易额时，乘客可以继续使用，但当乘客下次使用前需再次充值，差额会在充值额中扣减。

（十）乘客办理 IC 卡储值票退卡手续时，需在补交 IC 卡储值票内欠费后，领取押金。由于乘客自身原因造成 IC 卡储值票已损坏不能使用，则不予退还押金。乘客退卡时卡内余额大于 10 元时，津滨轻轨将收取余额的 10%作手续费。

（十一）津滨轻轨对 IC 卡储值票的数据记录，将作为所有 IC 卡储值票的押金及余值的最终确认，但有明显错误除外。

（十二）IC 卡储值票有效期 12 个月。每次乘车车费在出闸时补自动扣除，车费余值以 AFC 系统记录为准。如 IC 卡储值票超过有效期，乘客需到车站售票处办理有关手续。乘客一经使用IC卡储值票通过车站闸机进入津滨轻轨车站付费区域即须依法缴付相应车费。

（十三）所有乘客，在列车到达目的地车站后必须全部下车，并迅速通过闸机离开付费区域。

（十四）乘客购票时须当面点清车票及找零，过后概不负责。

（十五）税额使用车票发生问题或纠纷时，按《天津市轨道交通管理规定》执行。

第六条　车票有效期

（一）单程票在售出站当日乘车有效（当日指售出运营日）。

（二）纪念票须在规定的有效期内使用，过期不再予以办理更新或退款。

第七条　免费乘车规定

伤残军人凭有效《中华人民共和国残疾军人证》申请磁卡免费票免费乘坐轻轨，磁卡免费票须与《中华人民共和国残疾军人证》同时使用，出站时由闸机回收。

第八条　车票优惠

（一）IC卡储值票可享受由津滨轻轨制定的IC卡储值票相关优惠。

（二）会员IC卡储值票可享受由津滨轻轨制定的会员IC卡储值票相关优惠。

（三）一名成年乘客可以免费携带一名身高不足1.1米的儿童乘车，超过一名则按超过人数购买同程车票。

（四）津滨轻轨会不定期的推出车票优惠活动，在活动时间、活动地点内的优惠活动受津滨轻轨所公布的活动条款的限制，津滨轻轨有权修改、撤销优惠活动，并提前告知乘客（详情参阅轻轨车站客服中心张贴的活动公告）。

第九条　超时、超程补票规定

（一）超时乘车

所有乘客进入已付费区后，须在入闸后的90分钟内完成车程。未能于90分钟内离开已付费区域，须按最高单程票价补交超时车费。在乘客按最高单程票价补交超时车费后，发出出站票或对乘客持有的车票进行数据更新（因津滨轻轨原因导致的超时情况除外）。

（二）超程乘车

乘客所使用的车票，不足以支付所到达车站的实际车费时，须补交超程车费。在乘客补交超程车费，发出出站票或对乘客持有的车票进行数据更新（因津滨轻轨原因导致的超时情况除外）。

（三）超时、超程乘车

乘客乘坐一个车程既超时又超程，须按最高单程票价补交车费。在乘客按最高单程票价补交超时车费后，发出出站票或对乘客持有的车票进行数据更新（因津滨轻轨原因导致的超时、超程情况除外）。

第十条　过期IC卡储值票的数据更新及失效时限

IC卡储值票连续超过一年未曾使用，须到轻轨车站免费进行数据更新，更新后方可继续使用。

第十一条　车票遗失规定

（一）津滨轻轨发售的IC卡储值票为不记名车票，乘客遗失车票，不予办理挂失手续，押金将不予退还。办理新卡时，乘客需重新交纳押金。乘客在付费区内遗失普通IC卡储值车票，须到车站客服中心按距本站最高单程票价补票后给予出站。

（二）乘客在付费区内遗失磁卡免费票，须到车站客服中心凭有效证件申明，交车票制作工本费2元后给予出站。

（三）乘客在付费区内遗失磁卡单程票，须到客服中心交车票制作工本费2元，然后按距本站最高单程票价补票后给予出站。

（四）乘客在付费区内遗失磁卡纪念票或IC卡纪念票，须到车站客服中心按距本站最高单程票价补票后给予出站。

第十二条　车票充值规定

（一）IC卡储值票余值最大金额为1000元人民币，不包含押金在内。

（二）充值金额为10元的整数倍，使用自动充值机时充值金额为50元整数倍。

第十三条　IC卡储值票无进、出站记录的规定

（一）IC卡储值票无进站记录时，须到车站中心按距本站最高单程标价更新后给予出站。

（二）IC卡储值票无出站记录时，不能乘坐轻轨，须到轻轨车站客服中心将本站作为上次乘车的出站进行扣费更新，更新后方可使用。

第十四　条车票所有权规定

津滨轻轨发行的所有车票（纪念票除外）皆属于津滨轻轨财产，任何人拾获车票或经津滨轻轨要求须归还津滨轻轨。

第五章　乘客乘车规定

第十五条　乘客携带重量20～30千克或体积0.06～0.15立方米的物品时，须购买2倍于该段票价的车票；乘客未经津滨轻轨事先许可，不得携带重量超过30千克，长、宽、高之和超过1.8米，体积大于0.15立方米的物品进站乘车。津滨轻轨有权拒绝携带大于上述重量、体积物品的乘客进站乘车。

第十六条　以下不按规定购票、用票的乘客，将按《天津市轨道交通管理规定》交有关部门进行处理。包括：

除特殊情况外，乘客未使用合法车票入闸进入付费区及未使用同一张车票出闸离开付费区。

未持有津滨轻轨有效车票（由一名购票乘客携带的1.1米以下儿童除外），使用仿造车票。

使用特惠车票却不符合该车票规定的使用条件。

第十七条　乘客乘车时，应遵守《天津市轨道交通乘客守则》。对于违反国家建设部《城市轨道交通经营管理办法》和《天津市轨道交通管理规定》的乘客，交由有关部门进行处理。

附则

第一条　本票务政策修订及更改的程序

（一）本票务政策的修订及更改依照津滨轻轨相关规定执行。

（二）票务政策在修订生效前七日，将于津滨轻轨附近区域范围内进行公布。

第二条　非普通乘客使用车票的发放与使用管理规定

（一）非普通乘客使用的车票包括会员IC卡储值票、员工及外围承包商车票、访客VIP车票。

（二）会员IC卡储值票的发放与使用管理规定、员工及外委承包商车票的发放与使用管理规定、访客VIP车票的发放与使用管理规定依据津滨轻轨相关规定执行。

第三条　本票务政策自2007年12月25日发布，自2008年1月1日实施。

轨道交通乘客守则

一、依据国家建设部《城市轨道交通运营管理办法》和《天津市轨道交通管理规定》，制定本守则。

二、凡进入轨道交通车站（含出入口、通道）人员均需遵守本守则。

三、乘客须持有效车票乘车。超站乘车的，应补交超乘部分票款。无车票或持无效车票乘车的，应按距本站最高单程票价补交票款。

四、一名成年乘客可免费带领一名身高1.1米（含1.1米）以下的儿童乘车，超过一名则按超过人数购买同程车票。

五、伤残军人凭《中华人民共和国残疾军人证》向车站申请磁卡免费票免费乘坐轨道交通，磁卡免费票须与《中华人民共和国残疾军人证》同时使用，出站时由闸机收回。

六、乘客携带重量20～30千克或体积0.06～0.15立方米的物品时，须购买2倍于该段票价的车票。凡携带重量超过30千克或长、宽、高之和超过1.8米或体积大于0.15立方米的物品，未经轨道交通运营单位同意禁止进站乘车。

七、乘客不得携带易燃、易爆、有毒、腐蚀性、放射性等危险品和宠物、充气气球以及易污损、有严重气味、无包装易碎、尖锐的物品进站乘车。

八、醉酒者、传染病患者、无监护人陪伴的精神病患者或者健康状况危及他人安全者不得进站乘车。

九、乘客须在安全线内候车：车门开启、关闭时不得触摸车门和站台安全门；乘车时应先下后上；车到终点，乘客应全部下车。

十、乘客应自觉保持车站、车厢内的清洁卫生。车站（含出入口、通道）及车厢内严禁吸烟、随地吐痰、便溺，乱吐口香糖渣，乱扔果皮、纸屑等杂物；不得踩踏躺卧车站和车厢内的坐席；严禁在车站、车厢内涂写、刻画或者擅自张贴物品；严禁向轨道交通区域内抛掷杂物垃圾。

十一、乘客不得在车站、车厢内追逐打闹，滋事斗殴；不得跳下站台进入轨道、隧道和其他具有警示标志的区域；不得在非紧急状况下动用紧急或安全设备；不得擅自操作有警示标志的按钮、开关装置。

十二、乘客应正确使用轨道交通车站内的自动扶梯、自动检票机、自动投币机及有关设施、设备。因乘客原因造成损坏的，应给予相应的经济赔偿。

十三、车站（含出入口）、车厢内不得高声喧哗、聚众演讲、娱乐（唱歌、跳舞、吹奏乐器）、卖艺、乞讨；不得在车站或车厢内销售商品、散发广告及其他营销活动。

十四、发生意外事件，乘客应保持镇静，听从车站工作人员的指挥，不得擅自打开车门强行下车。

十五、当事人因自身健康原因或故意、过失造成自身或他人伤亡事故的，由其自行承担责任。造成轨道交通运营损失以及伤害他人的，依法追究其责任。

十六、乘客应当服从车站工作人员的管理。与车站工作人员发生纠纷时，可向轨道交通运营单位反映或向市建委投诉（服务热线12319），但不得影响车站工作人员的正常工作和轨道交通的正常运营。

十七、乘客行为违反《城市轨道交通经营管理办法》和《天津市轨道交通管理规定》的，按照有关规定予以处罚。

十八、本守则自2007年6月1日起施行。

第三节　城市轨道交通站务管理

一、车站客运组织

城市轨道交通具有客流量大、以车站为集散地、线路固定的特点，主要通过合理的客运组织来完成其大容量的客运任务。车站的客运组织是客运服务工作的一个关键环节，是为乘客提供安全、快速、便捷、舒适服务的重要保障。城市轨道交通客运组织是通过合理布置客运有关设备、设施以及对客流采取有效的分流或引导措施来组织客流运送的过程。客运组织的内容包括车站售检票位置的设置、车站导向的设置、车站自动扶梯的设置、隔离栏杆等设施的设置，以及火车站广播的导向、售检票数量的配置、工作人员的配备、应急措施等。

（一）车站客运组织的原则

不管是何种形式的车站（高架、地下、地面），进站乘客的基本流线是购票→过检票机→通过楼梯上站台（侧式站台地面站一侧乘客可直接进入站台）→乘车。出站的顺序正好相反。影响客运组织的因素较多，不同类型的车站，其客运组织的内容有较大差别，中小车站的客运组织比较简单，而大车站、换乘站因客流较大、客流方向比较复杂，其客运组织也比较复杂。

城市轨道交通客运工作的特点决定客运组织应保证客流运送的安全，保持客流运送过程的畅通，尽量减少乘客出行的时间，避免拥挤，便于大客流发生时及时疏散。

为此，在进行客运组织时应特别考虑下面几个方面的原则。

(1) 合理安排售检票位置、出入口、楼梯，行人流动线简单、明确，尽量减少客流交叉、对流。

(2) 乘客换乘其他交通工具之间衔接顺畅。人流与车流的行驶路线严格分开，以保证行人的安全和车辆行驶不受干扰。

(3) 完善行人诱导系统，快速分流，减少客流集聚和过分拥挤现象。

(4) 满足换乘客流的方便性、安全性、舒适性等一些基本要求。例如，适宜的换乘步行距离、恶劣天气下的保护、气候调节、对残疾人专门设计无障碍通道、照明、开阔的视野以及突发事件应急系统等。

这些客运设计的基本要求也是评价客流交通组织合理性的重要方面。

(二) 站台客流组织方法

车站是城市轨道交通客流的集散地，一般由出入口及通道、站厅层、站台层、设备用房和管理用房和生活用房等几个部分构成，但也有些简易车站无站厅层。

城市轨道车站的规模因远期预测客流集散量不同而不同，在很大程度上取决于站台长度。因此，在进行车站设计确定站台的客流组织方法的过程中，在依照客流组织的原则下宜因地制宜，依据不同的车站形式来确定站台的客流组织方法，使行人流动线简单、明确，尽量减少客流交叉、对流。

1. 售检票位置的设置及客流导向组织

城市轨道车站的选址、规模在城市轨道交通建设时已经确定，一般不能再改变，出入口及通道宽度、站厅及站台的规模一般在建设时根据预测客流量确定，在运营管理中如何正确设置售检票的位置、合理布置付费区、进行合理的导向对客流组织起着很重要的作用。在布设时，一般要以符合运营时最大客流量、保持客流的畅通为原则，因此，一般按以下要求进行布置。

(1) 售检票位置与出入口、楼梯应保持一定距离。售检票位置一般不设置在出入口、通道内，并尽量保持与出入口、楼梯有一定的距离，从而保证出入口和楼梯的畅通。

(2) 保持售检票位置前通道宽敞。售检票位置一般选择站厅内宽敞位置设置，以便于售检票位置前客流的疏导，售检票位置应适当保持一定距离，避免排队时拥挤。

(3) 售检票位置根据出入口数量相对集中布置。因为城市轨道车站一般有多个出入口，为了减少乘客进入车站后走行的距离，一般设置多处售检票位置，但过多设置售检票位置容易造成设备使用的不平衡，降低设备使用效率，并且不利于管理，因而售检票位置应根据车站客流大小相对集中布置。

(4) 尽量避免客流的对流。客流的对流减缓了乘客出行的速度，同时也不利于车站的管理。因此，车站一般对进出客流需进行分流，进出车站检票位置分开设置，保持乘客经过出入口和售检票位置的线路不至于发生对流。

2. 换乘站

换乘站一般客流比较大，同时客流流线复杂，客流组织相对于其他车站较为复杂。换乘站根据不同的换乘方式在客流组织管理上应注意采用不同的方法，总原则是组织好换乘客流，缩短换乘路径，减少换乘客流与进出站客流的交叉、干扰。

(1) 站台直接换乘。车站一般是两条线路平行交织，而且采用岛式站台。在这种情况下，要求站台能够满足换乘高峰客流量的要求，换乘楼梯或自动扶梯应有足够的宽度，以免发生乘客滞留和拥挤。

(2) 站厅换乘。乘客在换乘过程中，须通过另一个车站的站厅或者两站共用的站厅到达另一个车站的站台。在这种情况下，下车客流朝一个方向流动，应减少站台上人流的交织。

(3) 通道换乘。在这种换乘方式下，两个车站通过设置单独的换乘通道为乘客提供换乘。通道换乘应注意上、下行客流的组织，避免双方向的换乘客流与进出站的客流的交叉、紊乱。

(4) 组合式换乘。在这种条件下，一定要确保换乘旅客客流顺畅，特别要做好客流的诱导工作。

对于不同的站台设置方式，也有不同的客流组织方式。如图 5-8 所示为某一车站站厅层的客流流线图。

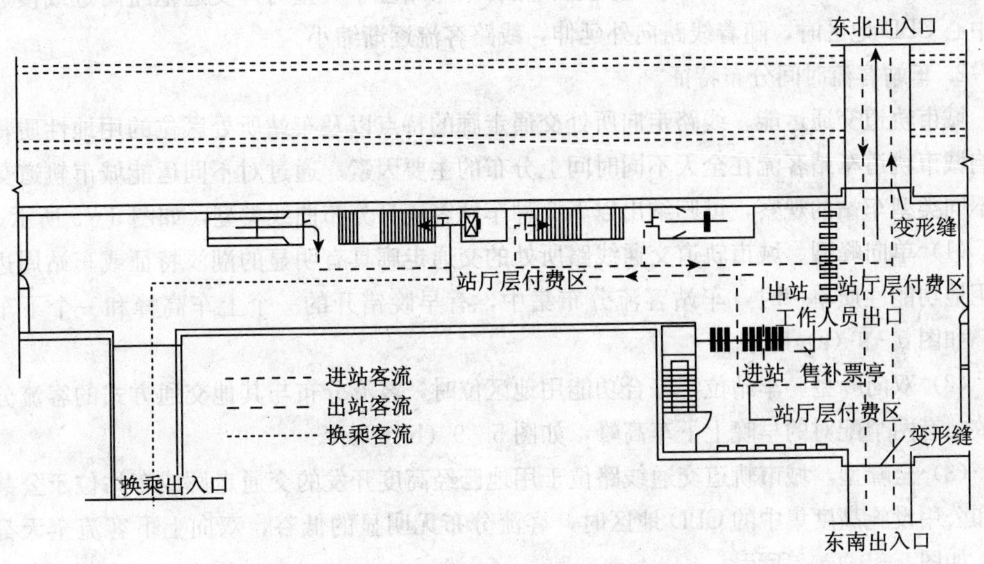

图 5-8　某一车站站厅层的客流流线图

二、突发客流的组织与调整

(一) 客流的特征

城市轨道交通客流与城市其他交通方式客流的时空分布特征基本相一致，但由于城市轨道交通的运能、线路走向及其车站的性质、规模、区位、列车到发时刻安排的不同，沿线客流的大小分布和车站客流的时间分布具有其本身的特征。其变化是城市社会经济活动和生活方式以及城市轨道交通系统本身特征的反映。影响城市轨道交通客流规模的因素有沿线土地的利用、经济发展水平、市区延伸发展的潜力、联运要求、城市管理水平、城市轨道交通的经营等。

1. 车站客流空间分布特征

城市轨道交通建设规模、线路布设形式和走向以及首末车站所处区位，是影响其沿线客流分布的主要因素。综观不同类型的城市轨道交通线路，可归纳出以下 4 种沿线客流空间分布特征。

(1) 均等型。当城市轨道交通线路呈环线布置或沿线用地以高密度开发成熟时，各车站上下车客流接近相等，沿线客流基本一致，不存在客流明显突增路段。

(2) 两端萎缩型。当城市轨道交通线路的两端延伸到还没有完全开发的城市边缘地区或郊区时，线路两端路段的客流小于中间路段的客流。

(3) 中间突增型。当城市轨道交通线路途经大型的对外交通枢纽、高密度开发地区或者车站利用常规公交线路辐射吸引范围广阔时，位于该区位车站的上下客流明显偏大，线路客流存在突增的路段。

(4) 逐渐缩小型。当城市轨道交通线路首末车站位于大型对外交通枢纽附近或接近城市中心 CBD 地区时，随着线路向外延伸，线路客流逐渐缩小。

2. 车站客流时间分布特征

城市轨道交通运能、线路走向所处交通走廊的特点以及车站所处区位的用地性质，是影响城市轨道车站客流在全天不同时间上分布的主要因素。通过对不同运能城市轨道交通中不同类型车站的观察，可归纳出以下 5 种车站客流日分布曲线类型，如图 5－9 所示。

(1) 单向峰型。城市轨道交通线路所处的交通走廊具有明显的潮汐特征或车站周边地区用地功能性质单一时，车站客流分布集中，有早晚错开的一个上车高峰和一个下车高峰，如图 5－9 (a) 所示。

(2) 双向峰型。车站位于综合功能用地区位时，客流分布与其他交通方式的客流分布一致，有两个配对的早晚上下车高峰，如图 5－9 (b) 所示。

(3) 全峰型。城市轨道交通线路位于用地已经高度开发的交通走廊或车站位于公共建筑和公用设施高度集中的 CBD 地区时，客流分布无明显的低谷，双向上下客流全天都很大，如图 5－9 (c) 所示。

(4) 突峰型。车站位于体育场、影剧院等大型公用设施附近，当演出和节目或比赛结束时，有一个持续时间较短的突变上车高峰。一段时间以后，其他部分车站可能有一个突变的下车高峰，如图 5－9 (d) 所示。

(5) 无峰型。当城市轨道交通本身的运能比较小或车站位于用地还没有完全开发的地区时，客流无明显的上下车高峰，双向上下车客流全天都较小，如图 5－9 (e) 所示。

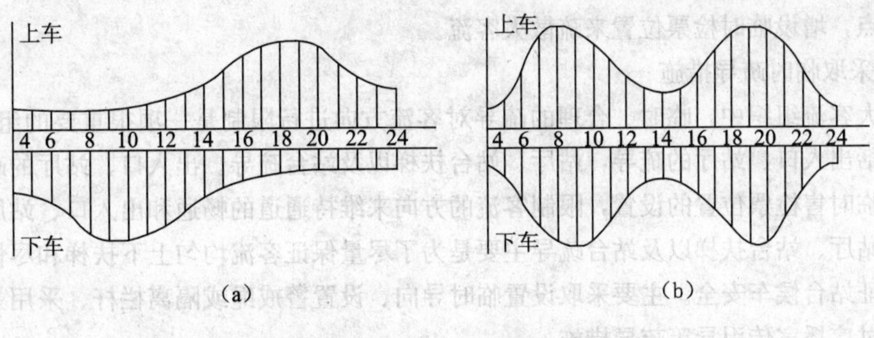

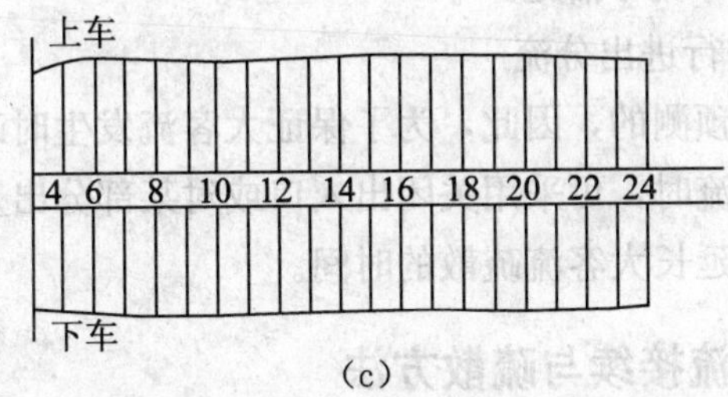

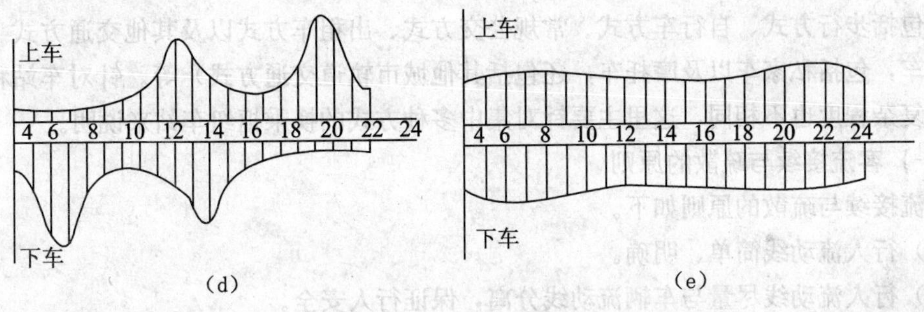

图 5-9　城市轨道车站客流时间分布特征示意图

(二) 突发客流组织与调整

突发性的大客流往往是在节假日旅游高峰期，举办重大活动（大型体育赛事、音乐会等)，风、雨、雪恶劣天气等情况下发生。大客流虽然持续时间不长，但在大客流的冲击下，往往对客流组织形成较大甚至很大的压力，城市轨道交通运营公司必须在保证疏散客流安全的前提下，尽快地疏散客流。大客流组织的主要措施包括以下几个方面。

1. 增加列车运能

根据大客流的方向，在大客流发生时，利用就近的折返线、存车线组织列车运行方案，实施增开临时列车，增加列车运能，从而保证大客流的疏散。列车的运能是大客流能否疏散的关键。

2. 增加售检票能力

售检票能力是大客流疏散的主要障碍，车站在设置售检票位置时，应考虑提供疏散大客流的通道。在大客流疏散时，可采用事先准备足够的车票，在地面、通道、站厅增加设置售票点，增设临时检票位置来疏散大客流。

3. 采取临时疏导措施

在大客流组织中，临时、合理的疏导对客流方向进行限制是一项很重要的组织措施，主要包括出入口、站厅的疏导，站厅、站台扶梯以及站台疏导。出入口、站厅的疏导主要是根据临时售检票位置的设置，限制客流的方向来维持通道的畅通和出入口、站厅客流的秩序。站厅、站台扶梯以及站台疏导主要是为了尽量保证客流均匀上下扶梯和尽快上下列车，保证站台候车安全。主要采取设置临时导向、设置警戒绳或隔离栏杆、采用人工引导以及通过广播宣传引导等疏导措施。

4. 关闭出入口或进行进出分流

大客流往往是难以预测的，因此，为了保证大客流发生时疏散客流的安全，在难以采用有效措施及时疏散客流时，可采用关闭出入口或对某部分出入口限制乘客进入车站的措施来组织一部分客流或延长大客流疏散的时间。

三、车站地区客流接续与疏散方法

车站往往是乘客出行链中的重要环节，车站地区客流可以有多种交通方式进行接续和疏散，包括步行方式、自行车方式、常规公交方式、出租车方式以及其他交通方式（主要是自备车，包括私家车以及摩托车，还包括其他城市轨道交通方式）等。针对车站种类不同，其复杂程度也不相同，这里主要针对集中多种方式的换乘枢纽车站来说明。

（一）客流接续与疏散的原则

客流接续与疏散的原则如下。

(1) 行人流动线简单、明确。

(2) 行人流动线尽量与车辆流动线分离，保证行人安全。

(3) 交通工具之间相互顺利连接。

(4) 不同换乘工具之间的冲突最低。

(5) 完善诱导系统，快速分流。

(6) 周边道路与内部道路相协调。

（二）客流接续与疏散的设计

1. 静态交通组织

静态交通组织主要是结合枢纽车站的设计和换乘客流方式，做好各类停车场地（自行车、出租车、自备车等）的规划布局，合理布置常规公交站点。

2. 行人组织

行人组织主要是提供明确的通行空间，设置良好的诱导标志，引导行人通向指定的目的地，设置齐全的无障碍人行系统。

3. 车流组织

换乘枢纽地区周边的道路交通需求不同，在周边道路数量多，而且布置复杂、交通压力大的情况下，可以对道路通行进行管制，以降低区域内的冲突点。例如，采用单行措

施，甚至可以封闭入口，将道路改为步行街。另外，常规公交汽车、电车往往是城市轨道交通客流换乘的一种重要方式，在运营调度和发车时刻安排方面可以加以调整，与城市轨道交通协调起来。

四、旅客服务系统

城市轨道交通将乘客从出发站输送到目的站，为他们提供安全、便利、舒适、快捷的乘车和候车环境。对一位乘客来说，要从车外进入到站台上车，一般遵循如下的流程：进站口→站厅层→购票→检票机→站台→乘车。针对上述流程，运营企业必须在每一个环节均为乘客提供优良的服务，使每一位乘客在从购票乘车到下车出站的全过程中都感到满意。

1. 引导乘客进站

在地铁各出入口设立明显的导向标志，方便乘客识别并根据向导标志指示进站乘车。在一些轨道交通比较发达的城市，几乎每隔 500m 即有一个明显的导向标志，便于乘客选择各出入口进站，如图 5－10 所示。

（a）上海陆家嘴一处的地铁导向标志

（b）美国纽约地铁怀特霍尔街站

图 5－10　地铁出入站的导向标志

2. 问询服务

车站的问询服务可分为有人式服务和无人式服务。车站的工作人员应向问询乘客提供服务。随着时代的发展，车站的问询服务向自助式服务方向发展，车站设置计算机查询平台，可供乘客对出行线路、票价以及各类票卡的金额等进行查询。

3. 售检票服务

目前，世界各国城市提供售检票服务的主要形式是人工发售或自动为主、人工为辅的方式，而且后者已经成为城市轨道交通售票服务的主流形式。采用自动售检票系统代替人工，可以提供更为准确的售票服务，提高服务效率和水平。根据技术制式的不同，自动售票设备主要有三种系统：磁卡自动售检票系统、接触式 IC 卡自动售检票系统以及非接触式 IC 卡自动售检票系统。

4. 组织乘降

站台应设有明显的候车安全线，提示乘客在列车未进站停稳、车门未完全打开之前不要越过安全线，以防发生意外事件。另外，车站还提供广播，为乘客预报下次进站列车的方向，已经有两种新的方法正在使用，一种是自动广播系统，当后续列车驶入接近区段时，广播系统自动工作；另一种为在站台设置同位显示器，向乘客预告列车运行情况以及还需几分钟到站。

5. 出站验票

乘客到达目的站后，持票卡验票出站，车站应有各类导向标志，引导乘客从所需的出入口出站。对所购票卡票款不足的乘客，车站应提供补票服务。

五、列车开行计划

列车开行计划由全日行车计划、列车开行方案、列车运行图和车辆配备、运用与检修计划组成。

1. 全日行车计划

全日行车计划是指在营运时间内每个小时开行的列车计划，其编制的主要依据有营业时间计划、全日分时最大客流断面分布、列车运载能力以及设计满载率等。

(1) 计算分时开行列车数。

$$n_i = \frac{p_{\max,i}}{c_p \times \beta}$$

式中，n_i 为某小时 i 内应开行的列车数；$p_{\max,i}$为该小时最大客流断面旅客数量；c_p 为列车的设计载客能力，即列车编组数与车辆定员数的乘积；β 为列车满载率，一般可取0.75～0.9。

(2) 计算分时发车间隔。

$$I_i = \frac{3600}{n_i}$$

式中，I_i 为某小时 i 内的发车间隔。

(3) 最终确定全日行车计划。

一般地，为了保证轨道交通的客运服务水平，发车间隔在非高峰运营时间的9：00—21：00不宜大于 6min，在其他非高峰运营时间不宜大于 10min。

2. 列车开行方案

列车开行方案包括列车编组方案、列车交路方案和列车停站方案三部分。列车编组方案规定了列车是固定编组还是非固定编组，以及列车的编组车辆数；列车交路方案规定了列车的运行区段和折返车站；列车停站方案规定了列车是站站停还是非站站停，以及非站站停车的方式。

(1) 列车编组方案。列车编组方案主要有以下几种形式。

①大编组方案，指在运营时间内列车编组车辆数固定且相对较多。

②小编组方案，指在运营时间内列车编组车数固定且相对较少。

③大小编组方案，指在运营时间内列车编组车数不固定。大小编组有两种情形，一种

是在客流非高峰时段编组车辆数相对较少，在高峰时段编组车辆数相对较多；另一种是在全日运营时间内采用大小编组。

在进行列车编组方案选择时，通常需要考虑客流需求、服务水平、车辆运用经济性和运营组织复杂性等因素。

（2）列车交路方案。列车交路可分为长交路、短交路及混合交路三种类型，如图5-11所示。长交路是指列车在全线各站间运行，为全线提供运输服务，列车到达折返线（站）后返回。短交路是指列车在某一区段内运行，在指定站折返，它可为某一段旅客提供服务。混合交路则指线路上长短交路并存的情形，也叫长短交路。

①符合客流的空间分布特征是列车交路方案选用的前提条件或必要条件。

②行车条件决定了列车交路计划实现的可能性。

③客运组织是列车交路确定的必要条件。

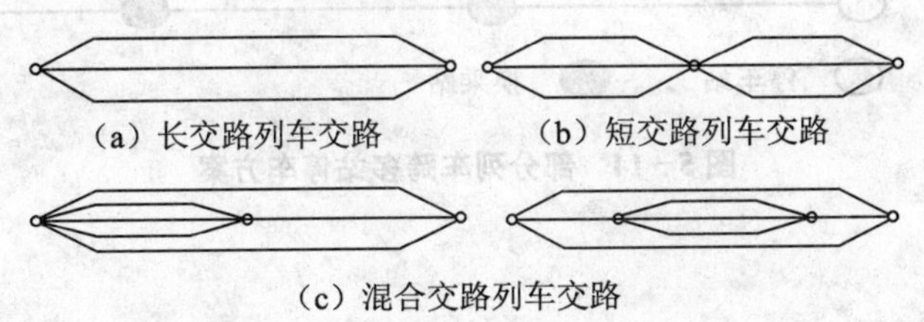

图5-11　不同类型的列车交路

（3）列车停站方案。通常城市轨道交通的列车运行采用站站停车的方式。从优化列车运行组织，提高列车旅行速度，节约乘客出行时间出发，根据具体线路的客流特点，也可采取一些非站站停车的列车运行方案。可采取的非站站停车方案主要有以下三种。

①区段停车。区段停车在长短交路情况下采用，长交路列车在短交路区段外每站停车，但在短交路区段内部不停车通过；而短交路列车则在短交路区段内每站停车，短交路列车的中间折返站同时又是乘客换乘站。如图5-12所示。

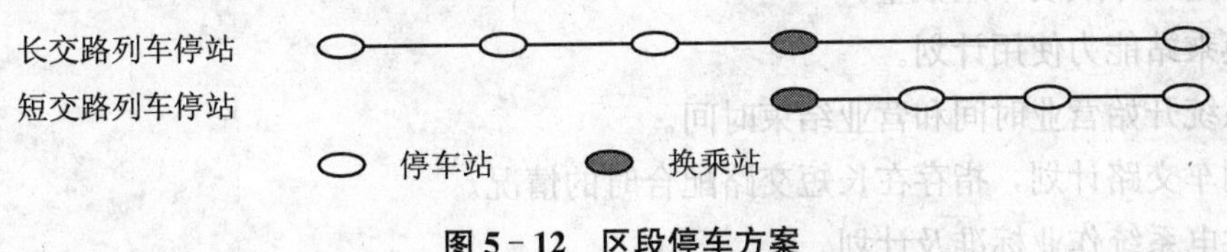

图5-12　区段停车方案

②跨站停车。跨站停车是在长交路的情况下采用的停车方式。A类列车在甲、丙类车站停车，在乙类车站通过；B类列车在乙、丙类车站停车，在甲类车站通过。如图5-13所示。

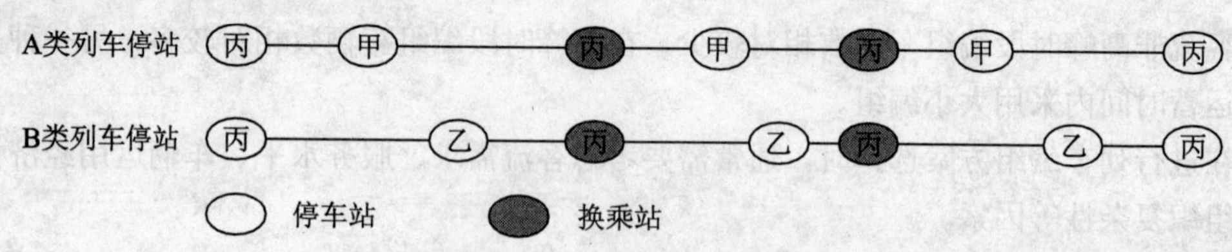

图 5－13　跨站停车方案

③部分列车跨多站停车。部分列车跨多站停车是指线路上开行两类长交路列车，即普速列车（站站停车）和快速类车（跨多站停车）。快速列车只在线路上的主要客流集散站停车。如图 5－14 所示。

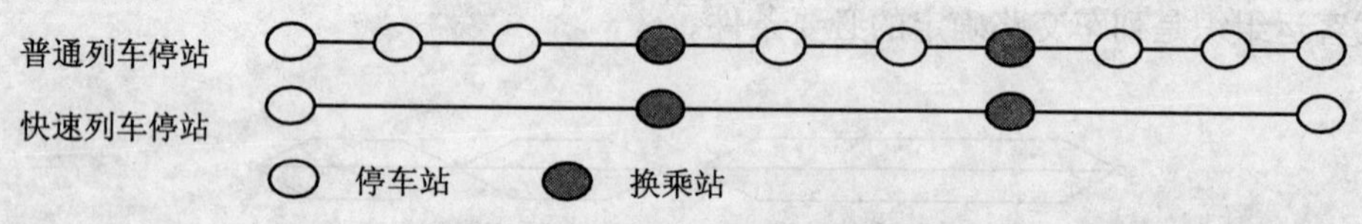

图 5－14　部分列车跨多站停车方案

3. 列车运行图

列车运行图又称时距图。

（1）准备工作。需要以下基本的技术数据或资料。

①全线各区段分时班次计划。

②最小列车运行间隔

③各区间列车运行时间。

④各站列车停站时间。

⑤列车在折返站/折返线上的折返及停留时间。

⑥列车出入车辆段的时间标准。

⑦可用列车或动车组数量。

⑧换乘站能力使用计划。

⑨系统开始营业时间和营业结束时间。

⑩列车交路计划，指存在长短交路配合时的情况。

⑪供电系统作业标准及计划。

⑫乘务组工作制度、乘务组数量及工作时间标准。

⑬过去的运行绩效统计。

⑭沿线设备运用及进路冲突数据。

（2）运行图的基本类型。列车运行图是一种二维图，其横轴是时间，一般可根据其刻度仔细程度分为一分格运行图、二分格运行图和十分格运行图；其纵轴是距离标志。

按线路方向又可分为单线运行图和双线运行图。

(3) 运行图的铺画。在铺画列车运行图的过程中，一般可遵循下列步骤。

①选定铺画运行图的图纸类型。

②根据车站间距在运行图上确定各站的位置，并予以标出。

③在一分格或二分格运行图上精确地铺画每一条运行线。

④铺画运行线要严格按站间运行时间和车站停留时间来推算，每条运行线从列车出库/始发站开始，铺画到折返站，经过一定的折返时间再返回始发站。

⑤当出现某些冲突或不满足某些条件时，需要调整某一条甚至某些运行线。

⑥重复上述过程，直到所有运行线均铺画完毕，并得到符合标准的运行图。

铺画运行图时要注意下列事项。

①列车间的追踪间隔时间必须符合规定的时间标准。

②必须严格遵守列车在所有车站的停留时间标准

③必须严格遵守列车在所有区间的运行时间标准。

④要严格遵守列车在折返线、出入库时间标准。

⑤要检查各时间段内的列车开行班次是否符合班次计划。

铺画出初步的列车运行图方案后，一般要在以下几个方面进行进一步的检查，以确定其可用性。

①运行图实施所需的列车或动车组数量。

②乘务工作方案是否超过规定标准。

③在岛式换乘车站上，要检查车站列车到达的均衡性，避免列车集中到达造成拥挤。

④需要铺设调试列车时，一般应安排在低谷客流量较低时进行。

(4) 运行指标的计算。这些指标一般包括以下几个方面。

①全日开行总列车数量。

②全线运行所需要的列车或动车组数量，可根据运行线周转来统计。

③旅客输送能力。

④全日列车走行公里。

⑤动车组日均走行公里。

⑥动车组全周转时间。

⑦技术速度，指不包含停站时间在内的列车在站间平均运行速度。

⑧旅游速度，指列车从始发站发出到抵达折返站时的平均运行速度。

4. 车辆配备、运用与检修计划

车辆配备计划指为完成全线全日行车计划所需要的车辆保有数量计划。车辆保有数计划包括运用车辆数、在修车辆数和备用车辆数三部分。

(1) 运用车辆数。运用车辆数是指为了完成日常运输任务所必须配备的技术状态良好的可用车辆数量。

$$N=\frac{n_{高峰}\theta_{列}\ m}{60}\ （辆）$$

式中：$n_{高峰}$为高峰小时开行的列车对数；$\theta_{列}$ 为列车周转时间；m 为平均每列车编成车辆数。

考虑到地铁车辆有时是以动车组形式编组，此时动车组可用下式计算：

$$N=\frac{n_{高峰}\theta_{列}L}{60}\text{（组）}$$

式中，L 为每列车内动车组组数。

列车周转时间是指列车在线路上往返一次所消耗的全部时间。它包括列车在区间运行时间，列车在中间站停留时间以及列车在折返站作业停留时间，可用下式计算：

$$\theta_{列}=\sum t_{运}+\sum t_{站}+\sum t_{折停}\text{（min）}$$

式中，$\sum t_{运}$ 为列车在线路上往返一次各区间运行时间之和；

$\sum t_{站}$ 为列车在线路上往返一次各中间站停站时间之和；

$\sum t_{折停}$ 为列车在折返站停留时间之和。

（2）在修车辆数。在修车辆数指处于定期检修状态的那部分车辆。车辆检修包括车辆检修级别和车辆检修周期。

（3）备用车辆数。备用车辆是为轨道交通系统完成临时或紧急的运输任务、预防车辆故障的发生而准备的技术状态良好的车辆数。一般来说，这部分车辆可控制在10%左右。

六、列车运行组织

（一）行车调度概述

1. 运输调度生产组织系统

运输调度的基本任务是科学地组织客流，经济合理地使用车辆及运输设备，挖掘运输潜力，提高运输效率和经济效益，组织与运输有关各部门密切配合、协同动作，确保实现列车运行图，努力完成运输生产任务，为城市经济建设和人民生活服务。

值班调度主任的主要工作职责是传达、贯彻和执行上级有关文件、命令及指示，负责完成本班组各项运输指标，主持接班会，布置有关注意事项，检查安全生产情况，掌握列车运行图执行情况，负责施工和救援工作把关，主持事故分析会等。

2. 行车调度

（1）行车调度是运输调度工作的核心，担负着指挥列车运行、贯彻安全生产、实现列车运行图、完成运输计划的重要任务。

（2）列车运行是城市轨道交通系统日常运输生产活动的重要内容，行车调度员负有指挥列车安全、正点运行的责任。

3. 行车调度控制方式

基本行车调度控制方式主要有调度集中和行车指挥自动化两种。

（1）调度集中。行车调度员通过调度集中控制设备控制所管辖线路上的信号和道岔，办理列车进路，组织和指挥列车运行。基本闭塞方法为自动闭塞法，列车运行以驾驶员操

纵为主。

调度集中控制设备是一种远程控制的信号设备，特点是区间采用自动闭塞、车站采用电器集中连锁，并用电缆把它们引接到指挥该线路列车运行的控制中心。

(2) 行车指挥自动化。在行车调度员的监控下，由双机冗余计算机组等设备构成的列车自动监控子系统（ATS）完成列车运行的控制。这时，基本闭塞方法为自动闭塞法，通常还采用列车自动保护（ATP）和列车自动运行（ATO）子系统。三个子系统构成列车自动控制（ATC）系统，ATC系统具有列车运行自动化和行车指挥自动化功能。

(二) 正常情况下的列车运行组织

1. 列车运行的基本概念

(1) 在双线行车状况下，城市轨道交通系统的列车通常是按右侧单方向运行。

(2) 为了保证列车运行安全，在组织列车运行时，通过设备或人工控制，使列车按闭塞分区或站间区间保持间隔距离的办法，称为行车闭塞法。

(3) 在各站的行车工作由行车调度员统一指挥。

2. 列车运行调整方案

组织列车正点始发是保证列车正点运行和实现列车运行图的基础。列车在始发站发车早点不应超过1min。

在进行列车运行调整时，列车等级顺序依次排列如下：专运列车、旅客列车、调试列车、回空列车、其他列车。列车运行调整应注意列车运行安全，做到回复正点运行和行车安全兼顾。

列车运行调整的主要方法如下。

(1) 始发站提前或推迟发出列车。

(2) 根据车辆的技术性能、驾驶员操作水平和线路允许速度，组织列车加速运行、恢复正点。

(3) 组织车站快速作业，压缩停站时间。

(4) 组织列车通过某些车站。

(5) 变更列车运行交路，组织列车在具备条件的中间站折返。

(6) 组织列车反方向运行。

(7) 扣车。

(8) 调整列车运行时间间隔。

(9) 在环形线情况下，当一条线路运行秩序紊乱时，要尽力维持另一条线路的列车正常运行，并通知各站组织乘客乘坐畅通线路方向的列车。

(三) 特殊情况下的列车运行组织

1. 列车自动控制系统故障时的行车

在ATC系统发生故障时，行车指挥方法和列车运行控制方式改变如下。

(1) ATS子系统发生故障，改为调度集中控制，由行车调度员人工控制全线信号与道岔，办理列车进路和调整运行秩序。

(2) ATP 地面设备发生故障，如果是小范围的设备故障，则可由行车调度员确认故障区间空闲后，向驾驶员发布命令，列车在故障区间限速运行；如果是大范围的设备故障，则须停止使用自动闭塞法，改为车站控制，实行电话闭塞法行车。

(3) ATP 车载设备发生故障，因故障列车无法接收限速命令，该列车驾驶员应按调度命令，人工驾驶限速运行。

(4) ATP 子系统和车站通信设备同时发生故障，采用时间间隔法行车。

(5) ATO 子系统发生故障，列车改为人工驾驶，在 ATP 车载设备的监护下，按车内速度信号显示运行。

2. 改为车站控制时的行车

凡发生下列情形之一时，根据行车调度员的命令，由调度集中控制改为车站控制。

(1) 对所管辖的道岔或信号失去了控制作用。

(2) 表示盘上失去了复示作用或不能正确复示。

(3) 停止使用自动闭塞法。

(4) 清扫道岔。

(5) 列车运行或调车有关工作必须由车站办理。

当调度集中控制改为车站控制时，在行车调度员的指挥下，由车站行车值班员办理闭塞、准备进路、开闭信号和接发列车。

3. 改用时间间隔法时的行车

由于自然灾害或其他原因使车站一切电话中断，车站行车值班员无法与控制中心、邻站取得联系，为了不间断行车，双线区间可改用时间间隔法行车。行车作业办法与要求如下。

(1) 车站行车值班员指定改用时间间隔法的第一趟列车驾驶员，将实行该行车法的情况通知有关车站。

(2) 除线路两端折返站外，中间站道岔一律置于正线列车运行位置，如车站行车值班员无法在控制台上确认道岔位置或转换道岔，则必须随车确认或办理。

(3) 出站信号机置于停车信号显示，列车进入区间的行车凭证为红色的许可证，手信号发车。

(4) 两列车的间隔时间和列车运行速度应符合要求。

4. 夜间施工时的车辆

夜间施工时的行车应按有关作业方法与要求组织。

(1) 行车调度员应认真核对当夜施工计划，对施工内容、地点和方法做到心中有数。

(2) 行车调度员在 23：00 后将施工命令下达给有关车站值班员和信号楼值班员，对重点车站应作重点布置。

(3) 需向施工封锁区间开行施工列车时，列车进入封锁区间的行车凭证为调度命令。

(4) 施工列车应按闭塞方式运行。

(5) 行车调度员应在满足施工要求的前提下，尽量缩小线路封锁或封闭的范围，使其

对行车或其他施工作业的影响达到最小。

(6) 当施工负责人报告不能按时完成施工作业，造成设备损坏，影响邻线列车运行和发生人员伤亡等情况时，行车调度员应立即报告值班调度主任，同时采取有效措施，确保施工安全和次日运输生产能正常进行。

第四节　城市轨道交通安全管理

一、安全与防灾

城市轨道交通的安全性要远远高于其他交通方式，但仍应重视安全生产。安全防范工作没有做好，轻则扰乱运输生产秩序，重则设备受损，甚至危及乘客的生命财产安全，给社会带来重大损失。从企业角度讲，安全是实现效益的保证，抓好了安全，运输生产才不致因事故而中断，才能保证生产过程的连续性，不断提高生产的效率和效益；从社会角度讲，城市轨道交通的运输安全涉及城市各行各业的活动，涉及千家万户的日常生活，因而直接关系到城市社会经济的发展，有时甚至涉及政治的稳定。可以说，安全是城市轨道交通运营管理的头等大事，运输必须安全，只有安全才能保障运输。

“安全第一，预防为主”是城市轨道运输企业永恒的主题。

(一) 安全系统工程

运输安全是一项系统工程，因此，应该从系统工程的角度考虑安全问题。

安全系统涉及的范围极广，几乎和轨道交通系统的所有硬、软件都相关，它由下列基本要素构成。

1. 人

人指参与运输工作的人员，这涉及人的思想政治素质、业务素质、心理素质和生理素质。这 4 种素质都在不同程度上影响着运输生产的安全。例如，一个职工思想政治素质不高，工作上马马虎虎，甚至玩忽职守，就很容易出事故。业务素质不高也同样会威胁运输安全，职工必须接受岗前培训，取得合格证后才能上岗。职工的生理素质也应符合岗位要求，如色盲或色弱的人就不能担任值乘工作等。另外，心理素质差的人也不适合在对安全性要求高的工作岗位上工作。

2. 设备

设备是保证安全的重要条件。一方面，城市轨道交通应尽量采用先进设备来保证运输安全，设备的可靠与否会极大地影响运输安全；另一方面，也要充分发挥人的主观能动性来保证安全。在选定了系统设备的情况下，应坚持不懈地抓好设备的可靠性管理，搞好设备的定期检修、维修、更新、布局和联控等。

3. 工作条件

工作条件主要指工作环境及运输所处的自然环境。工作环境是指物理因素，如工作室的噪声、温度、湿度、振动、粉尘、光、热等；自然环境包括狂风、暴雨、大雾、高温等自然现象。恶劣的工作环境会引发工作人员的心理变异，这是引起误操作的主要原因，给安全带来危险。不利的自然环境，如高温、严寒、大雾等也会给人造成生理和心理的变化，影响安全，特别是地震、洪水、狂风等特殊自然环境，可危及所有运行途中乘客生命的危险，安全防范工作更具有特别重要的意义。

4. 管理

管理包括对人的管理（如一系列的工作制度以及班组结构、工时定额、训练、教育、思想政治工作等）、对设备的管理、行车组织以及事故救援等。

在这个系统中，某个环节出现问题，哪怕是微小的事故隐患，都可能引发事故，甚至使整个运输系统陷于瘫痪。

(二) 安全对策

主要从以几个方面着手加强城市轨道交通运输的安全生产。

1. 健全安全法制

要搞好运输安全，必须把它纳入法制的轨道。一是要抓紧制定有关运输安全的法规法令，做到有法可依；二是要做到执法必严，违法必究；三是要提高城市的文明程度和居民的法制观念。

2. 健全安全管理制度，提高科学管理水平

为确保运输安全，不仅要不断探索和完善安全管理制度，而且还要不断提高科学管理水平，积极研究先进的管理方法、手段，采用系统工程的方法，分析、评价并控制系统中的事故，调整设备、操作、管理、生产周期和费用等因素，使系统发生事故的概率降到最小，达到最佳安全状态。

3. 提高关键设备（特别是行车指挥系统）的可靠性和先进性，为行车安全提供保障

对于城市轨道交通而言，脱轨事故可能是由于车辆断轴或轨道状况不良所致，弓网事故既可能由于接触网参数失调，也可能是受电弓参数不匹配，甚至因轨道不良引起的。因此，设备方面的安全保障是无处不在的，一要尽量避免各类故障的发生，二要一旦发生故障就能引起监控系统的反应，以便及时采取措施，使之不至于发展为危及安全的事故。具体原则如下。

(1) 采用设备优先原则，尽量减少对操作人员注意力的依赖。

(2) 遵循简单的系统构成原则，以反复验证过的技术为主体构成系统。

(3) 加强维修养护工作，特别是保证预留充分的维护保养时间。

(4) 汲取国内外同类事故的经验教训，对事故多发部位采取重点保护措施。

(5) 不论发生何种故障，首先应停车或进行速度限制的故障安全原则。

(6) 设备冗余原则，即重要设备采用二重或三重体制，以便在单台设备故障的情况下保证系统总体的正常运行。

(7) 及早发现故障，迅速传递信息并采取有效措施。

4. 加强安全运行的组织管理，不断提高行车组织工作水平

城市轨道交通的调度指挥系统大都以现代化的硬件设备为支撑条件，为行车调度员提供最佳工作环境，可以最大限度地减少调度员的机械、重复性工作。同时，还以优化调度指挥为目标，为调度员提供调度决策方案，全面提高调度指挥质量和调度指挥水平，保证稳定的列车运行秩序和正常运行状态。

(1) 加强列车速度控制，使列车速度保持在指定速度以下（避免冒进信号）或按规定对进站列车进行速度控制。当列车通过小半径曲线或进站通过道岔，以及进行工务维修或线路状况不佳需缓行时，也应规定相应的限速值。当轨道上出现障碍物、发生自然灾害以及设备发生故障时，首要的安全措施也是对列车进行限速缓行或指令停车。

(2) 严格执行接、发列车的标准化作业和程序。城市整个轨道交通网或某一线路上沿线各站应实行统一的接发列车作业标准，这对提高运输质量和保证行车安全具有重要意义。

(3) 合理的运行图是安全运行的基础。运行图的铺画必须符合《技术管理规程》和《行车组织规则》的有关规定，特别是必须严格遵守有关时间间隔标准和行车作业程序。

5. 强化安全责任心教育

为确保列车的运行安全，除了保证设备的安全外，提高使用和操作这些系统的工作人员的素质和责任心也同样十分重要。因此，必须加强对工作人员安全责任心的教育和培养以及操作技能的培训，逐步建立一套完整的安全规章和人员培训制度，形成强有力的安全保障体系。

此外，事故发生后的调查分析也是运输安全管理的一个重要组成部分。事故发生后，科学地调查分析事故原因，不仅是为了查明责任，进行处理，更重要的是为了找出确实存在的不安全因素，预防为主，防患于未然。

(三) 系统防灾

由于城市轨道交通系统的基础设施，如高架桥梁、浅埋地下隧道、地面轨道以及其他设施，不可避免要受到自然环境的影响，如地震、洪水、大风等会对这些基础设施构成严重威胁。因此，城市轨道交通系统的防灾工作也是十分重要的，应本着预防为主的原则，从细微处着手，常抓不懈。

可能对轨道交通系统造成危害的自然灾害包括地震、火灾、洪水、飓风等。

二、事故处理

世界各国的城市轨道交通在运营过程中，都曾发生过各类事故。据统计，仅日本1962—1971年10年间，地铁灾害及严重事故累计达43件。1993年4月，新加坡地铁发生一起列车追尾相撞事故，造成100多人受伤。同年10月，美国曼哈顿地铁列车发生火灾，数百人被困于车内。由于城市轨道交通列车多是运行于隧道之中或者高架线路之上，所以发生事故后的处理和救援工作十分不便。2002年，韩国地铁也发生罕见事故，造成

车毁人亡的悲剧。由此可见，加强城市轨道交通的安全管理和防灾工作具有非常重要的意义。研究如何提高救援工作的及时性，尽量减少人员伤亡或减轻事故损失，并制定一套相应的行车事故处理规则、救援办法以及事故后的调查分析制度等都是不可缺少的环节。

（一）事故的分类

列车在运营过程中，由于工作人员工作差错、机件设备故障或外部因素影响（如发生火灾、地震等）而造成人身伤亡、设备损坏或严重影响列车运行等都列为行车事故。排除自杀、他杀和违章扒车等引发的行车事故，行车责任事故按照其性质、损失及对行车的影响程度，可分为重大事故、大事故、险性事故和一般事故 4 类。

（二）事故的处理

城市轨道交通的事故救援组织工作应把地铁或轻轨视为一个开放系统，实行救援工作社会化。事故发生后，公司调度所的事故紧急通报名单中，除了本公司有关领导及救援组织外，还应包括事故所在地的市政领导、公安局、消防总队、有关医疗机构，必要时还应包括电力、煤气、自来水公司等。各方面人员接到事故通报后，都应及时出动，分别进行伤亡人员救护，火灾扑灭，车辆起复，线路信号整修，乘客疏散，事故现场保护，水、电、煤气防护等工作，形成一个救援工作的立体作战体系。如果只依赖公司内部力量，则在救援上需要较长时间，在人力、物力上也受到限制，从而会扩大事故的损失。

（三）事故的调查分析

事故发生后，对事故起因的调查分析结果是划分事故责任的根据，也为有关部门加强安全防范工作提供科学依据。因此，事故起因的调查分析是运输安全管理中的重要一环。我国城市轨道交通建设尚处于起步阶段，有关事故调查分析和安全管理技术的研究还很不完善，因而借鉴国外有关轨道交通事故调查分析的经验来提高我国城市轨道交通的安全管理水平具有一定的现实意义。这里介绍美国铁路事故调查分析方面的有关情况，以供参考。

1. 一个超越铁路公司的事故调查机构

美国政府设有一个国家运输安全委员会，设主席、副主席各一名，各方面的权威专家若干名，委员会下设调查机构，由各方面技术专家、工程师组成；还设有各种试验室，可以直接掌握第一手资料。对发生的重大运输事故，均由安全委员会派人员及时赶赴现场调查，并提出由安全委员会主席、副主席和有关委员签署的事故报告。发生事故的铁路公司仅有责任向调查人员提供资料和回答听证询问。

2. 一套科学的事故调查分析程序

经过几十年的不断探索和完善，美国运输安全委员会已形成一套较科学的事故调查分析程序，事故报告的一般内容包括以下几个方面。

（1）事故概况。

（2）调查。

①事故发生的具体经过。

②人员伤亡情况。

③造成事故的可能原因（主要原因、次要原因、对某些存在问题以事实证明其为非事故原因）。

（3）分析。

（4）结论。

（5）建议。提出修改规章、改进操作方法、加强管理、设备改进及开发新技术的建议。

3. 以事实为依据，以科学技术为手段的调查分析方法

（1）十分强调书面记录资料。要求运输部门的技术人员对每一项工作都有详细的记录，尤其是行车记录和安全记录。

（2）重视科学试验。科学试验是美国铁路分析事故原因的重要手段，主要有制动距离试验、材料试验、瞭望距离试验、人员疲劳试验等。

（3）应用系统工程、管理心理学、行为科学等理论。从系统观点出发，把事故看成是综合因素的结果，多方面分析事故发生的可能诱发因素。

加油站

表 5-3　城市轨道交通运营单位安全生产工作评价细则

检查项目	检查内容	评价标准	等级
（一）安全生产自查整改	动员布置	认真贯彻落实主管部门要求，召开了动员布置会议，对运营管理和操作人员进行了安全教育，布置全方位自查整改工作	好
		开展了动员布置工作	一般
		未进行动员布置	差
	自查整改	对运营线路进行了全面的安全生产检查和安全隐患排查，对检查出来的主要问题和安全隐患，提出了切实可行的整改方案，并及时落实	好
		对运营线路进行了安全生产检查，有整改方案	一般
		未开展自查整改工作	差
	自查整改报告	认真完成自查整改报告，内容真实、全面，并按时提交	好
		提交了自查整改报告	一般
		未提交自查整改报告	差

续 表

<table>
<tr><th>检查项目</th><th>检查内容</th><th>评价标准</th><th>等级</th></tr>
<tr><td rowspan="12">（二）安全生产管理机构及管理制度</td><td rowspan="3">安全生产管理机构和安全生产责任制</td><td>设置了健全的安全生产管理机构，配备了足够数量的专职安全生产管理人员，建立了全面的安全生产责任制，内容齐全，责任明确，落实到人</td><td>好</td></tr>
<tr><td>有安全生产管理机构，配备一定的专职安全生产管理人员，有安全生产责任制，责任基本落实</td><td>一般</td></tr>
<tr><td>未设置安全生产管理机构，未配备专职安全生产管理人员，未制定安全生产责任制</td><td>差</td></tr>
<tr><td rowspan="3">安全操作规程</td><td>制定了完善的安全操作规程，并严格执行</td><td>好</td></tr>
<tr><td>制定了安全操作规程，并基本能够执行</td><td>一般</td></tr>
<tr><td>未制定安全操作规程</td><td>差</td></tr>
<tr><td rowspan="3">安全检查制度</td><td>建立了完善的安全检查制度，定期开展安全检查，对企业重大隐患和危险源全面监控并对发现的隐患及时进行整改</td><td>好</td></tr>
<tr><td>有安全检查制度，对企业重大隐患和危险源进行监控并对发现的隐患进行整改</td><td>一般</td></tr>
<tr><td>未建立安全检查制度，未对企业重大隐患和危险源进行有效监控或发现重大隐患未进行整改</td><td>差</td></tr>
<tr><td rowspan="3">安全教育培训制度</td><td>建立了完善的安全教育培训制度，对企业所有人员实施年度安全教育培训，经常组织开展安全生产法律法规宣传、学习，特种作业人员持证上岗并按要求进行审核，台账齐全</td><td>好</td></tr>
<tr><td>有安全教育培训制度，并对企业部分人员实施年度安全教育培训，特种作业人员持证上岗</td><td>一般</td></tr>
<tr><td>没有建立安全教育培训制度或未对特种作业人员进行培训</td><td>差</td></tr>
<tr><td rowspan="6">（三）安全隐患检查</td><td rowspan="3">现场安全设施</td><td>建设、购置的现场安全设施全部符合国家有关的安全标准，并有所提高</td><td>好</td></tr>
<tr><td>建设、购置的现场安全设施基本符合国家有关的安全标准</td><td>一般</td></tr>
<tr><td>建设、购置的现场安全设施不符合国家有关的安全标准</td><td>差</td></tr>
<tr><td rowspan="3">安全事故隐患检查及整改</td><td>定期检查、查找安全事故隐患，并积极整改</td><td>好</td></tr>
<tr><td>进行过安全事故隐患检查和整改</td><td>一般</td></tr>
<tr><td>未进行过安全事故隐患检查和整改</td><td>差</td></tr>
</table>

续　表

检查项目	检查内容	评价标准	等级
（四）运营安全管理	专业管理	制定了完善的乘务、站务、控制中心和各类设备系统管理办法，有检查表，有记录	好
		有乘务、站务、控制中心和各类设备系统管理办法	一般
		未制定管理办法，没有检查表，没有记录	差
	落实消防规范	车站、车间、仓库等建筑物耐火等级、防火分区等符合消防技术规范要求，车站、车间、仓库、物管区等建筑物消防设施按消防规范要求设置，安全出口、疏散通道、应急照明装置、疏散指示标志等完全符合消防安全要求	好
		基本符合消防安全要求	一般
		两项以上不符合消防安全要求	差
	消防管理	制定了完善的消防安全责任制、消防安全管理制度和重点场所、设备设施防火检查制度，消防安全管理档案齐全，发现消防隐患及时整改，消防设施、安全防护装置设专人管理，定期检测，用火、用电、用油、用气符合消防安全管理规定	好
		制定了消防基本制度，有消防安全管理档案，发现消防隐患能整改，消防设施、安全防护装置有人负责管理，用火、用电、用油、用气基本符合消防安全管理规定	一般
		制定的消防制度有严重缺陷或未制定，消防安全管理档案不齐全，发现消防隐患不及时整改，消防设施、安全防护装置未设专人管理，未检测，用火、用电、用油、用气违反消防安全管理规定	差
	危化物品管理	制定了完善的危险化学品、物资材料等分类管理制度，按规定进行有毒、危险、易燃易爆物品、腐蚀性用品的采购、仓储和使用管理	好
		制定危险化学品、物资材料等分类管理制度，基本按规定进行管理	一般
		危险化学品、物资材料等分类管理制度有严重缺陷或未制定，未按规定管理	差
	标志	安全警示标志醒目，设置齐全，符合要求	好
		有基本的安全警示标志	一般
		未设置安全警示标志	差

续 表

检查项目	检查内容	评价标准	等级
（五）应急预案及演习	应急管理流程及响应机制	建立了完善的突发事件分级预警和响应处置制度，明确了各单位应急处置职责及责任人，发生突发事件时能够有效响应	好
		建立了突发事件分级预警和响应处置制度，基本明确各单位应急处置职责及责任人	一般
		未建立突发事件分级预警和响应处置制度，各单位应急处置职责及责任人不明确	差
	应急预案及演习	制定了完善的生产安全、消防安全、自然灾害、恐怖袭击应急预案，建立了专/兼职抢险救援队伍，配置了相应的装备，经常开展日常抢险训练和演习	好
		有生产安全、消防安全、自然灾害、恐怖袭击应急预案，建立专/兼职抢险救援队伍，配置相应装备	一般
		无预案，未建立抢险救援队伍及配置相应的装备	差
	事故报告处理	制定了完善的事故报告和处理制度，落实“四不放过”原则，事故档案齐全	好
		有事故报告和处理制度，基本落实“四不放过”原则，事故档案较齐全	一般
		未按规定制定并实施事故的报告和处理制度，未落实“四不放过”原则，未建立事故档案	差
（六）安全防范知识宣传	乘客安全防范知识宣传情况	经常开展乘客安全乘行教育，宣传紧急情况下的逃生知识，形式多样，内容全面	好
		能够开展乘客安全乘行、紧急情况下的逃生知识宣传	一般
		未按规定开展乘客安全乘行、紧急情况下的逃生知识宣传	差

现代化高水平的运营管理是城市轨道交通安全畅通和进行优质服务的保证，是一个系统工程。城市轨道运营系统通过人员组织管理和设备维护使用，实现对乘客的承运和送达，其社会效益远远大于经济效益。本章主要探讨城市轨道交通系统运营组织的特性和原理，论述运营组织工作的主要目标、基本要求和具体方法。由于客流的日常变化，在一定的设备条件下，如何设计良好的交通计划，满足乘客在出行安全、距离、速度、舒适性和准点性等方面的要求，是系统运营组织的任务。

简化作业流程、带电错挂地线

某天，接触网甲班在车辆段配合机电检修作业，需在A1区两端封住挂地线。甲班王某接到电力调度命令后和李某去挂地线，为节省时间，王某和李某各自单独挂一组接地线。王某来到A1区的一端，用验电器验明接触网无电后，立即挂上接地线。此时，在A1区另一端的李某，为贪图方便，经问得知王某已经验明无电后，便直接挂接地线。当李某将地线的上端头往接触线靠近时，立刻听到“砰”的一声响同时出现火光。王某听到响声后立即跑过来，经现场确认，里面越过了分段绝缘器，将地线错挂到带电的B1区接触网上，造成B1区短路跳闸。

原因分析：违反安全操作规程，简化作业流程。李某在得知王某验明无电的情况下，自认为接触网已停电，可以节省验电环节，简化了作业流程，将接地线错挂到带电的接触网上，造成事故，严重违反了安全工作规程。

未执行“一人操作、一人监护”制度。王某和李某两人为贪快省事，各自独自去挂一组接地线，未执行“一人操作、一人监护”制度，违反了《接触网安全工作规程》。

李某走错位置，越过了分段绝缘器，将接地线挂到了带电的接触网上。

经验总结：加强规章制度培训，提高员工安全意识，严禁简化作业流程，严格按停电、验电、封挂地线的流程进行接触网挂地线作业。

进行接触网挂地线和倒闸操作时，要严格执行“一人操作、一人监护”制度。

全面进行作业安全检查和整顿，严禁违章作业，特别是习惯性违章行为必须坚决查处。

一、填空题

1. 现代城市轨道交通的列车运行速度在市中心一般设计为________km/h，市郊高速可达60～80km/h，最小行车间隔行车密度为________。

2. ________是线路为政府所有，交由政府股份占主导地位的上市公司经营的模式。

3. 自动售检票系统包括三种运营管理模式：________、降级运营模式和紧急放行模式。

4. 由于某个车站因为事故或者故障而关闭，导致列车越过该站后才停车，可根据相关规定的要求设置________。

5. 城市轨道交通行业采用的票价制式主要有________和计程票价制。

6. ________指车站工作人员使用 BOM 为符合免费乘车条件的乘客发放福利票的业务。

7. 一般地，为了保证轨道交通的客运服务水平，发车间隔在非高峰运营时间的 9：00—21：00 不宜大于________，在其他非高峰运营时间不宜大于 10min。

二、选择题

1. 下面（　　）不是轨道交通具有代表性的方案。

A. 共线运营方案　　B. 独立运营方案

C. 部分独立、部分共线方案　　D. 专线运营方案

2. 在运营过程中，当车站或列车发生火灾、爆炸等危及乘客和工作人员安全的紧急情况，需要乘客紧急撤离车站时，启用（　　）。

A. 紧急放行模式　　B. 正常运营模式

C. 降级运营模式　　D. 出站免检模式

3. 在城市轨道交通系统中，所使用的车票种类较多，非可回收类的车票有（　　）。

A. 单程票　　B. 福利票　　C. 储值票　　D. 出站票

4. 城市轨道交通换乘站不包括（　　）。

A. 站台直接换乘　　B. 车上换乘

C. 站厅换乘　　D. 通道换乘

5. 根据技术制式的不同，自动售票设备不包括（　　）。

A. 磁卡自动售检票系统　　B. 非接触式 IC 卡自动售检票系统

C. 接触式 IC 卡自动售检票系统　　D. 空中充值自动售检票系统

6. 列车运行图按（　　）分类，可分为单、双线运行图。

A. 区间正线数　　B. 运行速度

C. 上下行方向列车数　　D. 同方向列车运行方式

7. 车站设计规模主要根据（　　）来确定。

A. 远期高峰客流量　　B. 远期低谷客流量

C. 远期平均客流量　　D. 远期平均客流量

三、简答题

1. 在进行城市轨道交通客运组织时应特别考虑几个方面的原则？

2. 城市轨道交通大客流组织的主要措施有哪些？

3. 在设计城市轨道交通票务系统时，应充分考虑哪些因素？

练习题答案

第一章

一、填空题

1. 伦敦　2. 停滞萎缩阶段、再发展阶段　3. 1965　4. 磁浮系统　5. 地下、高架、地面　6. 蒸汽　7. 悬挂式　8. 最小运行时间间隔　9. 有轨电车　10. 全隔离

二、选择题

1. A　2. B　3. B　4. C　5. A　6. C　7. C　8. D　9. B　10. C

三、简答题

1. 答：以下为我国城市轨道交通发展经历的 5 个阶段及其各自具有的特点。

(1) 起步阶段。20 世纪 50 年代至 70 年代初期，根据当时的发展战略和指导思想，以修建人防设施为主的地铁应运而生，如北京地铁、天津地铁等。

(2) 开始建设阶段。20 世纪 80 年代末至 90 年代初期，以上海地铁 1 号线、北京地铁复八线和一线改造、广州地铁 1 号线建设为标志，我国真正以交通为目的的地铁项目开始建设。

(3) 建设高潮开始阶段。随着上海、广州地铁项目的建设，大批城市（包括沈阳、天津、南京、重庆、武汉、深圳、成都、青岛等）开始上报建设轨道交通项目，纷纷要求国家审批。

(4) 调整阶段。1995 年，国务院办公厅 60 号文件通知，除上海地铁 2 号线项目外，所有地铁项目一律暂停审批，并要求做好发展规划和国产化工作，在 1985—1988 年的近 3 年时间里，国家没有审批城市轨道项目。1997 年年底，国家计委开始研究城市轨道交通设备国产化实施问题，并于 1998 年把深圳、上海明珠线、广州 2 号线作为国产化依托项目进行了立项，轨道交通建设项目又开始启动。

(5) 建设高潮阶段。从 1999 年开始，国家陆续批准一批城市轨道交通项目开工建设。1999 年以后，国家先后审批了深圳、上海、广州、重庆、武汉等 10 个城市的轨道交通项目开工建设，我国城市轨道交通系统进入一个较快的发展阶段。

2. 答：(1) 城市轨道交通系统（urban mass transit system），简称城轨系统（urban rail system），是指主要服务于城市客运交通，通常以电力为动力，以轮轨运行方式为特征的车辆与轨道（导轨）等各种相关设施的总和。

(2) 按与其他交通方式的关系，城市轨道交通系统可以分为全隔离式、半隔离式和无隔离式三种。

3. 答：一个城市是否应该修建城市轨道交通系统，应该综合考虑以下几个因素：①预期运送客流能力；②线路走向及线路布置；③系统选择；④融资和系统投资成本；⑤项目管理类型；⑥其他，其中投资成本是一个主要因素。

4. 答：与常规公交相比，城市轨道交通具有以下优势：①能源消耗少；②道路面积占用省；③安全可靠性强；④污染轻；⑤速度快；⑥运能大；⑦舒适度高；⑧服务范围广。

第二章

一、填空题

1. 道岔　2. 上坡、下坡　3. 16　4. 60　5. 正线　6. 渡线、或其他平行线路之间　7. 变坡点　8. 1435　9. 车辆限界

二、选择题

1. C　2. A　3. A　4. A　5. A　6. A　7. A　8. A　9. B　10. A

三、简答题

1. 答：环形折返线是将端点折返作业转化为沿一个环形单线区段运行的作业，实质上取消了折返过程，变为区间运行，有利于列车运行速度的发挥，消除了因折返作业而形成的线路通过能力限制条件。

环线折返的问题是环线占地面积较大，尤其是在地下修建，难度更大，投资较高；环线折返丧失了一端停车维护保养检查的机动线路，对车辆技术和运行组织要求更高。线路机动性下降，线路延伸可能性甚微。一般只适用于线路较短，线路延伸可能较小，并且该端点站又往往在地面的情况。

2. 答：道床通常指的是轨枕下面，路基面上铺设的碎石、卵石层或混凝土垫层。轨道线路结构中承上启下的道床有非常重要的作用，具体表现为以下几个方面。

(1) 支承轨枕。把来自轨枕上部的巨大荷载均匀地分布到路基面上，大大减少了路基的变形。

(2) 固定轨枕。依靠本身和轨枕间的摩擦固定轨枕的位置，阻止轨枕纵向或横向地移动。如果这种区段线路的纵向或横向阻力减少到一定程度很容易发生胀轨跑道事故，严重危及行车安全，所以这在无缝线路区段显得更为重要。

(3) 增弹减振。使轨道具有一定的弹性，从而减缓机车车辆的冲击和振动，利于列车平稳运行，改善机车车辆和钢轨、轨枕等部件的工作条件，延长使用寿命。

(4) 利于排水。道床使用的透水性材料使得积水能够顺畅地通过道床排走，这样路基表面就不会长期积水，就能够提高路基的承载能力和减轻轨道冻害等病害。

3. 答：道岔的左右位判别可参考以下方法：站在两基本轨之间面对尖轨，若尖轨与基本轨分离在左侧（密贴在右侧），则该道岔开通左位；若尖轨与基本轨分离在右侧（密

贴在左侧），则开通右位。

第三章

一、填空题

1. 转杆式 2. 自动检票机 3. 中间 4. 侧式 5. 安全 6. 地面车站、高架车站 7. “T” 8. 自动售检票 9. 封闭式 10. 滑动门 11. 自动车钩 12. 杆形受流器、受电弓受流器 13. 750、1500 14. 日检 15. 大修

二、选择题

1. C 2. A 3. B 4. B 5. A

三、简答题

1. 答：城市轨道交通车辆的维修依据其检修范围大小可分为以下几种不同维修级别。

(1) 日检。日检指为保证车辆处于正常运用状态，对担当载客运营的车辆进行与安全行车部分相关的预防性检查。日检根据车辆当天是否上线运行由车厂控制中心决定，不列入计划编制之中。

(2) 双周检。双周检主要对影响安全行车的车辆重要部件和重要系统功能进行重点检查，进行故障诊断，按状态修理。

(3) 三月检。三月检是在双周检的基础上扩大检查范围，对车辆重要部件和影响安全行车的重要系统功能进行更加全面的检查，进行故障诊断，按状态修理。

(4) 定修。定修是承接检查、检修的重要环节，在全面检查的基础上，对车辆的部分部件进行针对性的分解、检查、修理及更换，恢复车辆的运行可靠性。

(5) 架修。架修是指除车体本身外，对车辆的绝大部分重点部件分解，进行全面检查、修理。对车辆各部件进行全面检测，达不到技术指标的一律更换，以恢复车辆的基本质量状况。

(6) 大修。大修指地铁车辆在使用寿命期内进行的周期性全面恢复车况的修理，使地铁车辆基本上达到原有的动力性能、经济性能、预期可靠性能及良好的操作性能。

(7) 临修。临修指地铁车辆在行驶过程中发生临时故障及局部损伤，为及时排除故障而进行的一种针对性修理工作。临修属于非计划性维修。

(8) 事故修理。事故修理是指意外事故所引起的较大的修理工程。一般性事故可采用临修的办法解决，重大事故造成大部件破损而进行的修理可结合或提前定修、架修、大修来解决。

2. 答：一般都具有以下特点：

(1) 载客能力强。大型轨道交通车辆可达 350 人/辆。

(2) 动力性能好。轨道交通速度快、加速能力强、制动效果好。

(3) 安全可靠性强。列车具有先进的微机控制技术及故障自诊断功能，设备先进，故障率低，稳定性、可靠性强，突发情况下适应性强。

(4) 环境条件好。候车和乘车环境中的照明、空调、坐椅、扶手等设备设施先进、齐全。

(5) 环保节能。车辆牵引动力常用电力牵引，清洁环保。

3. 答：(1) 能最大限度地吸引客流。要求设置位置合适、设备完善、服务水平高。

(2) 按远期运量需求设计。远期运量需求一般指通车后10～15年的高峰小时客流量，以此作为设计客运需求量。个别车站可按极限运量需求（如体育场馆、火车站、广场等可能产生阵发性密集到发客流交通集散点附近）来设计。

(3) 留适当的能力余地，满足高峰时段密集到达（出发）需要，即超高峰时段的需要，并能应付远期运量波动的需要。

(4) 占用地面面积最少，尽可能降低投资费用，满足施工条件限制（如能放在地面，则不设在地下；车站设施以实用高效为主，装饰功能为辅等）。

第四章

一、填空题

1. 混合供电方式 2. 牵引变电所、供电缆网 3. ATC、信号传输方式 4. 限制人工驾驶、非限制人工驾驶模式 5. 站段分系统设备 6. 风流流动

二、选择题

1. A 2. C 3. B 4. D 5. ABCD 6. ACD 7. ABCD 8. BCD

三、简答题

1. 答：(1) 中央控制室。中央控制室主要负责监视全线的环境状态及监控设备的运行状态，必要时可向车站控制室发出控制指令。

(2) 车站控制室。车站控制室主要负责监视本车站所管辖区间的设备状态，并控制设备运行。

(3) 就地控制装置。就地控制装置设在设备机房内，可直接操纵设备运行。

2. 答：(1) 压缩机起压缩和输送制冷剂蒸气的作用，促使制冷剂沿箭头方向不断循环流动，是制冷系统的动力装置。经过压缩机的压缩作用，蒸发器里的制冷剂蒸气压力下降，冷凝器里的制冷剂蒸气压力上升。

(2) 在冷凝器里，制冷剂由气态变成液态，需要释放大量的热量被冷却水吸收，致使冷却水温度由30℃上升到35℃。

(3) 膨胀阀对制冷剂起节流降压作用，并调节进入蒸发器的制冷剂的流量。

(4) 在蒸发器里，制冷剂由液态变成气态，需要从冷冻水中吸收大量的热量，致使冷冻水温度由12℃下降到7℃。

3. 答：地下车站环境通风系统就是依照风流流动的路线，从进风口到排风口，以通风机为动力，包括管道网络、三防设施和消音装置等组成的空气流动系统。

第五章

一、填空题

1. 35～40、2min 2. 官办半民营模式 3. 正常运营模式 4. 超程免检模式 5. 单一票价制 6. 福利票换领 7. 6min

二、选择题

1. D 2. A 3. C 4. B 5. D 6. C 7. A

三、简答题

1. 答：(1) 合理安排售检票位置、出入口、楼梯，行人流动线简单、明确。尽量减少客流交叉、对流。

(2) 乘客换乘其他交通工具之间衔接顺畅。人流与车流的行驶路线严格分开，以保证行人的安全和车辆行驶不受干扰。

(3) 完善行人诱导系统，快速分流，减少客流集聚和过分拥挤现象。

(4) 满足换乘客流的方便性、安全性、舒适性等一些基本要求。例如，适宜的换乘步行距离、恶劣天气下的保护、气候调节、对残疾人专门设计无障碍通道、照明、开阔的视野以及突发事件应急系统等。

2. 答：(1) 增加列车运能。

(2) 增加售检票能力。

(3) 采取临时疏导措施。

(4) 关闭出入口或进行进出分流。

3. 答：(1) 有利于提升城市轨道交通行业的社会形象和服务区域形象。

(2) 有利于提高运营管理水平，保障票务收益。

(3) 有利于管理责任落实，保证交易数据和票务信息的安全。

(4) 有利于简化操作，方便出行，提高乘客的出行效率。

(5) 有利于提供准确的客流及票务统计分析数据。

(6) 有利于减少现金交易、人工记账及统计工作，提高准确率和效率。

参考文献

[1] 蒋雅君，杨其新．城市轨道交通系统的分类及选型［J］．城市轨道交通研究，2005（2）：70－73.

[2] 鹿国庆．城市轨道交通概论［M］．北京：中央广播电视大学出版社，2009.

[3] 曾青中，韩增盛．城市轨道交通车辆［M］．成都：西南交通大学出版社，2006.

[4] 王玉萍．常规公交与轨道交通之间的竞争与合作［D］．西安：长安大学，2004：1－79.

[5] Walter Christ．城市轨道交通系统在中国［J］．城市轨道交通研究，1998，1（2）：20－22.

[6] 贾安萍．城市轨道交通行车组织［M］．成都：西南交通大学出版社，2007.

[7] 刘斌，等．城市轨道交通的发展阶段与特征研究［J］．上海铁道大学学报，1998，19（10）：78－83.

[8] 龙江，徐爱农，曹钟勇．城市轨道交通发展的阶段性研究［J］．铁道学报，1998，20（4）：126－130.

[9] 曹钟勇．城市交通的阶段性发展理论［D］．北京：北方交通大学经济学院，1996：60－133.

[10] 孙章，何宗华，徐金祥．城市轨道交通概论［M］．北京：中国铁道出版社，2000：1－249.

[11] 叶霞飞，顾保南．城市轨道交通规划与设计［M］．北京：中国铁道出版社，1999：1－221.

[12] 田鸿宾，那允伟，李邑青．世界城市地下铁道［M］．北京：中国铁道出版社，1998：1－286.

[13] 林涛．地铁枢纽交通衔接研究［D］．上海：同济大学图书馆，2000.

[14] 何海涛．城市客运换乘枢纽研究［D］．上海：同济大学图书馆，1996.

[15] 朱俭松．大城市客运交通发展方向［M］．北京：中国建筑工业出版社，1998.

[16] 李建明．城市轨道交通供电［M］．成都：西南交通大学出版社，2007.

[17] 丛树华．浅谈创新完善电务安全管理的实践与探讨热［J］．内蒙古科技与经济，2008，11（6）：322－323.

[18] 曹炳坤．城市轨道交通：发展方兴未艾［N］．光明日报，2010－01－25.

[19] 地铁屏蔽门［G/OL］．http：//baike.baidu.com/view/1174809.html？fromTaglist.

［20］城市轨道交通知识科普 第2篇 车辆与基地［G/OL］. http：//www. ditiezu. com/thread - 73537 - 1 - 1. html［2009 - 09 - 23］.

［21］全球地铁排名出炉 北京地铁名列第九名［EB/OL］. http：//finance. icxo. com/htmlnews/ 2007/03/05/1010155. htm［2007 - 03 - 05］.

［22］世界十大城市地铁排名［G/OL］. http：//club. metrofans. sh. cn/thread - 47396 - 1 - 1. html［2008 - 09 - 13］.

［23］世界城市地铁排名前十［G/OL］. http：//blog. sina. com. cn/s/blog _ 645220260100ky0n. html［2010 - 08 - 20］.

［24］美国地铁列车相撞事故已致9人死亡［EB/OL］. http：//news. 163. com/09/0623/13/ 5CGF0ARF0001121M. html［2009 - 06 - 23］.

［25］城市轨道交通系统［G/OL］. http：//baike. baidu. com/view/1930370. htm.

［26］城市轨道交通知识科普 第3篇 车站与线路［G/OL］. http：//www. ditiezu. com/thread - 73538 - 1 - 1. html［2010 - 05 - 12］.